U0789726

应用心理学专业实践技能系列教材
省级优势专业建设系列教材

教育与心理科学研究方法

杨新晓　任　俊　著

科学出版社
北　京

内 容 简 介

本书使用生动的语言与翔实的案例向读者介绍在教育与心理学领域从事研究时使用的基本方法。本书从新手研究者的角度出发，遵循研究的实际操作程序，力图使读者理解研究方法的基本情况以及量、质等各种具体的方法。

本书适合作为师范类高校本科层次的教材，也可供广大教育及心理学研究者作为参考资料。

图书在版编目(CIP)数据

教育与心理科学研究方法/杨新晓，任俊著．—北京：科学出版社，2015

应用心理学专业实践技能系列教材　省级优势专业建设系列教材

ISBN 978-7-03-046083-7

Ⅰ.①教…　Ⅱ.①杨…　②任…　Ⅲ.①教育心理学-师范大学-教材　Ⅳ.①G44

中国版本图书馆 CIP 数据核字（2015）第 251812 号

责任编辑：石　悦　王茜艳／责任校对：胡小洁
责任印制：张　伟／封面设计：华路天然工作室

科学出版社 出版
北京东黄城根北街 16 号
邮政编码：100717
http://www.sciencep.com
涿州市般润文化传播有限公司 印刷
科学出版社发行　各地新华书店经销
*
2015 年 11 月第　一　版　开本：720×1000 B5
2022 年 12 月第八次印刷　印张：14
字数：270 000

定价：49.00 元

（如有印装质量问题，我社负责调换）

丛 书 序

随着科技的高速发展和社会的不断进步，心理学在社会生活领域的应用日益广泛，对应用心理学人才的需求也在快速增长，这为应用心理学的发展提供了良好的契机。然而，目前我国应用心理学专业在课程体系上突出理论性，忽视专业技能的实践训练，对于咨询技能、测量技能、辅导技能等应用技能的培养往往缺乏必要的课程设置，也缺少必要的师资以及比较好的教学模式与方法。在此模式下培养出来的毕业生在心理学应用技能方面非常不熟练，除了上心理学课之外，没有更多的专业技能。一旦用人单位需要他们从事与心理学有关的诸如心理咨询、心理测量、矫正问题行为等其他工作，就会显得力不从心。因此，如何顺应社会发展的要求，重视心理学应用技能的培养，是应用心理学专业建设中要解决的问题。

浙江师范大学心理学系建立于 2000 年，有心理学一级学科硕士点和应用心理学本科专业，主要培养中、小学心理健康教育师资以及从事心理学研究、工商管理等经济建设和社会发展所需的专门人才。2007 年应用心理学本科专业成为浙江省内唯一的心理学省级重点专业，2012 年获得浙江省本科院校“十二五”优势专业建设项目立项。经过心理学系教师的共同努力，心理学整体学术水平、科研能力在国内同学科中处于先进行列，在发展认知神经科学等方向上达到或接近国际先进水平。近年来，浙江师范大学在紧抓学科建设的同时，十分重视人才培养工作。一方面，学校实施国、省、校、院、系五级科研训练体系，让每个学生都有一次参与课题研究的机会，以培养学生的科研能力和创新精神。另一方面，学校强化实践育人工作，推动了以实践为导向的人才培养模式改革。我校心理学系结合优势专业建设的要求以及应用心理学专业发展存在的问题，在应用心理学专业技能培养方面进行了一系列有益的尝试。此套《应用心理学专业实践技能系列教材》正是注重心理学专业实践技能培养的改革举措和阶段性成果。

所谓的心理学专业技能，是指应用心理学专业所培养的学生胜任将来工作所需要的实践性技能。如刘学兰，吴发科将其划分为心理咨询及治疗、心理课程及教育、心理测评及应用三个方面。浙江师范大学应用心理学专业主要有两个培养方向，一是从事学校心理辅导与咨询的专门人才，二是在企业从事人力资源管理相关工作的专门人才。结合这两个培养方向，以及刘学兰，吴发科的对于心理学专业技能的界定，我们认为心理学专业技能主要包括以下四个方面：

（1）基本师范技能。在师范院校，这理应是学生的“看家本领”。应用心理学专业的学生也应该具有较好的基本师范专业技能，如普通话、三笔字。

（2）心理测评及应用技能。能够运用并开发必要的心理测评工具，以加强自己并帮助其他教师完成对服务对象心理的准确“了解”。

（3）心理课程教学及培训技能。掌握中小学心理健康课程内容体系以及企业培训的特点与方法，在掌握基本的教学技能的基础上，尤其要掌握团体心理辅导的技能与方法、组织健康教育活动的方法，能够通过各种心理健康教育手段促进服务对象心理的“发展”。

（4）心理咨询技能。掌握基本的心理咨询技能，通过心理咨询师考试，能够对中小学生和企业员工常见的心理障碍与问题进行早期的咨询与心理援助，侧重于对服务对象心理的“补救”。

我们希望通过心理学专业技能的培训，能够使学生不仅可以尽快地适应中小学心理健康教育以及企业人力资源管理工作的需求，而且具备成长为学校心理健康教育与人力资源管理领域卓越人才的潜质。然而，这些良好的素质、技能和实践能力并不是单靠单纯的课堂演示所能获得的，需要一系列的配套的资源来为其提供有力的支撑。然而，从目前的心理学专业教材来看，偏重于理论性的教材居多，普遍缺乏实践性比较强的教材。这一套教材包括《中学心理健康教育校本课程开发的理论与实践》、《心理辅导实训教程》、《心理健康教育》、《教育与心理科学研究方法》、《人才测评与培训技能训练教程》五本，采用鲜活的案例、工作坊、练习等生动活泼的教学材料，改变了目前教材面孔普遍比较呆板的局面，体现了应用心理学专业学生职业发展的特点。当然，“始生之物，其形必丑”，由于可以参照的范例较少，所以此套教材也一定存在诸多问题与不足。但是，我认为这种着重于心理学专业技能培养的方向是正确的，这种尝试与探索的精神是值得肯定的。相信浙江师范大学心理学系的同仁们通过持续的努力，一定能够为培养应用心理学专业实践性人才开辟一条新的道路。

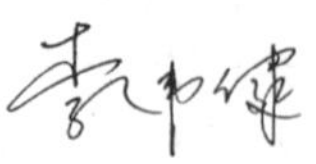

2015年10月

前　言

教育与心理科学研究方法方面的书可能很多，但很多可能只适宜放在书架上，因为这类书的内容大多雷同，看了一本就可以知道其他书的大致内容。实际上，教育与心理科学研究方法应该是一个有着丰富内涵的领域，既有量的研究，又有质的研究。本书从一个全新的角度论述了教育与心理科学研究方法的各个层面和维度，它与以往此类书完全不一样，没有一个过去人们习惯的说教式“教科书”样子，而是以一种类似于和学生进行面对面交流的方式来展开，其内容既贴近学生的实际情况，又不失科学的严谨。

从研究方法往往最能看出一个研究的本质和价值，科学研究一定不是围绕方法而进行，但如果科学研究没有一个好的合适的方法，人们就该好好想想这个研究是不是有价值了。在做教育学和心理学研究的时候，常用的基本的方法必须要得到保证，所以作为一个大学本科生，一入研究的门就应该学会那些最基本的科学研究方法，否则就可能会劳而无获。不仅如此，即使毕业之后，人们在未来的学习和生活之中，还会在许多地方可能会用到研究方法或者这些研究方法背后的原理，从而帮助人们更好地理解别人的生活和过好自己的生活。

本书的出版要感谢杨新晓博士，她是一位从美国留学回来的博士，因而书中的内容和方式都蕴涵了美国风味，这会使人们在阅读本书时获得一种新的感受。另外，本书还要感谢康春花博士，她对效果量方面的理解让人印象深刻。

任　俊

2015 年 6 月 29 日于丽泽花园

目　　录

第一章　我们与研究

作为今天在高校中学习的大学生、未来中小学里的教育工作者，“知识”“科学”“研究”“教育学研究”“心理学研究”这些听起来一本正经、高深莫测的词，究竟能对我们目前的学习生活及将来作为教师的日常工作有多大影响呢？大家是否曾经在心里问过自己：我们与研究，到底有多远？

第一节　知识的来源

在探索“我们与研究”关系的第一步，我们就迎头碰上了一个词——知识。知识是指人们对某个事物的熟悉程度，它可能包括事实、信息、对事物的描述，或者在教育和实践中获得的技能等。知识既可能是关于理论的，也可能是关于实践的。

可以这样说，每个人自从出生就开始学习知识。小孩子们很早就在日常生活中学习到了什么东西好吃、什么东西不能吃，或者发出什么样的声音能引起妈妈的注意之类的知识。随着年龄的增长，我们进入幼儿园、小学、中学，一直到现在的大学，在学校期间更是集中精力在教师的指导下学习各种学科的知识、在校内外与同学及亲友的交往中学习为人处世的知识等。因为我们都知道，没有知识、或知识不足的话，一个人是没有办法在社会上生存下去的。从更高的层次上看，如果整个人类没有足够的知识，是难以在自然界中生存和发展的。

那么，对整个人类社会、对我们每一个人都如此重要的知识都是来自哪里的呢？有的同学可能会说，哦，我的知识都是来自书本、来自老师。那么，寻根究底，书本上和老师的知识又是来自哪里呢？知识是像树上结的果子一样，我们只要耐心等待熟透了就可以伸手去摘，还是会像雨点一样从天上落下，只要找个容器接一下就可以？这显然是不可能的。当我们翻开历史、放眼世界，就会发现知识其实主要有五个来源：经验；权威；演绎推理；归纳推理；科学方法。

一、经验

经验，可以说是我们每一个人都非常熟悉的一种获取知识的途径。比如说，同学们从宿舍走到教学楼里有很多种可能的路，只要每种可能的路都亲自试上那么一两遍，不用别人说，同学们一定最清楚走哪条路最近、哪条路最平坦、哪条路的风景最好、哪条路上的树荫最多、哪条路上更容易遇到熟人等。那么，我们这样通过个人经验、经历获得的就是关于从宿舍通向教学楼的路的知识。我们不但可以获得这些知识，还可以将其传达给其他同学、学弟学妹等。实际上，可以通过个人或集体经验来获取知识，并且能够将所获得的知识一代一代传下去这样的本领，是人类作为一种智慧生物的最大特征之一。

然而，仅仅通过经验获取知识这样一种途径常常是靠不住的。比如说，不同的同学对通向教学楼的路的理解也因人而异。习惯于步行和习惯于骑自行车的同学往往根据自己的需要选择不同特点的路，骑车的同学还要考虑到了教学楼以后停车的问题。那么，他们对于路的知识对对方来说就意义不大了。又比如说，上一代师哥师姐告诉我们走一条捷径可以通向教学楼，可以节省不少时间，结果开学以后我们忽然发现原来的小径变成了建筑工地，此路不通了。如此，通过师哥师姐的经验获得的知识也就立即不管用了。

仅仅通过经验这一途径来获取知识的另外一种缺陷就是，如果我们想了解更加复杂一点的事物，经验往往很难派上用场。比如说，我们可以通过自己或其他同学的亲身体验了解宿舍通向教学楼的路，但是如果想知道从自己宿舍到南极科考站的路，没有地图、导航仪器及地理学知识等，只凭经验恐怕是不行的。

二、权威

十几年的学生生涯让我们每个人获得知识的主要途径变成了通过权威。权威可以是人，如学校里的教师、一个行业内的专家等。权威也可以是书本，比如说我们关于圆周率的知识、火山爆发的知识、修辞方法的知识、外国风情的知识多半是来自各种各样的书籍。所有我们想了解的关于自然的、社会的，单靠我们的个人经验、经历难以亲身体会的知识，大部分都可以通过去询问相关的教师、业内的专家，或者在课本、专著、杂志、百科全书、科普读物等处找到答案。

与经验相比，权威作为一个来源，相对来说要为我们获取知识节省很多时间，尤其是我们人类社会发展到 21 世纪的今天，绝大部分人对于知识的渴望都可以通过读书、上学来满足。从某种角度上看，书本凝结了无数前人的经验、智慧和辛劳。如果我们想了解火山，不需要冒着生命危险去踏遍世界各地，亲眼去看或亲手去触摸火山，只需要在图书馆的阅览室里打开一本关于火山的书开始阅读即可。有时我们甚至不用主动去询问，只要走进教室开始上课，教师就会把各种各样相关的知识灌输给我们。

但是从权威获得的知识就一定可靠吗？自然和人类社会都在不停地变化，从权威那里获得的知识也需要更新换代。20 年之前的数学课上小学生们还在教师的指导下学习使用算盘；而现在的小学生们必须学会使用计算器来解题，关于使用算盘的知识对现在的人已没有太大实际用处了。又例如，一个美国教社会研究的老师 10 年以前来过中国，他回去之后向自己的学生们讲述了中国的环境、社会、文化、生活习惯等方面的知识。10 年之后，他的学生们带着这些知识来到中国，肯定就会大吃一惊，发觉自己对中国的知识很多已经没有用了，因为中国在 10 年之内发展太快了。

三、演绎推理

从公元前 300 多年的亚里士多德时代起，人类就总结出了另一种获得知识的途径——演绎推理，如著名的三段论就是这样一种方法。三段论演绎推理一般由这样几个部分组成，大前提、小前提和结论。例如，大前提是“每一个人都是会死的”，小前提是“国王也是一个人”，那么结论就是“国王也有死亡的那一天”。在这个例子中，我们通过演绎推理就得到一个新的知识——国王也会死。这个知识的来源区别于我们前面提到的经验和权威，是来自我们自己的演绎推理。

我们在实际生活中也可以经常使用演绎推理来获取知识。比如说，有一个同学想借一本高等数学的课本，他知道张老师是教高等数学的，且听隔壁宿舍小王说过上学期上过张老师的课。那么，小王一定学过高等数学课，所以可以向小王借课本。

但是，通过演绎推理得出的知识就一定可靠吗？我们常常会发现，人们演绎出来的知识有的可靠，有的不可靠。比如说，很多人跟小明说，美国人的传统早餐之一就是切片面包抹花生酱。小明的朋友汤姆是一个美国人，所以小明认为，请汤姆一起吃切片面包抹花生酱做早餐的话是没有问题的。但是小明这样做了以后发现汤姆拒绝了，因为汤姆对花生酱过敏。小明没有把所有可能的情况计算进去，那么他得出的关于如何招待美国朋友吃早餐的知识就靠不住了。

四、归纳推理

与演绎推理相似，归纳推理也是一种区别于经验或权威的知识来源。17 世纪著名的哲学家培根是这种方法的提倡者。培根主张人如果要获得知识，必须自己亲自观察自然，而不是一味地依靠权威。人如果系统地、全面地、仔细地观察自然，继而归纳自己所观察到的东西，就会得到新的知识。比如说，我们观察了很多很多兔子都有长耳朵、红眼睛，就可以归纳得出结论：所有的兔子都有长耳朵和红眼睛。又比如说，在几何课上我们发现，直角三角形内角和是180度，锐角三角形内角和是180度，钝角三角形内角和是180度。因此，我们可以归纳得出：一切三角形内角和都是180度。

通过归纳推理产生知识的前提是系统、客观的观察。然而，观察法有其自身的局限性。我们观察到的多是现象，很难观察到事物的本质；或者有时观察到的现象实际上是一些假象；又或者观察到的现象不够多，不足以用来归纳某种事物的特点。例如，我们经常见到乌鸦，在电视上也可以看到乌鸦，久而久之，大家总结道“天下乌鸦一般黑”，提起乌鸦大家认为就是黑色的。然而，在世界上却存在着许多白乌鸦，有的是某地区的特殊物种，有的是得了白化病的乌鸦。那么，我们所谓乌鸦都是黑的这一知识就出现了漏洞，所以仅仅通过归纳推理得出的知识有很多时候也是不可靠的。

五、科学方法

既然经验、权威、演绎推理和归纳推理作为知识的来源都有其漏洞，那么人类为了自身的发展和社会的进步，必须追寻一些更为严谨的获取知识的途径。19世纪的学者们开始尝试结合演绎推理及归纳推理的特点，发展出一种获取知识的新手段。这种新的手段被称为“归纳-演绎法”，或者一个更为大家所熟悉的名字——科学。

第二节　科学与研究

区别于单纯的演绎推理与归纳推理，科学方法最突出的特点就是对“假设”的应用。假设是一种说明事物的特点、事物之间关系的假定性陈述，一般要根据一定的事实来提出。科学工作者在获取知识之前，要根据已有的事实来提出一个假设，进而使用各种方法来测试这个假设，最终得出结论。从另一个角度上去理解，科学方法需要人们首先归纳自己的观察来形成一个假设，然后用推理的方法来追寻这个假设背后的逻辑含义，求证或证伪这个假设，从而得到知识。与其他获得知识的来源相比，科学方法更加系统、严谨。用一系列科学方法得到的不再是零散的知识，而是有着强大力量、能够推动人类社会进步的科学理论。理论通常是由一个领域内的很多学者通过长时间共同研究得出的智力成果，具有适用范围广、对人类的生产生活有指导意义等特点，如我们耳熟能详的电磁学理论、生命周期理论、马克思主义理论等。

在21世纪的今天，我们日常生活的方方面面，人类社会的进步、对自然的探索无一不是受益于最近几个世纪科学的迅速发展。从家里的电视机、洗衣机，每个人使用的手机和电脑，到现代化的工厂里的生产线，在医院里给人体造影的CT机，甚至支持我们行车导航仪的定位卫星，以及踏上火星表面的探测器，都在展示着科学是人类认识世界、改造世界、自身进步的一个非常重要的方法。

科学通常可以分为以下几种类别：研究抽象形态的形式科学，如数学、统计学；研究大自然事物的自然科学，如物理学、生物学；研究人类社会现象的社会科学，如社会学、心理学；将自然科学知识应用于实践的应用科学，如工程学、医学。我们在这里研究的教育学属于社会科学，是研究教育现象和教育问题，揭示教育规律的一门科学，是一门研究如何培养人的科学。

了解了什么是科学之后，我们来看什么是研究。通俗地说，研究就是通过收集信息来回答问题，从而解决问题的手段。研究与我们如影随形。我们每个人都做研究，每天都可以做研究，在任何地方都可以做研究，对任何事物都可以做研究。研究无所不在，研究的内容无所不包。请看下面几个例子。

例 1-1 问题：小方同学的自行车轮胎破了一个洞，他想找附近能修自行车的地方。

研究：小方询问同宿舍里有自行车的同学。小方到校内商业街杂货铺老板那里打听。小方打电话给辅导员。

例 1-2 问题：阿华买了一盆漂亮的植物，她想知道如何能够养活。

研究：阿华向隔壁养了很多花儿的老爷爷询问。阿华翻阅自己购买的《家养植物手册》。阿华上网搜寻有关盆栽植物的养护知识。

例 1-3 问题：老师要求大毛写一篇关于英国文化的报告。

研究：大毛去图书馆查资料。大毛用百度搜索英国文化。大毛去询问从英国来学中文的学生们。

通过以上三个例子，大家可以了解研究与我们的生活密切相关。我们每一个人在不经意间对很多事物都做过研究，甚至对我们自己很感兴趣的事物有着比身边任何人都更深的研究，有着更加丰富的知识。例如，特别喜欢车的同学就对车有着一定的研究。如果我们看到一辆车但不知道是什么型号，去问这个同学就可能得到很多关于型号、生产厂家、配置特点等的知识。

然而，我们在日常生活中所做的研究往往是非正式的研究。非正式的研究是我们自发的行为，经常没有严谨的计划、没有循序渐进的步骤，也缺少格式、形式、规矩的约束，因此得到的结果就会大打折扣。非正式的研究在日常生活中对我们有很多帮助，但是如果遇上比较严肃、敏感、繁难的问题，非正式的研究就不起作用了。比如说，如果在自己家里养养花草，我们可以像阿华一样从邻居、书本、网络中寻找相关知识，然而，如果是遇到在森林公园里大面积的树木病虫害的问题，恐怕就要请受过专门训练、有一定经验的植物学家来做正式的研究，以确定解决方法了。

既然研究离我们如此之近，好像人人都在做研究，那么为什么仍然还有很多问题得不到回答，还有很多难题得不到处理呢？做研究究竟有用吗？其实，既然研究是通过收集信息来解决问题的一种手段，那么它所收集到的信息本身是否有用，在很大程度上决定了研究的质量。

21 世纪被称为信息时代，各式各样、包罗万象的信息通过书本、媒体、网络等各种渠道铺天盖地地充斥着我们的生活，但是从另一个角度上来审视，与其说 21 世纪是信息时代，不如说更像是一个“伪信息”时代。尤其是在互联网上，人人都有发言权，真相与假象都有表演的舞台，谣言和真理都有自己的市场。试想一下，如果我们收集到的信息都是有重大缺陷的，那么问题如何能够得到正确的解决。比如说，一个中学英语教师想知道如何在课堂上提高学生的学习兴趣，于是她在互联网上收集了很多相关的教学方法信息，结果在课堂上实践时得到的结果不尽如人意。那究竟是哪里出了问题了呢？我们仔细想一下便可以明白。这位教师收集的信息可能是其他教师的经验之谈，可能是教育学家的研究成果，也可能是某些人的纸上谈兵，如此一来，效果当然大打折扣。甚至再进一步地讲，如果这位教师没有在收集资料之前系统地分析自己课堂上的问题，很可能她收集到的信息是有用的，只不过不是针对她的问题的。或者说，她的英语课堂上学生的基础、学习动力和其他教师所遇到的学生情况很不一样，那么就算是其他教师精华的教学经验也未必能够有所帮助。通过这个例子，同学们应该能够感受到，想要研究真正能够起作用，必须做正规的研究，遵循一定的规律，做科学方法的研究，而不应该单凭自己的直觉行事。

既然我们立志从事科学的研究，首先就要具备科研精神。一个称职的科研工作者应该具备哪些科研精神呢？什么样的科研精神可以支持人们突破重重阻碍、披荆斩棘地通向真理呢？简单地说就是八个字——好奇、求真、坚持、创新。

好奇是我们做研究的首要条件。人类作为高等智慧生物，做任何事情都需要有一定的目的。只有对我们所研究的事物保持持久的热情，才能使我们的研究顺利地进行下去，不至于半途而废。其次是求真。做研究的根本目的就是追求真理。如果仅仅是为了一些虚荣的、外在的目标做研究，如金钱、职称、地位等，我们的研究就会被扭曲，容易以次充好，含糊了事，甚至作伪造假。只有坚持求真，对所收集的资料使用严格的筛选，严谨地考究其来源，才能获得真正的知识。再次是坚持。科研工作从来都不曾是一条坦途，其中艰难险阻、迂回曲折不亚于唐僧取经途上的“九九八十一难”。如果不具备坚持到底通向胜利的坚强意志，我们的研究很可能就不了了之了。最后是创新。科研工作是推动人类社会前进的巨大推动力，尤其是在过去的一个世纪以来，人类以越来越快的速度更新自己的知识，改变对自然与自身的理解，积极开拓新领域，为人类创造新生活。通过做科学研究，我们也可以加入到这一创新、进步的洪流中去，从自己的角度去为科学做贡献，为人类社会的进步做贡献，从而充分实现自己的人生价值。总之，想要做一个称职的科研工作者，我们必须得培养自己具有这些科研精神。

第三节　教师与研究

从本质上讲，每一位教师都是一个决策者。每一天教师们都要面对繁重的教学任务，要对如何教学、布置什么样的作业、怎样回答学生的问题、如何处理课堂上学生的偏差行为、怎样与家长沟通等问题做出快速的判断，采取果断的行动。教师们的每一次决策都会对学生的成长产生或短期或长远的影响，因此，如何做决策，怎样做判断，成为每一位教师必须面对的问题。同学们作为师范生，在走向工作岗位之前，要培养自己未来处理繁重任务的决策力。

有人说这些决策力是学习的结果。还有人说，这些决策力是由常年的经验所形成的。这些说法似乎都有一定的道理。然而，实际的学校、课堂、学生的情况千姿百态、千变万化，并且随着时代的前进而快速发展，我们单靠在大学里学的书本知识真的可以应对一切可能吗？如果我们做出的决策对学生的身心发展是有害的，但是作为教师，我们未能及时发现，反而将错误的做法延续了一年又一年，那么如此教学经验对我们提高决策能力只能是有百害而无一利。既然依靠静止的书本知识和单纯的教学经验都有很大的漏洞，我们又能够依靠什么呢？

答案在这里是显而易见的。做一个优秀的教师，不能单靠书本知识和自己的教学经验，要学会科学的研究方法，以变应变，自己主动出击来解决所遇到的问题。通过做系统、严谨的教育学研究，每一个教师都能够依靠自己以及自己的合作伙伴来分析在教育实践中所遇到的现实问题，知道如何搜集可靠的资料、如何分析资料、如何得出结论，最终解决问题。通过做科学研究，一个教师可以从单纯的教书匠、教育知识的吸收者，变成积极的知识运用者和主动的知识供应者，为自己的学生做贡献，为教育学领域做贡献。

既然作为一个优秀的教师必须要做教育方面的研究，那么如何去做研究就成了我们下一个要回答的问题。在接下来的一段时间里，让我们一起学习关于教育与心理科学研究的一些初步的知识。

思考、讨论、练习、提高

（1）大家现有的关于教育的知识都来自哪里？从知识来源的角度上讲，我们现有的关于教育的知识是否可靠？

（2）教学和教育学有什么区别？

（3）跟同学们分享一个你熟悉的科学研究作为例子。一起讨论一下，这个研究如何与我们的生活相联系，又是怎样体现科研精神的？

（4）以“我与研究”为主题，用诗歌、“三句半”等大家喜闻乐见的形式，总结本章所学习的知识，表达自己的感悟。

（5）每一位同学思考并描述出自己对教育学领域内一项或几项最感兴趣的地方。

第二章　前辈们关于学习的研究

在亲自踏上教育与心理科学研究方法的道路之前，让我们首先简单地了解一下一些著名的前辈教育学家与心理学家所做过有关学习的研究。这一章中出现的案例主要是涉及学习理论相关的学者、他们所做过的研究，以及研究得出的著名学习理论。对于同学们来说，既可以从前辈与研究的事例当中获得对于“研究”的进一步理解，又可以学习前辈的研究精神使之鼓励我们在研究道路上奋勇前进，还可以了解什么是学习等基础知识，进一步为未来所从事的教育工作打下基础。

第一节　桑　代　克

爱德华·桑代克（Edward Thorndike，1874～1949 年）是美国杰出的心理学家之一。他是动物心理发展史上的重量级人物，第一个用严格的实验控制来研究动物心理的发生与发展。同时，他又是教育心理学的创始人，第一个对教育心理学进行了系统的论述，并提出了最早也最为完整的学习理论。桑代克于 1895 年到哈佛大学受教于詹姆斯，做小鸡走迷津实验。后来转到哥伦比亚大学学习，继续利用猫和狗等做实验。1898 年，在卡特尔的指导下，以《动物的智慧：动物联想过程的实验研究》获得博士学位。在该校教育学院工作 40 年，先后任教员（1899 年）、副教授（1901 年）、教授（1903 年），于 1940 年退休。1942 年，他又回到哈佛大学开詹姆斯讲座，继续从事心理学研究，直到 1949 年去世。桑代克研究的领域广泛，一生有 500 多种著作，其中有不少是专著和巨著，主要有《动物的智慧》（1911 年）、《教育心理学》（三卷本，1903 年/1913～1914 年）、《智力测验》（1927 年）、《人类的学习》（1931 年）、《需要兴趣和态度的心理学》（1935 年）、《人性与社会秩序》（1940 年）等。

一、桑代克的“迷笼”实验

桑代克主张用实验的方法来研究心理过程，并指出与自然观察相比较，实验至少在三点存在优势：①可按照自己的意愿重复各种条件，以便看到动物的行为是否由于偶然的巧合；②可把许多动物做同样的实验，以便得到典型的结果；

③可把动物安排在一种情境之中，使它的行为特别对我们有所启示（车文博，1998）。基于实验法的这些优点，桑代克进行了动物学习的系统研究。他以小鸡、猫、狗、鱼等作为实验对象，提出了学习理论中重要的学说——尝试错误学说。在这些学习实验中，最为著名的是他的“迷笼”实验。他把一只饥饿的猫关进迷笼中，在笼子的外面放着鱼。猫在笼子里又蹦又抓，但就是够不到外面的鱼，直到它偶然间踏上一块用绳子连在门上的踏板，笼门打开，才跑出来吃到外面的鱼。第二次把猫关进笼子，仍然是这种情况：猫依旧乱蹦乱咬，直至偶然用踏板打开门才吃到食物。随着实验逐渐进行下去，猫的无效行为逐渐减少。最后一次实验，猫一放进笼子，它就打开门出来吃外面的鱼。桑代克认为这就是学习的结果，猫是通过尝试错误来进行学习的。他把动物练习的次数和时间记录下来，绘成曲线，以此来表示学习的过程，并提出了他的学习理论。在桑代克看来，“这种动物学习所表现出来的简单、半机械现象同样是人类学习的基础”（叶浩生，2006）。

二、“尝试错误”学说及学习律的提出

桑代克认为学习的过程就是一个渐进的、盲目的尝试错误直至最后成功的过程，并不存在思维和推理的作用。在此尝试错误过程中，错误次数逐渐减少，而正确次数逐渐增加，最终获得正确行为的巩固。

学习的实质就是在情境和反应之间创建一种联结。所谓情境，包括外界情境和情感、思想、态度等大脑内部情境，有时也称刺激（S）。反应（R）包括“肌肉、腺体的活动”以及“情感、意志、观念等内部反应”（张朝等，2008）。联结就是某种情境只能唤起某种反应，而不能唤起其他的反应的一种结合、倾向和关系。也就是说，学习只是刺激（S）→反应（R）的联结形成与巩固，并不需要任何中介。因此，他的试误说也被称为联结主义学说。桑代克认为学习的联结的形成是有规律的，并根据他进行的动物学习实验，提出了学习的三大主律，以下进行介绍。

1. 准备律（law of readiness）

在“迷笼”实验中，桑代克观察到，从迷笼中逃出的猫必须是处于饥饿状态下的，如果将一只吃饱了的猫放进笼子里，则它可能会在里面休息，而不会显示出任何逃出笼子的学习行为。由此，桑代克认为学习有一个准备的过程，学习者是否会对某种刺激做出反应，或者说刺激与反应的联结是否能够形成，与他开始学习新知识或巩固旧知识的准备状态不无联系。这条学习律与效果律（下文进行介绍）联系密切，如果学习者准备学习并乐于学习，那么在学习过程中就产生满足之感，反之，如果没有准备或不乐于学习就会产生失望的感觉。对学习的解释，应包含某种动机原则，在桑代克的学习理论中，动机被看作是一种存在于神

经系统中的特定准备方式：当一个传导单位准备传导而不受任何干扰，就会引起满意之感；如果当一个传导单位准备好传导时却不得传导，或者未准备好传导但强行传导，就会引起烦恼之感。对于这条学习律，桑代克一直在修正：1911年，称其为“刺激—反应联结的易感性”；1913年改称为“准备率”；1935年又改称为“OK反应（okay-reaction）”。

2. 效果律（law of effect）

效果律是桑代克学习理论中最重要的一条，认为反应对环境产生了某种效果时，学习才得以发生，指的是强化作用。用桑代克自己的话来表达，就是“满意或不舒适的程度越高，刺激—反应联结就越加强或减弱”。当前行为的结果对未来行为起着关键作用，如果某学习的行为反应结果是令人愉快的，那学习就会发生并得到加强，这是正强化律。相反，如果反应的结果是令人烦恼的，那么学习就会削弱，这是负强化律。但在桑代克后期的著作中，取消了负强化律，因为他发现，奖赏比惩罚更有效力，在有些情况下惩罚并不一定能削弱联结。因此，这里的效果律主要是指正强化作用，通过正强化，学习的效果得以巩固。正强化物即为那些能引起学习者满意的刺激，包括表扬、奖励等。

3. 练习律（law of exercise）

练习律由使用律（law of use）和失用律（law of disuse）组成。使用律是指一个已经形成的刺激—反应可变联结，若加以应用，则会增强联结的力量。失用律则是指若不予以使用，则联结的力量会减弱。换句话说，练习律就是指学习需要不断地重复和练习，练习的次数越多，学会的技能或知识就越巩固，而不注意练习，原先已经学会的内容就会逐渐消退。但是这个定律不是普遍有效的，比如动物在实验中仅一次成功的动作就会保留下来，而多次出现的无效动作却逐渐被淘汰。在1930年之后，桑代克在论著中多次表示，只有当学习者发现重复练习能获得满意效果时，练习才有助于学习。这样，练习律也就消融于效果律了。

除了学习的以上三条主律，桑代克还提出了以下五条副律：①多重反应律（law of multiple）。学习者对同一刺激情境可能会做出多种反应，直到有一种反应最终导致满意的效果为止。这是学习者学习成功的原因所在。桑代克认为多重反应律遍布动物和人类90%的学习中。②定势律（law of set），也称其为“态度”或“顺应”。桑代克在实验中发现，动物可能会以某种特定的态度对待某种外部情境，这取决于它的年龄、饥饿状态、精力状况和瞌睡程度等，他认为反应是学习者态度的产物。③优势反应律（law of advantage）。桑代克发现，学习者在学习时往往会有选择地对刺激情境中某些要素反应，而对其他要素不予理会。例如，猫在迷笼中会将注意力集中在与门有关的部位上，而不注意笼子的颜色。桑代克又称其为“部分活动”的原则。④同化律（law of assimilation），也称“类推”原则，指当学习者对新的情境刺激做出反应时，往往与它在以往类似情境中习得的反应相类似。实际上这是一种学习迁移，后来有人把它称为刺激泛化。桑代克由此提出“共同要素论”，即如果两种学习情境基本相同，就会产生类似的反应；迁移是否发生，取决于两种情境之间是否存在共同要素。⑤联想性转换律（law of associative shifting）。桑代克认为，已习得的对一组刺激的反应，可以逐渐转换成对新的一组刺激的反应。由此，桑代克把条件作用看作是联想性转换的一种形式。1930 年后，桑代克对自己的学习理论做出了重大修改。首先，他放弃了练习律中的频因论。他在《人类的学习》（1931 年）中指出：“据我现在看来，一种情境的反复，其本身并没有选择的力量”“次数较多之联结，并不是因其次数之较多而被选择”（冯忠良等，2000）。其次，他放弃了效果律中提出的烦恼对学习的影响，强调满足对学习的影响。“烦恼大概都不使其所随的任何联结的力量减弱，以致影响学习。至若满足对于学习的影响似为较为直接普遍、一致而精细，但究竟如何影响，我们应该持有比向来更审慎的态度加以研究。”

桑代克提出的学习理论单纯强调刺激与反应的联结，主张将各种情境与相关的复杂反应归类就可以了解人的全部心理活动，而完全忽视人的观念和意识所起的作用。此外，他热衷于发现一些普遍的学习规律，也难免犯以偏概全的错误。虽然在 20 世纪 30 年代后，他本人对理论做出了一些修改和完善，但仍存在一定的局限性。尽管如此，桑代克在动物心理发展史以及教育心理学史上的重要地位仍是无可比拟的，引发了后来众多心理学家在各领域继续探讨的热情。“在西方心理学史上，桑代克及其联结主义心理学，集中体现了联想主义向行为主义的过渡，期间又渗透着技能主义精神”（郭本禹，2000）。

第二节　苛　　勒

沃尔夫冈·苛勒（Wolfgang Kohler，1887～1967 年）是一名美籍德国心理学家，完形心理学派的主要代表人物之一。在韦特默的似动现象实验中，他曾经和考夫卡一起为韦特默当助手和被试，共同奠定了完形心理学的基础；他做的小鸡视觉辨别实验也为完形心理学提供了实验根据；他通过著名的黑猩猩实验，提出了学习的顿悟说，使得完形心理学理论系统化。

苛勒 1887 年 1 月 21 日出生于波罗的海省的雷维尔，在德国长大，先后在杜平根、波恩和柏林等大学学习；1909 年在斯顿夫的指导下以心理声学的论文获得哲学博士学位；1910 年于法兰克福大学执教。1913～1920 年担任普鲁士科学院人类研究所主任，在大西洋加那利群岛的腾奈立夫岛上对猩猩的智慧进行大量实验研究；1921 年回国担任柏林大学心理研究所主任兼教授，之后发表了很多成果；1934 年受到纳粹政府的迫害，移居美国并在哈佛大学任教；1935 年担任斯瓦特莫学院的心理学教授；1956 年获得美国心理学会杰出科学贡献奖；1959

年当选为美国心理学会主席；1967 年 6 月 11 日，在美国新罕布什尔州的思菲尔德逝世，享年 80 岁。苛勒是一位多产的格式塔代表人物，主要著作有《人猿的智慧》（1917 年）、《格式塔心理学》（又译《完形心理学》，1929 年）、《价值在事实世界中的地位》（1938 年）、《心理学的动力学》（1940 年）、《图形后效》（与拉瓦赫合著，1944 年）、《格式塔心理学的任务》（1969 年）等。

一、黑猩猩经典实验

1913～1917 年，苛勒在腾奈立夫岛上对黑猩猩进行了大量学习实验，对黑猩猩解决问题的情境作了深入研究，成果以《人猿的智慧》出版，并由实验提出了学习的顿悟说，这与当时盛行的桑代克所提出的尝试错误学说相对立，激起了很大波澜。

苛勒在《人猿的智慧》中提到，“如果人或动物采用由它本身的组织作用产生的活动方式，通过径直无障碍的道路达到其目的，这种行为不能称作智慧行为。但是，如果环境中直接的通路为某些事故所堵塞，人或动物只能采取迂回的道路或其他间接的方法去适应这种情境，这种行为便可称为智慧行为了”（龚浩然，2000）。由此，他进行了两大类实验，一类是在不很复杂的条件下，动物往往径直地趋向食物的“直接道路”实验；另一类是观察动物在获得目的物时所采用的方法，以确定不同水平的智慧形式的“迂回实验”。在迂回实验中，由易至难有以下六种具体情境。

（1）迂回实验。把黑猩猩领进一间房内，房间的墙壁上有很高的百叶窗，旁边有门可以通往窗外的活动场地。实验者把目的物香蕉从窗口扔到窗外的活动场地，很快地关上窗子，并让黑猩猩观看到这个过程。结果发现，黑猩猩能顺利地从门走向外面的场地，取得香蕉。用母鸡和狗做类似的实验，发现也能顺利解决问题。

（2）利用现成工具的实验。在这种情境中，动物必须利用手杖、绳子和木箱等现成工具，才能取得目的物。例如，实验者将猩猩带进有栅栏的笼子中，关好笼门。笼内靠近栅栏处放着几根手杖，笼外猩猩手臂够不到的地方放着目的物。结果发现，几乎所有的猩猩都能拿笼内的手杖作为工具从而获得目的物，也就是说，它们把原先无关的物体（手杖）联系到情境当中来了。

（3）制造工具的实验。在此类情境下，动物没有现成的工具可以使用，必须对情境中的物体进行一番加工后，以其作为工具才能获得目的物。例如，在折枝实验中，目的物放在笼外够不到的地方，附近没有手杖等可以利用的东西，在笼子的另一侧放着一颗砍倒的枯树。大多数猩猩在这种情境下显得束手无策，但少数较聪明的猩猩经过一番迟疑后，能径直走向枯树，折下一根枝条当工具，随后奔向栅栏取得目的物。在竹竿实验中，一只名为苏丹的聪明猩猩还能把两根短竹竿连接成一根长竹竿，取得一根竹竿够不到的目的物。

（4）建筑实验。在这类实验中，苛勒研究了黑猩猩如何叠木箱、竖梯子等问题。在叠箱子实验中，要求猩猩理解建立两箱的稳固结构与获得目的物之间的关系。它们需要把两个或两个以上的木箱叠起来以增加高度，才能够到高高悬挂的目的物。这个问题比较难以解决，只有少数几只猩猩在实验者的多次帮助下才完成，而且解决得不甚理想。

（5）利用中介物的迂回实验。这种实验要求猩猩在取得最后的目的物之前，必须先获得另一个辅助的中介物，并用它获得最终的目的物。例如，笼外较远处放有香蕉，笼内的短手杖无法取到，但可用此短手杖把笼外的一根长手杖拉过来，再用长手杖取得香蕉。还是那只名为苏丹的聪明猩猩解决了这一问题。

（6）格式塔操纵实验。这类实验更为复杂，黑猩猩必须处理一些相当复杂的完形特点，领悟一定的完形。例如，有这样设计的一个实验：目的物放在栅栏外手所不能及的地面。手杖的一端装了一个铁环，铁环套在一根垂直地面的铁条上，而该铁条固定于一只重木箱。猩猩若想要得到目的物，必须先得到手杖，而要得到该手杖，就必须把铁环和手杖朝着与目的物呈 90 度角的方向举起。此类任务对猩猩而言比较困难，一般不会取得圆满的结果。只有猩猩娜拉在前三次均告失败的情况下，第四次实验令人惊奇地、毫不犹豫地把铁环从铁条中退了出来，最终取得了目的物。

二、学习的顿悟说

苛勒发现在这些实验中，黑猩猩并不是像桑代克所描述的用试误的方法逐步学会如何拿香蕉，而往往是突然学会了解决问题的办法。在前面的问题情境中，黑猩猩有时候蹲在一边，观察情境，然后表现出对问题情境的突然领悟，如先把两个箱子叠到一起，随后站上去拿到香蕉，或者把两根短竹竿接在一起去够香蕉。

苛勒用格式塔的观点对顿悟进行了解释，认为顿悟就是对问题情境的突然理解而觉察到问题的解决办法。他把黑猩猩的这种突然领悟的表现称为“理解力”，为“某种相对于整个问题的布局而出现的一个完整解决方法”（叶浩生，2006）。黑猩猩的行为特征正表明了它们先对问题情境有了领悟，才有了问题解决的行为。它们蹲在一边观察的时候，其实是一个经历知觉重组的过程，完成了知觉重组，它就突然理解了目的物和途径（工具）之间的关系，产生了迅速的学习。他坚决反对桑代克的尝试错误说，认为黑猩猩进入实验情境后，并不是由于任何偶然性动作，从而导致偶然性的问题解决，而是在解决问题的过程中，所做的任何一件事都与情境相关。

苛勒认为，学习是通过顿悟实现的，它需要有理解、领会与思维等认识活动的参与，并且是一种突现、速变、飞跃的过程。苛勒指出，“真正的解决行为，通常采取畅快的、一下子解决的过程，具有与前面发生的行为截然区分开来而突然出现的特征”（冯忠良等，2000）。顿悟学习的特点可以归纳为：①问题解决之前存在一个困惑或沉静的时期，表现得犹豫不决，有长时间停顿；②从问题解决前到问题解决之间的过渡不是一种渐变的过程，而是一种突发性的质变过程；③在问题解决阶段，行为操作是一个顺利的不间断的过程，形成一个完整的连续体，很少有错误的行为；④由顿悟获得的问题解决方法能在记忆中保持较长时间；⑤由顿悟而掌握的学习原则有利于适应新的情境，解决新的问题（马欣川，2003）。

三、学习顿悟说与试误说的关系

苛勒站在对立的角度，对桑代克的试误说提出了批评，“刺激—反应公式，乍然听来，颇有诱惑力，而实际是引人走向迷途的……忽视刺激和反应之间所发生的组织过程，特别忽视部分在整体中获得新特性的形成过程”（引自汪明等，2007）。苛勒具体从以下三方面提出了批判：①桑代克所设计的实验情境对动物而言过于复杂，超出了它们的理解范围。在这种复杂情境的前提下，它们无法对现场进行全面的考察，就不得不盲目尝试，而如果将动物置于明朗的情境当中，它们能了解整个情境结构，就能领会到自己的动作和情境，特别是目的物的关系，即产生对情境关系的顿悟，而不必盲目尝试错误。②桑代克把学习看作一个渐进的量变过程这个观点是不正确的。在黑猩猩实验当中，动物在问题解决前确实表现出迟疑不决、迷茫的行为特征，但在进行问题解决时它们的动作是连贯而流利的，并没有出现停顿和迟疑。黑猩猩是先有想法后有行为，通过顿悟产生了问题解决的方法。③反对桑代克学习理论所提出的练习律和效果律。首先是练习律，如果按照桑代克所言，学习是通过反复练习而得的，那么动物在尝试错误的过程中，最后保留下来的是那些重复了多遍的无效动作，而不应该是偶尔才出现的有效动作。其次是效果律，桑代克认为之前行为的结果影响之后的行为，即满意的结果使该行为加强，烦恼的结果使该行为减弱。但在他的迷笼实验里，动物每次出现的成功开门动作不可能完全相同，既然成功行为都不一样，怎么能说前一次成功的行为效果影响了下一次成功行为？

顿悟说和试误说的对立，在今天看来是由立足点不同所导致的，并不存在真正意义上的对立，两种学说应该互相联系、互为补充。一般的问题解决过程中都包含了尝试错误渐进式学习和顿悟飞跃式学习两个阶段。首先，顿悟要在练习到一定的程度上才能实现，即要具备一定的相关知觉经验。在一个完全陌生的、没有先决经验的情境中，学习是无法通过顿悟而实现的。其次，练习也不完全是机械的、无意义的练习，也是一种经验的增加和积累。这种经验积累到一定程度，就可能达到一个质变，此时在问题解决中就表现出了顿悟学习。“试误是一种分析性的对新经验的获得，而顿悟则是一种综合性的对以往经验的运用或升华”（车文博，1998）。另外，也有学者认为，顿悟适用于理解性的问题解决方面，在有些需要机械学习、死记硬背的问题上，仅靠顿悟是不可能完成的。因此，无论在理论上还是实践中，顿悟和试误都不能非此即彼、截然划清界限。

尽管苛勒所进行的实验大都是质的研究，没有精确的量的记载，但其角度新颖、方法巧妙，并且重视认知在当中所起的作用。这不仅补充了联结主义学派的严重不足，也为后来的动物心理研究开辟了新道路。现代认知学派一般以此种实验为开端，苛勒由黑猩猩实验而提出的顿悟学习理论目前已成为西方心理学当中重要的学习理论之一。

第三节　行为主义的学习论

一、华生

华生（John Watson，1878～1958 年）是心理学创始人之一。他认为心理学研究的对象不是意识而是行动，心理学的研究方法必须抛弃“内省法”，而代之以自然科学常用的实验法和观察法。华生在使心理学客观化方面发挥了巨大的作用。1915 年，他当选为美国心理学会主席，著作有《行为主义者心目中的心理学》《从一个行为主义者的观点看心理学》等。

1. 华生的基本观点（刺激—反应说 / 习惯说）及其理论来源

1900 年，巴甫洛夫的经典条件实验，用无条件刺激来强化条件刺激，进而建立 S→R 联结。这种刺激反应联结，对华生产生了深刻的影响。另外，受动物心理学和机能主义的影响，他主张对心理学进行比较客观的实验研究，因此，对机能心理学像构造心理学那样使用意识、感觉、知觉、激情、情绪和意义等术语感到不满。他认为，可以写一部心理学，不用“意识”“心理状态”和“心”这类术语，而是用“刺激与反应”和“习惯形成”等术语来表述。

2. 华生的学习理论——学习律

华生的学习理论，在一定程度上是建立在抨击桑代克效果律基础上的。在他看来，桑代克的效果律是心灵主义的，只不过是陈旧的享乐主义原则的翻版而已。他认为学习是刺激—反应的联结，人的反应完全由客观刺激决定。为了从实验上推翻桑代克的理论，华生训练白鼠，为达到目的箱吃到食物，必须先挖沙子。白鼠挖沙子到达目的箱后，不立即喂食，而是让它在那里空等一会。华生认为，根据桑代克的理论，强化增强的是强化之前的刺激—反应联结。在这个实验中，空等是较后的反应，而挖沙子到目的箱则是较早的反应，根据推理，食物强化的是空等，而不是挖沙子到达目的箱。但事实上，白鼠习得的是挖沙子到达目的箱的反应，而不是空等。华生以此来证明效果律的不正确，并提出用频因律（frequency）和近因律（recency）取而代之。

1）频因律

华生认为，在其他条件相等的情况下，某种行为练习得越多，习惯形成得就越迅速。因此，练习的次数在习惯形成中起重要作用。在形成习惯的过程中，有效动作之所以保持下来，无效动作之所以消失，是由于有效动作比任何一种无效动作出现的次数都多，这是因为每一次练习总是以有效动作的发生而告终的。举例说来，在一个非常简单的"T"字形测验情境里，有机体只能做出两种可能的反应：正确反应（用 R＋来表示）和错误反应（用 R－来表示）。为了简便起见，我们设想最初 R＋和 R－的强度是相似的。经过一系列尝试之后发生的情况是：R－逐渐减弱，R＋则逐渐增强，华生认为，之所以会产生这样的结果，是因为 R－只是在一半的尝试中发生，而 R＋则在每一次尝试中都发生。R＋比 R－更强，是由于 R＋发生的次数比 R－多一倍。华生把反应出现的次数作为解释反应的保留或淘汰的原则。

2）近因律

华生认为，当反应频繁发生时，最新近的反应比较早的反应更容易得到加强。因为在每一次练习中，有效的反应总是最后一个反应，所以这种反应在下一次练习中必定更容易出现。由此，他把反应离成功的远近，作为解释一些反应被保留、另一些反应被淘汰的原则。在他看来，习惯反应必然是离成功时机最近出现的反应。

3. 学习理论的评价

由于华生主张行为主义的心理学要预测、控制和塑造有机体的行为，而行为的改变和塑造都是通过学习过程实现的。所以，行为主义心理学十分重视学习过程的研究。在华生的倡导下，行为主义学习理论家们对条件作用下反射式学习过程的研究相当深入。可以肯定地说，行为主义的学习理论对深化条件反射式学习的研究做出了一定的贡献。华生对行为的研究采用了元素主义的分析方法，将复杂的行为分解为若干"刺激—反应"单元，从而丢掉了行为的整体性特征，抹杀了学习过程的整体性、目的性和认知性特征。最后，华生的行为"习惯说"是一个不严谨的学习理论，也是个不完善的学习理论。他没有提出解释学习过程的心理机制的学说或假设。这一点他连桑代克和巴甫洛夫都不如。他借用了巴甫洛夫有关条件反射的术语，而没有提出什么创新的概念。他所提出的学习定律和影响学习过程的因素没有超越联想主义心理学的传统和动物实验心理学的研究成果。他对学习过程缺乏系统的、深入的研究。因此，他的"行为习惯说"或"学习习惯说"与其说是一个学习理论，不如说是一个不完善、不健全的学习观点。

二、赫尔

克拉克·赫尔（Clark Hull，1884～1952年），美国心理学家，新行为主义代表人物之一，主要著作有《心理、机制和适应性行为》《行为纲要》等，1936年当选为美国国家科学院院士，同年当选为美国心理学会主席。

1. 学习理论基本观点

在赫尔的学习观中，很重视学习的动机问题，并把有机体的生物需要看成是动机的基础，将驱力（drive，简称D，也称内驱力）定为一种中间变量，把驱力分为原始驱力和习得驱力。一种刺激—反应的关系伴随以需要的降低，在同样的刺激出现时，很可能引起同样的反应。这种联结需要经过许多次的强化来增强。这里的强化是指驱力的降低或减弱，既有原始强化也有继起强化。

1）驱力还原

赫尔认为，学习系统首先要有驱力。在赫尔看来，当动物处于需要状态时，无论是饥饿、干渴、疼痛，还是其他生理上的问题，都会产生一种动力状态，赫尔称其为“驱力”。驱力会激活并产生行为——不是任何特定的行为，而仅仅是行为。正因为这样，我们才有可能使动物做出我们要它们做出的各种各样的反应。

其次，学习系统还要有强化。若要使动物驱力得到还原，并学会某种反应以解决生物学意义上的问题，强化是不可或缺的。经过一系列尝试，动物的行为会越来越有效，并能熟练地解决某种环境中的问题，也就是说，动物形成了做出某种反应的习惯（habit，简称H）。

赫尔最基本的假设：SER＝D×H。

其中，SER表示在刺激S得到反应行为R的潜能大小E，即一个已经习得的反应是否发生的可能性。从上述这个数学公式，行为是行为所依赖的两个变量——驱力与习惯——的函数，单凭驱力或习惯本身都不能告诉我们有机体会有何种行为强度。例如，一只白鼠在迷津里走得很慢，我们不知道到底是由于它有驱力但尚未形成习惯，还是因为它已形成习惯，但没有驱力促使它迅速做出反应。因为在这两种情况下，都有可能产生同样的行为强度。所以，单凭一次观察是不可能对驱力和习惯做出判断的，而是要通过一系列观察，加上使用某些假设，才有可能确定有机体的行为是由哪些因素决定的。

2）习惯

赫尔认为，学习中所包括的基本构成是习惯。习惯有时成了学习的同义词。在赫尔的体系中，驱力是非常一般的、不指向特定行为的，而习惯则是非常具体的。事实上，行为的所有具体性都被归因于习惯。他通过把刺激（S）和反应（R）写在习惯（H）的左下角（sHR）来强调这一点。因此，习惯（sHR）表明了特定刺激引发特定反应的倾向。

3）对驱力还原的修正——驱力刺激概念的提出

赫尔始终认为，科学不仅取决于系统的观察和测量，而且还要求有一些基本的公设（最好是采用数学的方式），根据这些基本公设，可以从理论上演绎出实验的结果。如果演绎与观察到的结果是一致的，那就说明这个公设是可靠的；如果演绎与观察到的结果不一致，那就需要修改公设。赫尔一生也是这样做的，因此，他的理论系统一直在不断的修正。

赫尔在后期发现，动物在没有驱力还原的情况下，有时也会产生学习。这方面最有说服力的证明来自谢菲尔德等的一系列研究报告。例如，谢菲尔德与罗比（Sheffield and Roby，1950）发现，如果让白鼠在目的箱里喝糖精水，可以使它学会走迷津。他们还发现，喝糖精水所起的强化作用，比吃其他食物的强化作用还大些。然而，糖精水不含任何热卡，不可能还原生理上的需要。因此，谢菲尔德认为，构成强化的不是驱力或需要还原，而是从事完成性行为，即完成吃的反应。所以，与其把强化看作是驱力还原（drive reduction），还不如说是驱力感应（drive induction）。

上述主要是从赫尔的一级学习系统方面来阐述的，另外他还有二级学习系统以及一些中介变量，里面内容不便理解，在此不做详细介绍。

2. 评论

20 世纪 40 年代的赫尔所在的耶鲁大学几乎成了学习理论研究的中心，50 年代期间，赫尔的理论几乎统治了心理研究的文献。在他去世后，又涌现了一批“新赫尔主义者”。当时，有人甚至把“学习理论”与“赫尔理论”作为同义词。也有人把赫尔使用的术语称作“心理学的世界语”。只是到了后来，斯金纳学习理论的出现，才成为赫尔理论的有力的竞争者。

由于赫尔把驱力还原作为行为系统的基石，没有驱力这个概念，就无法说明学习的过程。这一观点导致他不重视有机体固有的反应模式，而是重视那些能成功地还原驱力的行为反应。但他试图形成一个包摄一切的理论体系是不切实际的，从当代学习理论发展的趋势来看，趋向于建立一种能抓住学习过程某些特点的学习模式，而不是大一统的理论框架。他本人过于醉心于用数学公式来构建行为系统，也遭到了学者的批判。

三、斯金纳

斯金纳（Burrhus Frederic Skinner，1904～1990 年），美国行为主义心理学家，新行为主义的代表人物，操作性条件反射理论的奠基者。他创制了研究动物学习活动的仪器——斯金纳箱。斯金纳 1950 年当选为美国国家科学院院士，1958 年获美国心理学会颁发的杰出科学贡献奖，1968 年获美国总统颁发的最高科学荣誉——国家科学奖。

1. 操作性条件反射

这是斯金纳在1938年实验中得出来的结果。他认为：行为的建立过程是在“某一刺激”的情境下，由于个体自发性（非由该刺激引起）反应带来的结果而导致反应强度的增加，并最终与“某刺激”建立起新的联结关系的过程。这个理论是与巴甫洛夫的相反的，与桑代克的也不同。与经典的S→R不同，而是R→S。结果或者是说反应（指的是自发的）成了一种强化，使得先前刺激的频率增加。

2. 学习理论的基本观点

斯金纳继承和发展了巴甫洛夫与华生的研究成果，而且走得更远。他坚信，人类行为同其他动物的行为没有本质区别，基于动物的行为研究，所发现的可实验、可重复的规律同样可以用到人身上。经过对有机体行为的研究，斯金纳认为华生所坚守的“没有刺激，就没有反应”的信条是不全面、不准确的，进而提出了“引发反应”与“自发反应”两个概念。如果是因为某种刺激的出现才发生的行为，就是“引发反应”；如果没有明显的外在刺激而自主发生的行为，就是“自发反应”。引发反应是先有刺激后有行为，而自发反应是先有行为后有刺激。之所以要区分这两种行为反应模式，是因为引发反应不具有可操作性，而自发反应具有可操作性。在这里，“可操作性”是一个十分重要的概念，其准确含义是自控而不是他控。

斯金纳通过实验发现，动物的学习行为是随着一个起强化作用的刺激而发生的。斯金纳把动物的学习行为推而广之到人类的学习行为上，他认为虽然人类学习行为的性质比动物复杂得多，但也要通过操作性条件反射。操作性条件反射的特点是：强化刺激既不与反应同时发生，也不先于反应，而是随着反应发生。有机体必须先做出所希望的反应，然后得到“报酬”，即强化刺激，使这种反应得到强化。学习的本质不是刺激的替代，而是反应的改变。斯金纳认为，人的一切行为几乎都是操作性强化的结果，人们有可能通过强化作用的影响去改变别人的反应。在教学方面教师充当学生行为的设计师和建筑师，把学习目标分解成很多小任务并且一个一个地予以强化，学生通过操作性条件反射逐步完成学习任务。

3. 基本概念

1）强化与惩罚

强化分为正强化（positive reinforcement，又译积极强化）和负强化（negative reinforcement，又译消极强化）。当在环境中增加某种刺激，有机体反应概率增加，这种刺激就是正强化物。例如，当饥饿的白鼠按开关时给予食物，食物便是正强化物。当某种刺激在有机体环境中消失时，反应概率增加，这种刺激便是负强化物。负强化物即厌恶刺激，是有机体力图避开的那种刺激。例如，当处于电击状态下的白鼠按开关时停止电击，停止电击就是负强化物。需要注意的是，无论是正强化物还是负强化物，它们的结果都是增加反应概率。由此可见，是刺激对反应的结果，而不是刺激本身的性质，决定这种刺激是否是一种强化物。惩罚（punish）同样也分为正惩罚和负惩罚。正惩罚指在环境中出现厌恶刺激，有机体的反应频率降低，而负惩罚指在环境中去掉喜好刺激，从而降低有机体的反应频率。

2）强化的分类

斯金纳认为，在行为实验分析中，最容易控制的、最有效的变量是给予强化的方式。在一种仔细控制的实验情境中，实验者可以精确地决定使用什么类型的强化，以及怎样给予、何时给予强化。

一般说来，实验者可以有两种选择：①连续强化，即每一次正确反应之后都给予强化；②间歇强化，即并不是每一次正确反应之后都给予强化。连续强化通常是用来建立某个行为，或者是学习某个事物的时候使用；间歇强化，则是用来维持行为或状态的。

实验者还可以进一步决定，是按一种固定的方式还是变化的方式给予强化。如果采用固定比例强化安排，就要在每若干次（假定是 5 次）正确反应给予一次强化，或者是每第 5 次反应后给予强化，或者是每第 3 次反应后给予强化。如果采用固定间隔强化安排，就是每隔若干时间（假定是 5 分钟）对正确反应给予强化。实验者还可以采用变化比例强化安排（例如，20 次正确反应给予 4 次强化，至于哪一次反应后给予强化则是随机安排的），或采用变化间隔强化安排（例如，在 20 分钟内给予 4 次强化，至于何时强化，则是随机安排的，被试无法预料）。

4. 评论

首先，斯金纳发现了操作性条件反射现象，并对其进行了认真的实验和理论研究。这项研究丰富了条件反射的实验研究，填补了条件反射类型上的一项空白，同时也打破了传统行为主义的“没有刺激，就没有反应”的错误观点。其次，斯金纳的“无错误辨别”学习的实验研究是有意义的。它不论在动物的行为训练，还是在学生的行为塑造上都是可借鉴的。而且，对课堂教学也有指导意义。再次，斯金纳所做的“强化程序”的实验研究既深入，又具体，系统性很强。揭示出的强化规律客观可靠。它是驯兽师的必修课，对人类的行为管理和学生学习过程的控制和激励也有重要的参考价值。最后，20 世纪 50 年代兴起的“程序教学”运动显然应该归功于斯金纳的贡献。这项工作推动了个体化教学形式的深入研究。

但斯金纳犯有同传统行为主义者同样的错误，即只注重描述行为，不注重解释行为；只注重外部反应和外部行为结果，而不探讨内部心理机制。斯金纳在晚年仍然坚持自己的行为主义观点，反对认知心理学的研究，反对对学习过程和行为塑造过程的认知解释。斯金纳倡导的“程序教学”，其实践效果并不像斯金纳预想的那样好。教学实践表明，程序教学减少了师生直接对话的机会，阻碍了师生间的及时交流，这对学生的学习来说是极为不利的。学生在教学机器上学习，还会有盲目地追求学习进度、猜想问题的答案和不求甚解等不良倾向。这些不利因素致使程序教学运动没有得到继续发展，而只成为教育史上留下的个体化教学方式之一。

四、班杜拉

艾伯特·班杜拉（Albert Bandura，1925～），美国心理学家，社会学习理论的创始人。他认为来源于直接经验的一切学习现象实际上都可以依赖观察学习而发生，其中替代性强化是影响学习的一个重要因素。班杜拉的奠基性研究导致了社会学习理论的诞生，从而也使他在西方心理学界获得了较高的声望。他在1972年获美国心理学会授予的杰出科学贡献奖；1973年获加利福尼亚心理学会杰出科学成就奖；1974年当选为美国心理学会主席。

1. 模仿学习基本观点

班杜拉认为，人的行为主要是后天习得的。他说："除了基本反射之外，人并不具备很多先天获得的行为，人们必须学会它们。"行为的习得要受生理因素的影响和制约，生物学因素在学习过程中发挥的作用是不可否认的。后天经验的影响和生理因素的影响在决定行为上微妙地交织在一起，很难将两者分开。

班杜拉所关心的是行为习得的两种不同的过程：一种是通过直接经验获得行为反应模式的过程，班杜拉把这种行为的习得称为"通过反应的结果所进行的学习"，即我们所说的直接经验的学习。例如，桑代克的尝试错误学习、巴甫洛夫的条件反射式学习和传统行为主义的刺激与反应的联结式学习均属于这一类。另一种是通过观察示范者的行为而习得行为的过程，班杜拉称之为"通过示范所进行的学习"，即我们所说的间接经验的学习。班杜拉所关心并研究的是后一种行为的习得过程。

1）信息机能的作用

班杜拉对直接经验的学习所进行过的研究做出了概括性的总结。他说："来源于直接经验的最基本的学习形式是通过行为所造成的正负结果来进行的。当人们处理日常事务时，他们的某些反应被证明是成功的，而其他反应却没有效果或引起惩罚的结果。通过这种分化的强化过程，反应结果为成功的行为方式受到选择，而无效的反应方式则被抛弃。"班杜拉还对把直接经验的学习过程描述为机械过程的理论观点提出了明确的批评。他指出，机械论的观点忽视了人类认知能力在行为习得中的重要作用。人类在通过反应的结果所进行的学习中有三种反应结果的机能体现着人类认知能力在学习中的重要作用。

人们通过观察各种行为所引起的不同结果，就会产生在什么场合下做出什么反应才适合的假设。这种在学习中获得的信息成为以后行为的指南。与机械论的观点相反，班杜拉肯定和赞成，行为的结果一般是通过思维的中介过程来改变人的行为的。通过反应结果所进行的学习基本上是一个认知过程。只要人们没有意识到所强化的东西，人们的行为几乎不会有所改变；即使人们意识到某些反应得到了正强化，但只要人们根据其他的信息确信这一反应将不再得到奖赏，那么这些反应也不会增强。

2）动机机能（或人的预见能力）

班杜拉明确指出，人具有预见未来的能力。这种预见未来的能力能够把将来的结果与现在的行为联系起来，使现在的行为控制在这种对未来的预见之下。简言之，班杜拉的意思是说，人类的认知能力或思维可以预见未来，这种对未来的预见可以转化为现在行为的动机，从而对现行的行为起控制作用。也就是说，这种直接经验的学习并不完全受现行条件的制约，它还要受人对未来认知的影响。

3）强化机能

班杜拉强调指出，即使是在直接经验的学习中，强化也不是作为机械的反应加强者而发生作用，而主要是作为信息和动机的因素而发生作用。大量的事实证明了这一观点的有效性。班杜拉还认为，“强化加强反应”这种说法不过是个比喻而已。在反应被习得之后，这些反应所造成的不同后果会容易地改变它们被用于某一情境的可能性，但是反应本身却不能再被加强了。所以，与其说行为被它自己的结果所强化，倒不如说被它自己的结果所调节更为确切。强化是调节已经习得的行为的有效手段，但相比之下它不是形成行为的有效方法。班杜拉还指出，能够证明强化本身可以自动地塑造人类行为的证据几乎没有。

2. 观察学习的过程

通过示范所进行的学习即为观察学习。班杜拉认为，那种通过自己的行为反应的结果所进行的学习将是非常吃力的，而人类的大量行为都是通过对榜样（或示范者）的观察而习得的。这种学习就是观察学习或模仿学习。观察学习乃是人类获得大量行为反应的主要形式。班杜拉的社会学习理论所阐述的就是这种学习。他认为观察学习主要是靠榜样的影响，并通过它们的信息机能来引起学习。在观察学习的过程中，人们获得了示范活动的象征性表象，并引导适当的操作。观察学习不要求必须有强化，也不一定产生外显行为。班杜拉把观察学习分为以下四个过程。

1）注意过程

注意和知觉榜样情景的各个方面。榜样和观察者的几个特征决定了观察学习的程度：观察者比较容易观察那些与他们自身相似的或者被认为是优秀的、热门的和有力的榜样。有依赖性的、自身概念低的或焦虑的观察者更容易产生模仿行为。强化的可能性或外在的期望影响个体决定观察谁、观察什么。

2）保持过程

记住他们从榜样情景了解的行为，所观察的行为在记忆中以符号的形式表征，个体使用两种表征系统——表象和言语。个体储存他们所看到的感觉表象，并且使用言语编码记住这些信息。

3）复制过程

复制从榜样情景中所观察到的行为。个体将符号表征转换成适当的行为，个体必须：①选择和组织反应要素。②在信息反馈的基础上精炼自己的反应，即自我观察和矫正反馈。自我效能感是影响复制过程的一个重要因素，所谓自我效能感，即一个人相信自己能成功地执行产生一个特定的结果所要求的行为。如果学习者不相信自己能掌握一个任务，他们就不能继续做一个任务。

4）动机过程

因表现所观察到的行为而受激励。社会学习论区别获得和表现，因为个体并不模仿他们所学的每一件事，强化非常重要，但并不是因为它增强行为，而是提供了信息和诱因，对强化的期望影响观察者注意榜样行为，激励观察者编码和记住可以模仿的、有价值的行为。除了这种直接强化外，班杜拉还提出了另外两种强化：替代性强化和自我强化。

（1）替代性强化。指观察者因看到榜样受强化而受到的强化。例如，当教师强化一个学生的助人行为时，班上的其他人也将花一定时间互帮互助。此外，替代性强化还有一个功能，就是情绪反应的唤起。例如，当电视广告上某明星因穿某种衣服或使用某种洗发精而风度迷人时，如果你直觉到或体验到因明星受到注意而感觉到的愉快，对于你这是一种替代性强化。

（2）自我强化。自我强化依赖于社会传递的结果。社会向个体传递某一行为标准，当个体的行为表现符合甚至超过这一标准时，他就对自己的行为进行自我奖励。例如，补习了一年语言的学生为自己设立了一个成绩标准，于是他们将根据对他成绩的评价而对自己行为进行自我奖赏或自我批评。

此外，班杜拉还提出了自我调节的概念。班杜拉假设，人们能观察他们自己的行为，并根据自己的标准进行判断，并由此强化或惩罚自己。我们都有过这样的经验，我们有时知道自己干得不错并因此而自我欣赏，无视别人说了些什么，同样有时我们也知道自己做得并不是最好。要做出这些判断我们不得不对我们自己的行为有一个期望。例如，在一次测验中一个学生可能得了 90 分而沾沾自喜，而另一个学生则可能为此大失所望。

3. 评论

首先，班杜拉明确地区分了人类学习的两种基本过程，即直接经验的学习和间接经验的学习。其次，班杜拉提出的观察学习是人类间接经验学习的一种重要形式，它普遍地存在于不同年龄阶段和不同文化背景的学习者中，并进一步发展了传统的强化理论。最后是他的理论的重要的实践意义。

班杜拉唯一的缺陷是，其理论不适合于解释和说明陈述性知识的学习，以及复杂的、高难度的技能训练的过程，而仅适于解释和说明观察、模仿等社会性学习的过程。

第四节 皮亚杰的学习理论

皮亚杰是20世纪享誉世界的心理学家。他的学术地位极高，被称为是“可与苏格拉底、弗洛伊德和爱因斯坦相媲美”的思想文化巨人（徐世京，1986）。他借助生物学的知识，运用可验证的心理学方法来研究人类认识的产生，创立了发生认识论，并在此基础上形成了自己的学习理论体系，为建构主义学习理论的发展做出了重大贡献。

一、皮亚杰学习理论的基础

学习理论与认识论是密不可分的，认识论是学习理论的基础。皮亚杰的学习理论就是建立在他的发生认识论的基础之上的。皮亚杰的发生认识论探讨的是认识的起源问题，即个体认识的发生，也就是个体知识的起源或发生，这个问题本身就是一个学习问题。

1. 发生认识论的哲学基础

皮亚杰早年对康德和柏格森的思想很感兴趣，尤其是受康德的影响较深。他的发生认识论所研究的认识是认识的普遍形式，是保证认识达到普遍必然性的基本范畴，诸如空间、时间、因果性、整体、部分等的概念发展史以及它们所属的概念网络。而康德把范畴视为理智综合和联结感性材料的先验形式，并对质、量、样式等12个范畴做了系统的考查。我们可以从皮亚杰的发生认识论中看到康德哲学的烙印。正如皮亚杰所说的，“我把康德范畴的全部问题加以重新审查，从而形成了一门新科学——发生认识论”（高觉敷，1982）。皮亚杰的“图式”概念源于康德的“先验图式”，他的关于认识发展的连续性、阶段性理论，同化、顺应、平衡理论，也吸收了德国古典哲学的辩证思想。但是，皮亚杰的发生认识论与康德建构主义思想是有所不同的，首先康德只强调认识形成中人的主动性，并没有以发展、渐成的视角去看待范畴，而皮亚杰的发生认识论正是在“发生发展”这一点上与康德的形而上学相区别；此外，康德提出的是先验范畴论，而皮亚杰抛开康德的关于范畴的先验假设，径直从儿童的活动中追溯它们的起源（车文博，1998）。所以，皮亚杰的发生认识论是对康德建构主义思想的发展和超越。

另外，皮亚杰的理论受结构主义影响也很深。结构主义是19世纪60年代在西方兴起的一种方法论思潮，索绪尔的结构主义语言学、乔姆斯基的转换生成语言学等对皮亚杰的理论产生一定影响。在他的代表著作《发生认识论原理》中，皮亚杰曾明确指出，认知结构既不是形成于物理客体之中，也不是先验地存在于主体自身之中，认识的获得必须用一个将结构主义和建构主义紧密地联结起来的理论来加以说明（皮亚杰，1981）。但是，皮亚杰和一般结构主义又有所不同，结构主义认为结构是先验的，它是由人的心灵的无意识能力投射于文化现象的结果，似乎不能通过经验的概括而只能借助理论来认识。而皮亚杰却没有把"结构"的起源归因于先验论，而是创立发生认识论去解决结构的起源问题。此外，结构主义一般把人看作是结构整体中的一个关系项，亦即不是人赋予世界以意义，而是结构赋予人以意义，但皮亚杰在强调结构的历史发展的同时，很注意突出主体在结构形成中的作用。

2. 发生认识论的基本观点

发生认识论是皮亚杰学说的理论基础，它是用发生学的方法来研究认识论的。皮亚杰说过，"发生认识论试图根据认识的历史、认识的社会根源、认识所依据的概念和'运算'的心理起源来解释认识，特别是解释科学的认识"（高觉敷，1982）。由此可见，发生认识论主要研究认识的发生、发展的过程、结构及其心理起源。它的实质就是研究认识结构的历史发生和个体发生，也就是探索概念和范畴的发生发展。主要有以下几个基本观点。

1）认识的心理发生论

皮亚杰根据自己对儿童心理发展的研究，提出了认识的心理发生论。他认为，从心理发生的角度来看，认识既不来自客体，也不来自主体，而是来自客体和主体之间的相互作用。皮亚杰强烈抨击先验论和经验论的片面观点，认为"认识既不是起因于一个有自我意识的主体，也不是起因于业已形成的（从主体角度来看）把自己烙印在主体之上的客体；认识起因于主客体的相互作用"。认识的获得是主客体相互作用的结果。主客体的相互作用起因于主体的自发活动和客体引起的主体活动，活动（动作）是连接主客体的唯一途径或桥梁。因此也可以说，认识来源于动作。主客体之间的关系是一种双向关系：在客体作用于主体的同时，主体也作用于客体。通过这种相互作用，主体实现了对客体的适应。

认识从主客体的相互作用的活动开始，但在认识发生之初，主客体尚未分化。这时儿童还未意识到自身作为一个主体的存在。随着相互作用活动的丰富和发展，主客体开始分化，分别形成主体的内部结构和客体的外部结构。皮亚杰称前者为内化建构，后者为外化建构。他认为个体从感知思维阶段到形式运算阶段的发展，经历了上述内化与外化的辩证统一过程。

2）认识的生物发生论

皮亚杰认为，在发生学的水平上解释认识的发生发展时，"认识论问题都必须从生物学方面来加以考虑。从发生认识论的观点看来这是很重要的，因为心理发生只有在它的集体根源被揭露以后才能为人所理解”。在进行生物学和认知领域的类比时，皮亚杰采取的是一种具有生物特色的表型复制理论。表型复制是指生物初始外源表型被一种同形态的内源基因型所取代。所谓外源表型是指生物体的外显特征，内源基因型指生物体的遗传物质或基因结构。皮亚杰通过对瑞士沼泽湖泊地带的蜗牛等生物的观察研究，认为表型是遗传和环境的相互作用，其本质在于一种有机体内部的平衡化自动调节机制，这种调节是通过主客体之间相互作用而得以实现的，它既是有机体适应环境的自动调节，也是有机体对环境做出选择的结果。人类的认识也同样如此，并且内部的自我调节在相互作用中发挥主要影响。相应于生物学上的外源表型和内源表型，人类的认识可分为从经验中获得的外源知识和从主体动作协调中导出的内源性知识。认知结构的发展是内源性知识重构的结果，以内源性知识取代外源性知识，就是认知的表型复制过程。生物的表型复制和人类认识的表型复制的最重要的相似性在于都有自我调节的特征。

3）认识的建构结构论

结构是皮亚杰理论的核心概念之一，他认为一个结构包括三个特性：整体性、转换性和自身调整性。在皮亚杰看来，认识不仅具有结构，同时认识的发生是一种由低级到高级不断建构的过程。他将发生认识论看作是一种把结构主义与建构主义紧密结合起来的理论，他说过，“认知的结构既不是在客体中预先形成了的，因为这些客体总是被同化到那些超越于客体之上的逻辑数学框架上去；也不是在必须不断地进行重新组织的主体中预先形成了的。因此，认识的获得必须用一个结构主义和建构主义紧密地联结起来的理论来说明，也就是说，每一个结构都是心理发生的结果，而心理发生就是从一个较初级的结构过渡到一个不那么初级的结构”（皮亚杰，1990）。从这里可以看出从简单结构到复杂结构的转换是一个不断建构的过程，任何认识都是不断建构的产物。

皮亚杰用图式一词来表述认知结构。图式是主体与客体相互作用，经过同化和顺应之后所得到的结果，它是认知结构的单元，是一组动作内化了的复现表象。认知结构产生的源泉是主客体的相互作用。在皮亚杰看来，主客体之间的界限绝不是预先确定的，也绝不是一成不变的。实际上，在每个动作中，主体和客体都融为一体。认识就是主体通过活动使结构与结构不断转换形成新的结构，即通过每个结构的同化、顺应和平衡，把以前各个结构合起来构建新结构的过程。皮亚杰的结构论在强调认识是不断建构的产物的同时，注意突出主体在结构形成中的作用。他指出，“结构从来就不是主体或主体活动的消失”“结构论无论怎样都不排斥认识的主体”，而是由于主体的运算“构成着他在其不断向前发展的智慧活动中所运用的结构元素”“结构乃是存在于主体的运算行为之中”（皮亚杰，1990）。

二、皮亚杰的学习理论

皮亚杰认为，以往对于学习的认识不全面，“经典的看法认为，学习是建立在刺激反应的图式上的，我认为，这一图式在任何情况下都不能完全地解释认知学习”（皮亚杰，1990）。学习不是先有刺激后有反应，刺激与反应之间也不是单向的联系，而是双向联系的，应把刺激反应的图式写成环形的，中间有一个“结构”为中介；在刺激与反应的图式中，它们的关系不是联想，而是同化，同化才是学习的根本；学习的主体是主动的，应把重点放在自我调节和同化上，应强调主体自身的活动；刺激—反应的理论，应把运算和平衡加进去，这样才能说明学习（皮亚杰，1990）。皮亚杰在发生认识论的基础上，提出了不同的学习原理，形成了自己较为完整的学习理论体系。主要包括以下内容。

1. 学习从属于发展

皮亚杰认为，学习不是简单的刺激—反应（S—R）过程，儿童学到些什么，取决于他的发展水平，并不是儿童看到的每一件事情都可以充作引发儿童做出反应的刺激。还未具备可逆性运算能力的儿童，尽管目睹了某些物体的物理变形，却不能做出守恒的反应。例如，若给年幼儿童看到两个一样的塑料泥球，如果将其中的一个弄成香肠的样子，儿童会认为数量发生了变化。只有当儿童达到一定的认知发展阶段时，他们才能通过心理运演来推断两个塑料泥的数量一样，没有变化。在皮亚杰看来，还没有掌握可逆性概念的儿童是无法解决这类问题的。即便告诉他答案，他也是无法理解的。因为在儿童能够解决这类问题之前，他必须具有解释这些刺激的心理运演能力。从这个意义上说，儿童的发展制约着他们所能学习的范围。

皮亚杰由此认为，儿童可逆性概念的发展并不单独是由于经验的结果，它还需要某种由心理事件支配的内部调节方式，这就是反身抽象（reflective abstraction）。反身抽象是指大脑通过对心理活动本身的思考，而不是通过对外部事件的思考，而产生一种前后连贯的信息系统的方式。所以，只有当儿童已具有把各种有关信息整合起来所必备的心理能力时，才有可能习得某种特定的概念（如可逆性和守恒性）。这种能力是反身抽象的结果，而反身抽象又取决于儿童是否已达到某种认知发展水平。因此，认知发展作为一种功能系统（a functioning system），制约了儿童学习的范围（施良方，1994）。

2. 知觉受制于心理运演

皮亚杰不赞同那些刺激—反应学习理论，因为在他看来，刺激不是一个简单的问题。刺激并不是感觉的要素；知觉也不仅仅是有选择地注意有关刺激的问题。皮亚杰认为，刺激是被认识的，而不是被经验的。哪怕是一个最简单的刺激，如红颜色，也是通过一种比较的心理活动而被认识的。之所以被看作是红的，那是因为观看者认识到它不是绿的或任何其他颜色，选择了颜色与之作了比较。皮亚杰认为，能够思考“某件东西不是什么”的能力，是有意义的知觉的必要条件（皮亚杰，1990）。通过思考“某一刺激不是什么”来赋予它以意义的能力，所涉及的不仅仅是回忆以往的经验。这种能力是我们生物遗传的一部分，它是通过我们与物理环境的交互作用而激活的，这个过程极为复杂，以至于我们不可能根据物理环境中发生的事件予以复演。

因此，知觉是一种主动的、有目的的探索活动。皮亚杰认为这种探索是一种心理运算。观察者通过推理，便知道他所期待着的东西，视觉观察只不过是心理活动外显的表现形式。以两根同样长的小木棍为例，当8岁儿童看到一根木棍前端突出时，马上会去看它的后端，因为他预期到这根木棍的后端会比另一根木棍短一些。由于他根据推理知道木棍的长度不会因移动而有所改变，所以他搜寻自己想看到的东西，而不是不顾一切地扫视所有的刺激。

3. 学习是一种能动建构的过程

在皮亚杰看来，学习并不是个体获得越来越多外部信息的过程，而是学到越来越多有关他们认识事物的程序，即建构了新的认知图式。刺激—反应学习理论认为学习只是刺激—反应联结的过程，或是说一个积累有关概念特征的简单而机械的过程。在他们看来，学习都是一样的，变化的只是学习的任务。而皮亚杰则把研究的重点放在学习者在解决问题时，认知是如何发生变化的。他认为学习的目的是要学到一种解决问题的程序，或者说，形成一种新的认知图式。这种新的图式已不仅仅是原有图式的延续，带有了创造色彩，在性质上已不同于原来的图式，因而不能用信息机械累积的过程来解释。从某种意义上说，学习是通过反身抽象和创造的过程，在原有图式的基础上构建新的认知图式。

4. 错误是有意义的学习所必需的

皮亚杰仔细考察了儿童形成新的认知图式的过程。发现儿童在学习上的许多错误都来自推理，而不是由于粗心大意。这是由于他们的推理还处于较低级的水平，对难得直接观察到的事物往往不能加以考虑的缘故。皮亚杰认为，儿童即便清楚地看到每一个事件，但可能无法理解这一系列事件之间的关系。如果允许他们通过自我调节去创建这种关系，他们也许有可能会理解所看到的事情。

因此，自己发现问题对学习者来说极为重要。教师可以提出一些比较一般的问题，留给学生自己解决。如果学生能够提出合乎情理的问题，那就意味着这个问题已有一部分与学生已有知识联系在一起了，也就是说，这些问题是以他们已理解的某些知识为基础来构建的。由于学生理解自己的问题，所以就更有可能提出各种假设以便检验。因此，学习是一种通过反复思考招致错误的缘由、逐渐消除错误的过程。然而，若要消除这些错误，需要有进行推理的认知能力。这些推理是通过自我调节过程而产生的，而不是通过记住别人所给的答案而发生的。

5. 否定是一种有意义的学习

皮亚杰认为，通过否定的行动解决矛盾、消除差异、排除障碍或填补间隙，这些都是否定的形式。否定分两种情况，一种是随着发展，儿童会逐步使用更高一级的否定形式，这是否定类型上表现出的差别。在认知发展的不同阶段，儿童会有不同的否定类型。在感觉运动期，儿童可能是通过踢翻障碍物来否定它，皮亚杰称这种否定形式为逆向否定（inverse negation)。儿童也可能用间接的方式（如绕过障碍物）来否定它，皮亚杰称之为互反否定（reciprocal negation)，因为移动自己身体与移动障碍物是互反的（龙柏林，1985)。这两种否定形式都是感觉运动期的否定。4 岁儿童能够使用前运演类型的否定。他们能通过期望两种事物相互作用的结果而采取逆向或互反否定，这就胜于对单一事物进行的简单期望。在具体运演和形式运演阶段，儿童会继续发展新的否定类型。例如，数目相减是否定加法的具体运演。皮亚杰指出，这些高级的否定类型，是儿童在感觉运动期、前运演期习得的那些否定的继承和发展，每一种否定类型都是前一阶段否定形式发展的结果。

另一种是儿童学习某一概念时，就会在理解这一概念的不同水平上应用否定，这是在否定水平上表现出的差别。皮亚杰认为，在每一类否定内，儿童会显示出三种不同水平的理解，这取决于他们是如何使用否定的：第一，否认失调或矛盾；第二，承认失调，但还不能补偿它；第三，既承认失调，又能够补偿它。皮亚杰认为，这三种否定形式中，后者是建立在前者的基础上的，直到儿童能用最经济的方式否定矛盾、保持事物的整合性（施良方，1994)。

传统的学习理论在很大程度上依赖于对动物学习的实验研究，这些理论忽视了人类学习的社会性与主动性，把人类的学习等同于动物的学习。皮亚杰反对这种观点，他考虑到先天图式和后天环境的相互作用，强调内因与外因的相互作用。这种关于学习过程的学说超出了传统的学习理论，对学习心理学的发展产生了重要影响。不可否认的是，皮亚杰的建构认识论对当代建构主义学习理论的形成产生了直接的重要的影响。但皮亚杰认为儿童的认知发展有它自己的规律，只能让儿童自己去探索，自然而然地发展，“有计划的教育”并不能促使儿童超越发生和发展的时间表。这实际上是轻视了教育和教师的作用。

1）信息加工理论（information processing theory)

信息加工理论是将人脑比作计算机，用计算机处理信息的过程模拟并说明人类学习和人脑加工外界刺激的过程的理论。其模型如图 2-1 所示。

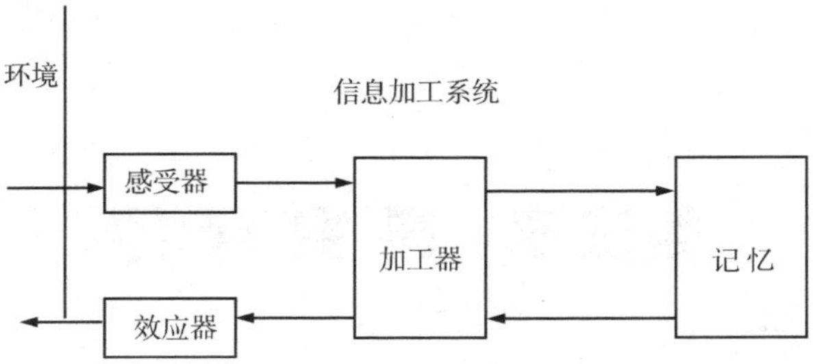

图 2-1　信息加工理论模型

2）学习的信息加工模型（information processing model of learning）

美国心理学家加涅提出了一种用计算机的信息加工过程来描述人类学习过程的模式（图 2-2）。这个模型认为学习者从环境中受刺激并激活感受器。感受器将刺激转换为神经信息进入感觉登记器，并在这里转换成刺激模式，然后进入短时记忆，经过编码，信息以概念的形式储存到长时记忆。习得的信息从长时记忆中提取出来回到短时记忆中，转而激活反应发生器并决定人们反应和行为的基本形式。反应发生器激活效应器产生可观察的活动模式。在该模式中，执行控制和预期的功能是决定学习者选择一种或一种以上信息加工的方式，即决定个体如何注意、储存、编码并提取信息。

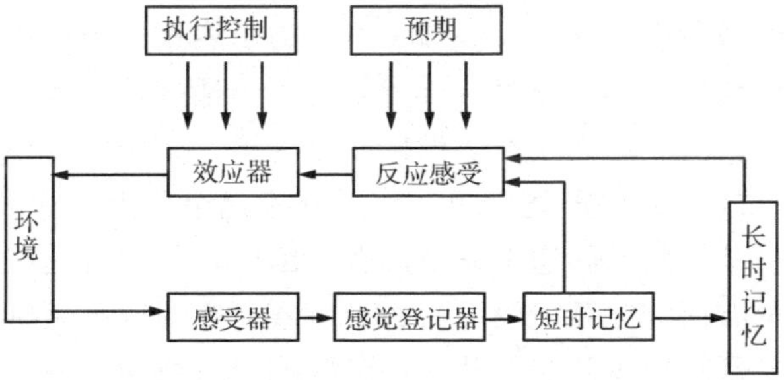

图 2-2　加涅的信息加工模型

第三章 研究问题

研究者在从事科研活动时可以达到三重境界。在第一重境界里，做研究是因为学生所学专业的课程规划里有研究性课程。做研究是为了满足教师的要求，完成作业，最后拿到这一项的学分。在第二重境界里，研究的目的是满足自己在某一领域内的好奇心和求知欲，或是因为作为科研人员的职责所在，甚至是为了满足晋升职称、提高学术地位的条件。总之，尽心完成一项研究是为了使自己受益，可能是在心理上、金钱上或是职业上。当达到第三重境界，也就是最高境界的时候，做研究是为了满足学术界、甚至是全人类的好奇心和求知欲，是为了加深或改变人们对事物的理解。当研究者达到第三重境界的时候，加以资金的注入、机构的支持、学界的关心，所得的研究结果就可以改变世界，推动人类社会的进步。

我们已经知道了做研究的重要意义，接下来开始探索如何做研究，特别是如何在教育学领域内做研究。作者写一篇文章是为了表达一个中心思想，医生做手术是为了解决一个病症、作曲家写一首歌是为了传递一种感情、教师上一堂课是为了达到一个教学目的，那么我们要做研究是为了什么呢？简单地说，做研究就是为了回答一个（或几个）研究问题。为了回答这个问题，研究者要收集资料、分析资料，用分析结果来回答这个研究问题。因此，研究就是围绕着这一个研究问题来开展的。没有研究问题就没有研究。回答研究问题是做研究的基本目标。

研究问题又是从哪里来的呢？什么样的问题可以成为研究问题？研究问题有格式吗？什么样的研究问题是比较好的？下面的内容将展示一个研究问题形成的过程，将对研究新手们的一系列问题进行解答。

人类的好奇心和求知欲是无限的。人们对自然和社会探索的兴趣更可以无穷无尽地扩展出去。但是我们的时间、精力、资源都是有限的，可以拿出来做研究的时间、精力和资源就更少了。即使是仅仅在教育学这一个领域内探索，穷尽一生也没有办法研究完所有我们感兴趣的地方。因此，作为研究者，遇到的关于研究的第一个选择就是，我们决定研究什么事物？这一选择十分重要，不仅仅关系到作为研究者的宝贵时间、精力、资源和努力，也关系到是否充分尊重研究的参与者、未来研究报告的读者、研究结果的受益者等很多人的宝贵时间和精力。

既然第一个决定需要如此慎重地对待，那么研究者在一开始就要仔细考虑如何在广阔的学科领域里选择要研究的事物。如果说，一个伟大的教育学家的研究结果会增加全世界教育工作者对教学的认识，可以推动国家教育政策的改革；一个优秀的教育学者的研究结果可以引起业界的瞩目、影响许多教师调整自己的教学方向；那么我们作为初次接触研究的师范生，起码也要研究自己所真正感兴趣的教育学内容，以期待研究的结果可以帮助自己加深对教育的理解，甚至还能帮助身边的同学增加一些有用的知识。事实上，没有任何人或事物会比自己对所研究事物长期的好奇心、对所研究领域孜孜以求的精神，以及对所做研究真诚的热情更能保证研究结果的质量。只有从研究自身最感兴趣的内容做起，而非为了完成作业被动地做自己无甚热情的研究，才可能保证我们在研究这条道路上的第一步迈得出去，能够获得一些成就感从而支持我们走向下一步。

第一节 从兴趣热情到宽泛主题

确定研究问题的第一步是把研究者在教育学领域内的兴趣、热情，锁定在一个宽泛的主题内。在这一步，我们需要将自己心头模糊的印象、闪烁的感觉、跳动的火苗，组织成实实在在、清清楚楚、其他人也可以看懂的文字。如果同学们不知道从何下手，可以参考教育学领域内的课本、学术杂志、专业书籍或是上网浏览，看一看现下从事教育学研究的学者、教师、专家使用什么样的词汇来定义所做的研究，行业内部通行的相关术语都有哪些，甚至是使用什么样的语气来讨论现下的教育问题的。特别需要注意的是，网上查询是一个非常省时、省力的搜索方式，我们可以在几秒之内搜到大量的相关信息。然而，网上信息鱼龙混杂、真假难辨，切不可单纯依靠网络资源，而是应该先阅读比较权威的书籍、杂志之后再用网络作为辅助工具来进行探索。

以教育学研究为例，既然我们的目标是做一个教育学的研究，那么就需要了解教育学作为一个学科，涵盖的领域都有哪些。一般说来，教育学研究者都在以下一些范围内开展研究：课程论（学校的课程设计、编制、实施、评价等）、教学论（教学方法、教学组织形式、教学过程、教学评价等）、学科教学（语文、数学、英语等）、教育技术（如何使用多媒体、网络进行教学等）、教育管理（学校行政管理、学生管理、师资队伍、治校方略）、幼儿教育、基础教育、中等教育、高等教育、成人教育（研究普通全日制教育之外，对于成年人的教育，如自考、函授）、特殊教育（对于残疾儿童、天才儿童的教育）、比较教育（研究不同国家、民族、地区的教育）、教育史（中国教育史、外国教育史），学科交叉（教育心理学、教育技术学）等。同学们可以在这一步明确自己要研究的事物是属于教育学下面哪一个分支的。

现在大家可以用七八个字来描述自己准备研究的主题了。例如：

（1）大学英语教学

（2）课堂上的突发事件

（3）学生的课业负担

（4）孔子教育思想

以上的几个例子就是所谓的研究的宽泛主题。到这里，我们对于教育学感性的理解、个人兴趣、热情，已经可以用文字明确地确定下来了。

第二节 从宽泛主题到具体主题

作为一个新手研究者，我们经常面临的最大问题就是，想要研究的主题过于宽泛，相关的资料浩如烟海，让人产生“老虎吃天、无处下嘴”的感觉。因此，我们需要进行第二步，试着缩小自己想要研究的主题，让宽泛主题转化为具体主题。

具体的技术就是在原有的宽泛主题上增加字、词，来准确地描述自己想要研究的主题。请看以下几个例子：

例 3-1 宽泛主题：大学英语教学

具体主题：大学英语教学中学生跨文化交际能力的培养

具体主题：口语教学在大学英语教学中的地位

例 3-2 宽泛主题：课堂上的突发事件

具体主题：课堂上的突发事件及应对策略

具体主题：在体育课堂上的突发事件

例 3-3 宽泛主题：学生的课业负担

具体主题：减轻小学生的课业负担

具体主题：学生课业负担与学习成绩之间的关系

例 3-4 宽泛主题：孔子教育思想

具体主题：孔子教育思想对素质教育的启示

具体主题：孟子对孔子教育思想的继承

通过以上几个例子，相信同学们能够把自己想要研究的宽泛主题转换为具体主题。在进行第二步的时候，同学们的想象力和创造力、平日对于教育学知识的积累、对于教育学文献的熟悉程度，以及对当今教育热点问题的关注等，都会对具体主题的质量起着重要的作用。有一点需要注意的是，在缩小宽泛主题的时候，切不可做得过火，使自己的主题非常狭窄，自缚手脚、画地为牢，以至于很难找到相关的参考资料来进行下一步的工作。

第三节 从具体主题到研究问题

当研究的具体主题确定下来之后，有很多急性子的新手研究者认为自己已经掌握了开始研究之道，于是就行动起来，上网、去图书馆搜寻各种资料，不再留心研究的下一步是什么 。因此，他们经常犯的错误就是，匆匆忙忙收集了一堆资料，然后把相关主题的资料草率地黏在一起，当成一篇研究报告交给老师。如此所谓的研究报告根本不能称为是真正的研究报告，充其量只不过是关于特定主题的资料合集而已。打个比方来说，藏书家、动物标本收藏家、超级电脑，都可以拥有常人无法接触到的、丰富多彩的资料，然而他们也并未因此成为文学家、动物学家或者是哪个领域的科学家。关键问题在于，单纯地收集和整理资料并不是做真正的研究，只有提出有意义的研究问题，收集资料回答研究问题，得出结论，才算是真正做了一回研究。有没有研究问题，收集资料的目的是否是回答研究问题，才是判断一个所谓的研究是否是名副其实的研究的核心标准。

从具体主题中延伸出研究问题是一项富有创造性的工作。同学们可以从一些简单的问法开始，采用一些简单的疑问词，如谁、是什么、哪些、哪里、什么时候、如何、怎样、为什么，尤其注意采用如何、怎样、为什么这几种疑问词。请看几个例子：

例 3-5 具体主题：口语教学在大学英语教学中的地位

研究问题：口语教学在大学英语教学中的地位是怎样的？

例 3-6 具体主题：在体育课堂上的突发事件

研究问题：教师如何在体育课堂上应对突发事件？

例 3-7 具体主题：减轻小学生的课业负担

研究问题：为什么要减轻小学生的课业负担？

例 3-8 具体主题：孔子教育思想对素质教育的启示

研究问题：孔子教育思想对当今素质教育的启示是什么？

在这里我们尤其要注意两点。一是研究问题必须是以疑问句的形式存在的。一个陈述句无论如何也不能充当研究“问题”。二是我们提出来的研究问题必须是没有现成答案，或者没有可靠的答案，或者没有与当今时代相符的答案的问题。研究问题是做研究的前提与核心。如果我们问的问题早就有了非常好的、业界公认的、经典的答案，我们何必再耗费宝贵的时间和精力在这样的研究上呢？比如说，外语教师们已经公认学习外语时，使用多媒体教学技术可以增加学生的学习动力，帮助学生学习。如果还有人无视这个已经广为传播的研究成果，非要一些学生采取死记硬背的方式来学习一段外语，然后再采用多媒体教学技术来测量、比较学生是否能够学得更好，就不仅仅是浪费自己做研究的宝贵时间和精力了，更是不尊重这些学生作为研究对象的利益。因此，我们决定研究问题的时候一定要慎之再慎，对自己负责、对研究负责、对研究对象负责、对所有可能会被研究影响的人负责。

接下来请大家做一个填空题，以填空的形式来梳理一下自己现有的、与研究相关的思路。让我们努力拨开思想中的迷雾，合理调整研究问题的问法，追求一个有深度、有意义的研究问题。

我在研究（你想要做的研究的具体主题），

是因为我想要发现｜探讨｜搞清（你想要做的研究的研究问题）。

我的研究的意义在于（你想做的研究是为了解决一个实际问题，或者增加人们对某一领域的认识，或者改变人们在某一问题上的传统理解，等等）。

请在画线处填上相关的内容。例如：

我在研究（口语教学在大学英语中的地位），

是因为我想要搞清（口语教学在当前大学英语教学中的地位是怎么样的）。

我的研究的意义在于（帮助提高大学生的英语口头表达能力）。

再如：

我在研究（在体育课堂上的突发事件），

是因为我想要发现｜探讨｜搞清（教师如何在体育课堂上应对突发事件）。

我的研究的意义在于（有助于教师维持课堂秩序、保证体育课的顺利进行）。

通过完成这样一个填空练习，相信同学们都整理了一下自己的思路，修改了一些不太恰当的词语、完善了表达方式，从而为研究接下来的顺利进行打下良好的基础。

第四节　评价研究问题的标准

当我们形成了初步的研究问题之后，接下来要做的不是急于开始收集资料，回答研究问题，而需要根据一系列的标准仔细评价、衡量自己的研究问题，修改不合适的地方，争取使研究问题能够一直导向正确的研究方向。稍有经验的研究者都明白，真正能够被最终完成的研究，要比夭折在酝酿阶段的研究、半途而废的研究、越走越偏结果不得不放弃的研究要少得多。

标准1：你的研究问题是否重要？有意义吗？能够解决实际问题或增加人们对教育的知识吗？值得其他研究者花时间看吗？能够帮助教师或者是教育政策制定者做决定吗？

标准 2： 你的研究问题是否可以研究？现有的科学手段能够回答你的研究问题吗？你可以就此研究问题收集到一定数量的资料吗？

标准 3： 你的研究问题是否适合你的研究身份？如果你是新手研究者，研究问题是否太困难？回答此研究问题，是否需要你投入现阶段不可能拿出的时间、精力、资金来回答？如果你是有经验的研究者，研究问题是否太容易？

标准 4： 你的研究问题是否符合学术道德？为了回答此研究问题，是否需要用非法手段才能得到的资料？是否在研究过程中不可避免地会损害到研究对象的身心？你的研究问题是否会侵犯研究对象的隐私？

如果同学们可以回答完以上的问题，可以按照以上四条标准来完善自己的研究问题，而且在一个研究者的角度上可以问心无愧的话，那让我们进行到下一步——查找、收集研究资料。

思考、讨论、练习、提高

（1）请同学们谈一谈做研究的三重境界对自己作为新手研究者有什么启发？

（2）回顾自己作为学生的十几年的经历，根据迄今为止对教育的了解，向同学分享你对教育领域的一项或几项特别感兴趣的课题，或者是非常好奇的课题。

（3）请同学们找出一张 A4 大小的纸，将简单的几何图形加以组合，并配上文字，向你的伙伴们展示你从兴趣热情到宽泛主题、从宽泛主题到具体主题、从具体主题到研究问题的一步一步的工作。

（4）完成以下填空题：

我在研究（你想要做的研究的具体主题），

是因为我想要发现｜探讨｜搞清（你想要做的研究的研究问题）。

我的研究的意义在于（你想做的研究是为了解决一个实际问题，或者增加人们对某一领域的认识，或者改变人们在某一问题上的传统理解，等等）。

（5）请你的一个研究伙伴使用“评价研究问题的标准”中的一系列问题对你进行提问，直到最后通过每一个问题为止。

运用案例

例 3-9　吕佳、赵锃爽、蒋鸣、文丹、高海鸥、王超峰同学通过以下四个步骤最终确定了自己小组的研究问题。

STEP 1　宽泛主题【三个不同的研究兴趣导出的宽泛主题】

- 不同年龄段的教学方式
- 课本图片丰富程度

· 教师课堂语言技能

STEP 2 从宽泛主题到具体主题【从上面三个宽泛主题一一导出】

· 不同教学方式在不同年龄段中的运用
· 各类学科的课本图片丰富程度对提高学生兴趣的影响
· 教师语言技能对提高学生学习效率的影响

STEP 3 研究问题【通过进一步讨论，缩小至两个研究问题】

· 小学课本图片丰富程度对提高学生兴趣有何影响？
· 不同课堂教学方式对提高学生学习效率有何影响？

STEP 4 【最终确立了唯一研究问题以及用填空题进行检验】

我在研究小学课本图片丰富程度对提高学生兴趣的影响，是因为我想发现｜探讨｜搞清学生更倾向于怎样的课本类型。我的研究意义在于研究课本图片丰富程度对提高学生学习兴趣，促进学生学习效率等方面的影响，可以利于编者更好地编排课文。

吴江洁、应瑶、王敏、江震宇、高亚杰、龚昀同学根据“评价研究问题的标准”给出了自己小组的专家意见。

STEP 5 评审意见

· 该小组研究的课题具有十分重要的现实意义，教材对于教学效率的影响在当下备受关注。该课题能在提高小学生的学习积极性和教师的教学效率方面做出贡献，亦可以为小学教材的研究编写者提供一定的参考。

· 关键词“小学”“课本”都是较普遍的事物，对于研究者来说，十分容易获得、接近，对于被研究人来说，也并不涉及隐私问题。至于调查方法，当下，我们所学习的“教育与心理科学研究方法”会提供指导，而之前学习过的“行动研究法”“质的研究方法”“教育心理学”等课程都可以提供参考。当然，具体方法有待研究者进一步探究。访谈法、问卷法、实验法都可以尝试。不仅如此，现有资料中，对教材的研究也一直是研究重点，在“小学教材”这个关键词，可以搜到很多文献，相信经验丰富的前人能够提供一些参考。

· 对于此课题，相信一定有很好的研究方法，然而，在具体研究中，必然要涉及“图片丰富程度”的判定，这个是没有标准的，研究者需要在大量调查小学课本的基础上，做出自己的标准制定，对于新手研究者来说，也许会存在一定的困难。课题研究者是大三的学生，与小学生的接触并不是很多，如何与小学生交流，了解他们的想法，探究他们对课本图片的兴趣程度，也存在一定的困难。希望研究者能克服困难，达成目标。

· 本课题符合学术道德，不需要利用非法手段获得资料，在研究过程中与研究对象——小学生用心交流，应该是不会伤害到他们的身体，研究问题不涉及隐私。

第四章 研究资料

第一节 研究的步骤

无论采用何种研究方法，教育学研究者大致要遵循一些基本的步骤。研究过程是有系统、有秩序的，但不是死板的。研究步骤可以根据不同的研究方法而改变，可以跳跃或交叉进行。在实践中具体操作的时候，研究步骤也会因为研究者或研究团队的具体特点、偏好或研究前期的准备而有所调整。图 4-1～图 4-3 将由简入繁，从不同的角度向同学们介绍研究的基本步骤。

图 4-1 研究的三步分法

图 4-1 从研究问题的角度，用最基本的三步概括了研究的步骤。从总体上讲，任何教育学研究都可以概括成为这三步。

图 4-2 研究的五步分法

同学们从图 4-2 就可以看出，回答研究问题这一步可以具体转换为三步。这里也出现了一个新的元素——研究资料。而且，研究资料的收集、分析和最后的结果，显然都是为了回答研究问题。

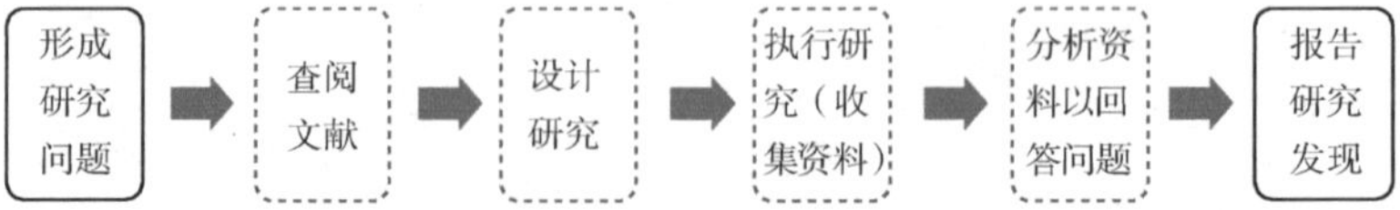

图 4-3 研究的六步分法

通过图 4-3 的解析，我们可以看出研究过程中间的三步可以进一步转化成为具体的四步。因此，就引出了几个新的问题：研究资料包括哪些？文献属于研究资料吗？除了文献之外，需要收集的研究资料还有哪些？如何研究资料？

第二节　研究资料的分类与收集

站在任意一个研究的研究者的角度上讲，研究资料可以分为三类：第一手研究资料、第二手研究资料和第三手研究资料。第一手研究资料又可以称为“原始资料”，是由该研究的研究者亲自收集的资料。如调查研究中由研究者收集回来的调查问卷，或实验研究中最后得出的实验结果，或是研究者在教室里做观察的时候写下的观察记录，等等。第二手研究资料就是由该研究之外的其他研究者收集的第一手研究资料。通常第二手研究资料可以表现为学术期刊中的研究报告、研究论文。那么，第三手研究资料就是一些作者根据第二手研究资料撰写的书、文章等，常见的第三手研究资料有课本、科普读物、百科全书等。

总而言之，第一手研究资料是需要我们作为研究者亲自去收集的，而第二手和第三手的研究资料就是我们通常意义上讲的文献。在一个典型的教育学研究中，为了回答研究问题，研究者既需要自己去实地收集第一手研究资料，也需要参考其他研究者发表的第二手研究资料，而优秀的第三手研究资料也常常为研究者带来研究灵感和研究过程中的一些重要的启示和实际操作中的帮助。因此，我们有必要认识全部的这三种研究资料，了解如何收集以及如何使用。由于第一手研究资料是研究者通过各种研究方法亲自收集的，我们将在接下来讲研究方法的时候具体了解。接下来我们来看如何收集第二手、第三手的研究资料，或者说，如何收集文献资料。

在这里文献资料可以理解为一切与我们的教育学研究相关的资料的总称，或载体。具体说来，教育学研究者们通常使用以下几种文献。

（1）书籍。与教育学研究相关的教科书；由教育学研究者、教育学家、教育学的学者们撰写的关于某个教育问题的专著；资料性的工具书，如教育学相关的辞书、词典、百科全书等；通俗性的教育学读物，如一些教师实用手册、家庭教育丛书等。

（2）期刊。或者说是学术性期刊，包括三种：①专业学术性期刊，一般刊登教育学研究者所做的原始研究报告、论文等，如由北京师范大学、华东师范大学主办的《教师教育研究》；②专业综合性期刊，一般刊登教育学或教育学下属各分支的研究报告、学界的评论性文章、政策分析文章、本行业的时事热点点评、书评等，如中国社会科学院主办的《中国社会科学》；③文摘类杂志，一般刊登与教育学、教学相关的文章、书籍的摘要等，如人民出版社主办的《新华文摘》。

（3）报纸。综合类、教育类的报纸，如教育部主办的全国性日报——《中国教育报》。一般报道国家、地区的教育政策、法规，追踪与教育、教学、教师、学校等相关的新闻事件，点评相关的时事热点等。

（4）档案。教育学相关的档案，如记录各省教育发展的教育年鉴，记录学术会议的成果的资料，教育学的硕士、博士的学位论文等。

（5）电子文献。电子文献实际上不是一种分类，而更像是一种文献的载体，区别于传统的纸类文献。电子文献包含各种种类的资料，如正式出版的电子书、在线期刊、教育机构的官网等，或是非正式的教师、学者、研究者的博客、个人主页等。

了解了以上几种文献的含义，同学们接下来的问题多半会是，我们到哪里去找这些文献呢？首先，也是最主要的一个来源，就是我们大学里的图书馆。图书馆里有丰富的书籍、期刊、报纸、档案类的实体资料。而且在图书馆的网页上，同学们可以找到各种中文、外文数据库，通过数据库的导向，我们可以收集到大量的国内外的学术期刊论文、电子书等。在图书馆里寻找文献资料是一门严肃的学问，我们常常需要求助于图书管理员，他们会使用专业的图书管理学的知识来帮助我们寻找所需的资料。因此，一个教育学研究者，无论是博士研究生还是教育学的教授，往往会积极与图书馆里专门负责教育类文献的图书管理员建立一种良好的合作关系，以获得专业的协助来完成研究的文献搜集工作。其次，我们可以在大学里的各个学院、中小学里的阅览室里找到一些为师生们常用的书籍、期刊、报纸等。最后，就是通过网络获得各种免费的电子文献资料。随着经济的发展和社会的进步，纸质的书籍、报纸、杂志正在全面向电子版转化中。随着电子阅读器的普及，新近出版的书籍、经典的书籍都已经出现了电子版。因此，作为一个 21 世纪的研究者，我们要具有使用网络搜索引擎的意识和能力。

第三节　质疑的精神

人类社会发展到今天，科学的方法成为人们获取可靠知识的毋庸置疑的手段。在使用教育与心理科学研究方法追求教育的知识的时候，只懂得研究的技术是远远不够的，具有良好的科学精神才是我们顺利开展科研工作的最佳保障。同学们一定还记得，我们在前面曾提到八个字的科研精神——好奇、求真、坚持、创新，而其中的求真精神，与我们在这里讨论的收集研究资料的行动密切相关。在研究中，为了回答研究问题而收集的一切研究资料都与最终得出的研究结论息息相关。试想，如果我们手里的研究资料存在着夸大效果、歪曲事实等弊病，又如何能够在此基础上得出可靠的结果呢？人们常说，地基打得不牢固，上面的高楼是盖不起来的。而且我们还知道，就算是地基坚固，如果盖房子使用的是劣质材料，即使是高楼盖起来了也是豆腐渣工程，经受不住风雨，还很可能会危及人们的生命财产安全。同理，我们为了回答研究问题，得出最终可靠的研究结论，需要的是可靠的、有质量的研究资料。

新手研究者们在收集研究资料的时候，常常会被样式繁多的资料搞得不知所措，拿不定主意到底是参考这个作家的专著还是引用那个期刊的文章。更有甚者，有的新手研究者不管三七二十一，凡是自己看着顺眼的研究资料都一律拿来随意使用。孟子有云，尽信书，则不如无书。如果我们看到印在纸上的、贴在网上的字句都坚信不疑的话，往往辛苦收集的资料会良莠不齐，严重影响我们的研究质量。因此，我们作为研究者收集资料时必须具有健康的质疑精神。

具有质疑精神的前提在于，承认人的认识的局限性。不管是伟人也好、专家学者也好、大学教授也好，是人都不会十全十美，在认识问题、进行讨论、科学研究的过程中都会犯一些错误、认识上有些许谬误、操作时多少有误差。我们在亲自收集第一手研究资料的时候，或者在收集第二手、第三手的文献资料的时候，都要牢记这一点，用客观、冷静的眼光去审视手中的资料。自己收集资料的时候要反复检查，确定步骤与程序，多思考可能产生的问题，请同学、教师、研究伙伴等懂得研究方法的人跟自己一起讨论、检查和修补漏洞。在收集文献资料的时候，检查资料的来源是否是可靠的出版社、学术界承认的期刊、有着良好记录的研究者，在阅读到可疑的细节时多求证、多询问、少盲从、少跟风。尽一切可能保证研究资料的真实、准确、客观、有效。

质疑的精神是科学研究中最为可贵的精神之一，是研究者的头脑不被前人束缚、不被教条捆绑，科学研究可以持续进步发展的保证。研究者具有质疑精神的根本目的是获得真理与学术进步，而非为了反对而反对。我们所强调的质疑精神是健康的质疑精神，有证据、有理由的质疑，不是为了研究者自己的利益，哗众取宠、故意唱反调的行为。因此，我们需要的是健康的质疑精神，不是对别人的研究照单全收，更不是对所有的研究都锱铢必较、吹毛求疵。这些精神是需要同学们在收集研究资料的实践中慢慢摸索，逐步锻炼，从而最终掌握的。

第四节 效度和信度

除了科学研究者必备的质疑精神之外，我们在实施具体的教育与心理科学研究方法的时候，有两个专门的概念也是研究质量的重要保证。首先让我们来看两个例子。

例 4-1 小方是某教育学课题组的成员之一，被安排到某小学收集关于语文教学的资料。小方花了一个星期观察，观察了语文组某老师的语文课，详细记录了教学的过程、教学方法、学生反应，收集了教案、作业等资料。课题组开会汇总研究资料的时候，小方满怀信心地带去了自己收集到第一手研究资料，不料却发现，此次研究问题所涉及的范围是小学低年级语文课，而自己的资料全都是在五年级的课堂上收集的。

例 4-2 小赵打算做一个关于幼儿园家长的问卷调查，想要研究家长对当前幼儿园教师的教学内容、教学手段的看法。小赵设计了一个调查问卷，并且把问卷放到网上，然后把一封写给家长请求做问卷的信以及问卷的链接打印出来，下午幼儿园放学的时候在门口随机发放给前来接孩子的人们。一个月之后，小赵在网上收集到了一些填好的问卷。

同学们根据现有的关于教育学研究方法的知识，以及作为一个师范大学生的常识，会感觉得到以上两个例子中，研究者收集资料的行为都有着很大的漏洞。例 4-1 里的小方收集的资料对于研究根本就是无效的。明明需要研究的是小学低年级的语文教学，无论小方收集的资料多么全面、客观、可信，也改变不了这一事实。在例 4-2 里，小赵似乎对于收集研究资料颇下了一番苦心，包括设计调查问卷，以及采用先进的网络手段，但小赵的研究方式不能保证家长能够收到这个问卷，因为前来接孩子的有很多是孩子的爷爷、奶奶、外公、外婆，甚至是保姆，这些人对幼儿园教师的教学内容和教学手段未必有多少了解。通过网络的方式收集问卷对研究者来说是非常省时省力的，但是家里没有网络的家长，或是对网络不会使用、不熟悉的家长们即使有心想做问卷也做不了。因此，小赵最后收集到的资料是不可信的，不能全面反映研究者想要的信息。

从以上两个例子我们可以明白，研究者收集的研究资料必须有效，并且可信。那么，教育与心理科学研究方法里有两个专门的概念——效度和信度，就是指研究是否有效，是否可信。以下是效度和信度在研究方法上的定义。

效度（validity）：指研究从多大程度上测量到它所声称要测量的事物。

信度（reliability）：指研究从多大程度上能够对事物进行全面的测量。

我们可以用以上两个概念再一次来分析前面的例子。例 4-1 中的小方的测量完全不符合要测量的事物——小学低年级语文课，因此研究效度为零。例 4-2 中，因为设计的缺陷和资料收集的方法问题，小赵只能收集到对电脑、网络有一定知识，受过一定教育的，或经济水平中等以上的家长的看法，此研究不能够全面地测量全体家长的看法，因此信度很低。一个好的研究必须是既有效度，又有信度的研究。效度和信度这两个概念互相依靠，共同保证了一个好的研究。从反面上讲，如果一个研究没有效度，如例 4-1，那说起有多少信度也是没有用的。如果一个研究信度很低，如例 4-2，那么即使其效度很高，最后的研究结果也是大打折扣的。只有采取措施，既保证效度又提高信度，才能最终产生一个相对理想的研究。以下是几个研究中为了确保效度和信度而采用的常见手段。

（1）在设计好调查问卷之后，请相关的专家、教师、同学、同行等帮助自己全面检查问卷内容。

（2）进行前行研究（pilot study），在小范围内测试自己的问卷、采访问题等，然后收集分析结果，改进研究之后再进行大范围的正式研究。

（3）精心设计实验，控制变量。例如，在测量一教学方法是否有效时，可以在同一教师所教的、同一年级、起步水平相当的学生中，随机抽选 50％的学生使用此方法，对其他的 50％的学生采用传统方法，最后比较结果。

（4）对同一事物采用多种测量手段。例如，在对某一个学院的教学内容进行测量的时候，采用对学生进行采访、对教师进行采访、观察课堂，以及收集分析教案、作业、教学资料等多种方式，确保从各种方式、各种角度来理解此学院的教学内容，减少偏差。

（5）随机、全面抽选测量对象。例如，在使用问卷测量家长时，可将问卷打印出来，选择期末开家长会等大部分家长在场的时候，随机大量发放。

（6）设计测量问题时注意长短适中，难易结合。例如，问卷一般使用 5～10 分钟可以完成，问题涵盖各个方面；访谈使用的问题长短结合、虚实相间，一般保持 30 分钟左右的访谈时间。

（7）观察课堂、教学、学习活动等的时候，分配多个观察者观察同一事物，或者一个观察者长期跟踪观察。

（8）如果研究规模庞大，需要多个研究者来收集资料，在研究开始之前对研究者进行严格筛选，精心培训。

以上的事例都是一些教育学研究者们经常使用的确保效度，提高信度的方法和手段。同学们在研究实践过程中一定可以发现其他功能相似、适合自身的手段来使自己的研究结果既有效又可信。

思考、讨论、练习、提高

（1）根据上一周同学们形成的研究问题，结合本周所学习的关于研究过程、研究步骤的知识，画出一个关于自己未来的研究的过程图，标明自己对每一步的初步打算。在小组内展示自己画的过程图，并比较、讨论各自的想法。

（2）在小组内集思广益，列出一个根据现实情况的文献收集表。表内包含同学们为自己设计的教育学研究所计划收集的文献种类、收集的渠道、收集的方法、需要注意的事项、可能存在的问题等。

（3）什么是质疑精神？作为新手教育学研究者，怎样具备健康的质疑精神？

（4）以一个同学们自己熟悉的研究为例，或者举一个同学们想要做的研究为例，分析其效度和信度。在小组内一起讨论各自的例子，总结效度高、效度低、信度高、信度低的研究都有什么特点。

（5）分析书中确保效度和提高信度所举的事例具体是如何发生作用的。

第五章 文献综述

通过第四章三个图示，我们了解了研究的基本步骤。从研究问题的角度上讲，研究可以分为：形成研究问题；回答研究问题；报告研究发现。从研究资料的角度上讲，研究可以分为：形成研究问题；收集资料；分析资料；用分析结果回答问题；报告研究发现。而从具体操作的角度上讲，研究可以进一步细分为：形成研究问题；查阅文献；设计研究；执行研究，或者说是收集资料；分析资料以回答问题；报告研究发现。那么，我们可以据此理解为，查阅文献是我们实践操作的第二步，紧跟在研究问题形成之后；文献是研究资料的一部分；收集文献的重要目的就是回答研究问题。

同学们在理解了以上几点之后，我们可以引出一个新的名词——文献综述。如果说“查阅文献”这一说法概括了我们下一步研究要采取的动作，那么“文献综述”则是这一动作的结果。文献综述是研究论文的一部分，有时指一篇独立的文章，是指作者针对某一专题，根据大量的文献资料的数据、方法、观点等归纳总结、分析提炼而写成的文字。接下来我们将从其意义、存在形式、形成的过程和引用文献的方式等几方面介绍关于文献综述的知识。

第一节 文献综述的意义

作为每个研究报告、研究论文必不可少的一部分，文献综述对研究者和读者两方都具有重要的意义。对于研究者来说，文献综述的形成过程，既是一个查阅大量文献、了解并熟悉自己感兴趣的领域的过程，也是一个搜集信息、分析各家观点、整理自己的研究思路的过程。一个没有文献综述的研究论文，或者说一个没有对领域内文献进行分析、整理、概括、理解、引用的研究，就像是无源之水、无根之木、空中楼阁一般无法存在于现实的研究中。对于研究报告和论文的读者来说，文献综述的结果，也就是说，最终可以被称为文献综述的那些文字，是了解研究所在领域的概况、该研究的背景、研究者的角度、研究者的思路的途径。没有文献综述的研究报告必会使读者们陷入五里云雾一样，不知道研究者为什么要做这个研究、做这个研究对其所在的领域、分支有什么影响和贡献，也不清楚研究者所采取的研究步骤有什么条件支撑。总而言之，从查阅文献到完成文献工作，都是研究者在其研究前期必须要做，而且必须要做扎实的基础工作。一个文献综述的合理、有效的形成过程是对研究者的重要锻炼。一篇条理清楚的文献综述也是研究者能力的证明，以及对未来读者负责任的表现。

第二节　文献综述的存在形式

常见的文献综述的存在形式有四种：作为期末作业的学期论文；学位毕业论文的一章（或一部分）；研究报告的一部分；专门的文献综述论文。接下来我们将根据文献综述的不同存在形式谈一谈它们各自的特点。

首先，写一篇文献综述作为某一门课程的期末上交的学期论文，会是同学们经常遇到的一个任务，也往往是学习做一个研究者的必经之路。要完成这样一篇文献综述，通常会遇到以下困难：作为新手研究者，对所研究的学术领域感到陌生，面对茫茫文山书海不知该如何下手；不熟悉使用数据库的方法，因此很难有效搜索到所需要的原始论文；在短时间内要写出一篇结构完整、条理清晰、符合课程、教师要求的文章。

针对以上困难，同学们第一步应该搞清楚所写的文献综述的文献来自哪个范围。问清楚教师指定题目还是在一定范围内自选题目。如果是自选的话，注意从一个发展较完整、前人论述较多的领域和分支下手，不要一开始就研究一些偏题、冷门以至于难以找到足够的资料。注意给自己的文献搜索画出一个大致的范围，不要太宽也不要太窄，维持在一个可以找得到很多前人文献但又不会因文献太多而茫然不知所措的程度。例如，如果教师指定的是写关于班级经营的文献综述，同学们可以进一步集中到班级经营的某一个方面再进行搜索，比如说偏差行为的处理或是对学生的激励。如果感觉范围还是太宽，可以进一步缩小到严重偏差行为的处理，或是对学生采用符号激励的措施等。第二步，同学们要多问多听多读。搞清楚教师要求的文章长度、字数限制、引用文献的最少篇数，或者其他注意事项。并且积极向教师、图书管理员或是助教等询问使用数据库的方法，以及其他有关于文献搜集的有效方式。可以向教师要一些往届学生的优秀学期论文作为参考。第三步，早早列出一个切实可行的时间表，规定自己什么时候进行大致的文献搜索，什么时候进行文献的阅读、筛选，什么时候开始写初稿，什么时候最终定稿，等等。凡事预则立不预则废。同学们越早定下写作计划，越严格要求自己遵守计划，才能从容不迫地写出有质量的文献综述，而不是平日不努力，等到最后临时抱佛脚。

其次，如果写作一篇文献综述作为学位论文或毕业论文，则需要达到比学期作业更高的要求。同学们可以在开始写论文的很长时间之前就思考自己感兴趣的研究领域，多方寻找、广泛阅读相关资料。作为学位论文一部分的文献综述，应该更加透彻地论述一个领域发展的趋势，力争使自己的论文定位在一个领域的最新、最热、最实用、最尖端的方面。为了达成这个目标，同学们需要早早着手准备，制订严格、合理的计划，主动出击寻求各方面的帮助，来确保论文按时、合格地完成。

再次，文献综述的一种常见的形式就是作为发表在学术期刊上的研究报告的一部分。在这种情况下，文献综述通常比较短小精悍，大致为读者们提供一个背景介绍及与该研究密切相关的观点、数据、理由的说明。在具体写作的时候，还要考虑投稿对象期刊的具体要求，再加以适当的裁剪。

最后，一种文献综述的存在形式即是作为独立的文章出现在专业的学术期刊上。一般说来，这样的文章都是由本行业本领域内知名的专家、资深的教授写成的，目的在于：试图解决学术界一直或最近出现的学派之间、观点之间的冲突；就已经发表的研究数据做出从自己角度出发的解读；或者是为本领域的下一步发展做出建设性、指导性的意见。虽然同学们不必自己去写这样的文献综述，但是可以时常找到这样的文章看一看，使自己跟得上所在领域的发展步伐。

文献综述一般以上述四种形式存在，另外还有两点需要同学们注意。第一点，文献综述所涉及的资料一定要是在近 10 年之内出版的，尤其是包含原始的研究数据的时候。21 世纪的社会发展迅速，科学研究的进步更是日新月异，陈旧的报告中的数据不能反映出当前领域发展的最新动态，因此对研究者来说是缺少回顾意义的。当然，一些非常经典的文献是不受此限制的。第二点，文献综述一定要与研究者的写作目的密切相关，切忌写成流水账式的说明文。如果作者一味铺陈哪些研究者做了什么研究等事实，不加以归纳总结和说明解释，不使用观点连贯，不表明自己的目的，那么文献综述就只是文献堆积而非综述了。

第三节 文献综述的形成

文献综述的形成是一个复杂过程，而且研究者经常随机应变，因人、地、条件、研究性质等而异。下面将阐述几条基本的原则供新手研究者参考。

首先，同学们可以按照一个从泛读到略读，从略读到精读的过程来进行有序的文献筛选过程。例如，可以用 2 周左右的时间，在图书馆书架上、著名的数据库中搜集与自己领域相关的所有可以接触到的文献。使用如“中学英语教学”等比较宽泛的名词开始搜索。在这一阶段只看文献题目、看作者。在 2 周内研究者一定能够对这一主题中比较常见、比较经典的文献，著名的专家、作者等做到心里有数。再拿出 3～4 周的时间，缩小搜索词，使用如“中学英语阅读教学”或“中学英语的课堂活动”等名词搜索。在上一阶段工作的基础上，研究者可以较快地发现自己心仪的文献资料。在这一阶段，我们要略读题目、文献概要、文章摘要、作者简介等，并且按照从最新的、最权威的文献到稍微旧一点、不太权威的文献的顺序来梳理。最后一个阶段是精读阶段，使用 4 周或者更长的时间，在前两个阶段工作的基础上，精读筛选出来的文献，理清其中的观点、数据等。

其次，如果说泛读、略读、精读是一条筛选思路的话，还有另外一条思路需要研究者在需要的时候使用：补充、引申、替换、删减。注意，这一条思路不是直线，更像是一个研究者随身的工具箱，只需在必要的时候使用。当研究者发现就某一个方面的文献较少时，可以专门就该方面补充资料。当研究者对领域内一名著名的研究者的工作很感兴趣时，则可以追踪其作品列表、简历等，务必找到其其他相关作品。或者按照一个经典文献之后附带的“参考文献”列表，加以引申、寻找表内对自己有用的文献。另外，当研究者积累一定数目的文献资料之后，可以使用更加符合自己需要的文献替换前期发现的文献，或者直接删减多余的文献资料。

最后，新手研究者一定要牢记，文献筛选的过程不只是一个阅读过程，比较贴切地说是一个寻找、阅读加写作的过程。从关于文献工作的开始，就要准备一个笔记本，用来记录自己每一步的工作、思路、获得的灵感等；还要时时为自己读过的文献做笔记，笔记不一定非常长，但必须含有足够的信息使我们在一段时间之后看到笔记还可以回想起那篇特定的文献，并且知道如何回头去寻找它。在后期精读的过程中，研究者可以使用笔记记录文献中出现的观点、数据等，并且在边上写上自己的评语、感想，以及用自己的话解释其中的一些重要概念等。而且笔记不一定是用纸笔完成的，有条件的同学可以使用笔记本电脑形成电子版的笔记，会更有利于保存、复制，以及在笔记中进行快速的查询。无论采取何种形式，我们务必要保证一边“输入”——阅读，一边“输出”——写作，形成一个如同血液循环般的有序工作过程，才能逐步地获得有用的文献，同时也提高自己的认识水平和表达水平。

第四节　文献引用的格式

当研究者认为一篇文章或一部专著中的观点、数据等可以支撑自己的观点、写进文献综述的时候，换句话说，想要引用其中的信息的时候，必须在文中引用（或在本页底部做脚注），并且在文末集中列出所有引用的文献，形成完整的“参考文献”的列表。

例如，在一篇关于班级经营的文献综述中，对某文献有如下引用：

……在座位安排时，张宝臣在 2009 年提到教师具体应考虑以下几个方面的因素[12]：1. 生理因素，2. 心理因素……

如果作者认为不需要强调年份的话，可以引用作：

……在座位安排时，张宝臣[12]提到教师具体应考虑以下几个方面的因素：1. 生理因素，2. 心理因素……

或者为了行文更流畅，可以做如下引用：

……在座位安排时，教师具体应考虑以下几个方面的因素[12]：1. 生理因素，2. 心理因素……

文献综述的作者可以在本页的底部作脚注：

张宝臣．班主任工作艺术论．哈尔滨：哈尔滨工业大学出版社，2009：180-181.

最后，研究者需要在文末的“参考文献”中注明引用的文献。用方括号加数字的形式在被引用的文献从［1］开始做序列号。如：

参考文献

……

［12］张宝臣．班主任工作艺术论．哈尔滨：哈尔滨工业大学出版社，2009.

……

列举以上的例子是为了让同学们明白引用文献的基本知识。关于引用的具体规定，可以在网上搜索“中华人民共和国国家标准”，GB/T 7714—2005，《文后参考文献著录规则》。规则中详细地列出了如何规范性地引用各种文件，包括专著、期刊、电子文献等，涵盖了引用中文、外文文献的格式。规范中通过大量的中英文的例子，说明了如何在正文中和文末引用一个或多个作者的文献，如何标注出版地、出版时间，如何列出引用的论文集、学位论文、专利文献、报纸中的文献，如何使用标点符号等具体事项。

只要同学们严格按照国家标准行事，并且以耐心、仔细、认真、负责的态度对待自己文献综述中的引用，就不会出现问题。因为按照国家标准引用文献是一项需要花时间熟悉的烦琐工作，在此建议同学们早早入手，在泛读、略读的阶段就在手边准备一份“规则”，督促自己从一开始就按照国家标准引用文献，在自己的笔记中严格按照“规则”规定的方式记录所读过的专著、期刊文章等资料。如此一来，等到文献综述进行到起草阶段，就不必手忙脚乱地寻找每篇文献的作者、出版社、出版时间等信息了。文献引用工作做好了，不仅对写作文献综述有益，对写作研究论文的其他部分也具有事半功倍的效果。

思考、讨论、练习、提高

（1）什么是文献综述？为什么要写文献综述？对于一个新手研究者来说，写文献综述最困难的地方是什么？

（2）在自己所熟悉的领域内，找到一两篇相关的学术论文，分析其文献综述的意义、目的、存在形式、特点等，站在读者的角度评论其优缺点。然后跟小组其他成员一起讨论。

(3) 请同学们设想一下自己要就某一个课程写一篇文献综述当成学期论文，或是就某一个主题写未来的毕业论文，然后根据相关的要求、手头的资源列出合理的时间表。

(4) 回想自己前几周形成的研究问题，选择其中一个自己最感兴趣的问题写出一篇500字左右的简明的文献综述，说明自己研究问题的背景、所在领域内最新、最热的话题，或者用文献资料支持自己对某一问题的解读。同学们可以选择独立完成，或是与小组其他同学合作。

运用案例

例5-1 以下是来自杨新晓和陈殿兵的《大学课堂教学中的时间管理策略——基于教师教育类课程的行动研究》一文的前两部分。同学们可以结合对于这两部分的阅读来思考文献综述是什么，文献综述与研究及文章本身的关联，怎样引用文献等一系列问题。

一、问题提出

从教育的角度上来说，时间是最宝贵的教学资源及学习资源，是一种不能储存、不可重复利用、不可再生、不能从别的地方或别人处获得，而且是非常有限的稀缺资源[1]。然而在当前的大学校园中，很多教师和大学生并没有很好地利用这一资源：许多教师课堂效率低下、随意拖堂、教学进度混乱；许多大学生因为习惯了没有自由的、一味服从学校、老师、家长安排的学习方式，不能够适应大学的环境、面对自己大量的自由时间不知所措；有人一味沉溺于网络世界，有人养成了拖延症的坏习惯难以自拔，直到面临期末考试的时候、甚至当挂科太多无法毕业时才悔之晚矣。

大学阶段犹如人生中的一座桥，一头连着依赖父母老师的懵懂时代，另一头则通向依靠自己、独立自主的人生旅程。大学和大学教师们的重要职责就是站在这座“桥”上，帮助大学生学会独立、学会对自己责任、学会管理自己的时间、学会规划自己的人生，真正从心理上的未成年人成长为成年人。为了完成这一重要职责，大学教师和学校的相关工作人员需要从大学生们的学习、生活、工作、科研、情感成长、社会活动、人际交往等各个方面开展一系列系统有序的指导、教育活动等。当中最基本、最重要的一项就是大学的教学活动，而大学生每天受教育的重要场所就是课堂，能够在其中发挥最关键作用的是大学的任课教师。因此，大学教师们有必要了解时间管理的概念，出于帮助学生以及提高自己工作效率的双重目的，学会使用一些时间管理策略。

为了达到上述目的，我们开展了以当代高校一线教师作为研究者的行动研究，迄今为止已经进入到了第三个学期。本研究选取了一所省属师范高校中的教师教育类课程作为研究对象，总共涉及包括专业课和公共课在内的四门课程，以及超过六百名在校大学生。研究严格遵循行动研究的原则，以每一个学期为一个阶段，按照发现问题、制订计划、课堂执行及收集信息、分析资料和反思改进的四个步骤，不断完成一个个循环上升的过程。

本研究的目的在于建立一个高效的大学课堂，致力于提高大学生的学习积极性、帮助提升他们的时间管理能力，同时也为大学教师探索适合中国课堂的时间管理策略。本研究的研究问题包括：

在课堂教学中利用时间管理策略对教师教学、学生学习有何影响？

如何利用时间管理策略提高当代大学课堂效率？

二、研究背景【文献综述】

“时间管理”是一个近年来从管理学借鉴过来的概念，通常指的是运用策略和技术，帮助人们尽可能有效地利用时间的一系列手段[2]。从Carroll[3]到Kelly[4][5]，几十年来一直有教育学者专门研讨如何利用“时间管理”来提高教学效率。在中国，学者盛群力、吴文胜在2002年回顾总结了从20世纪60年代以来各派学者对教学时间研究的模式，并指出了他们的特点[1]。其他学者如陈列、靳玉乐提出，课堂时间管理是教师的基本教学技能之一、教师需要考虑如何在课堂的几十分钟之内合理安排教学活动、提高学生学习效率的观点[6]。有很多学者从理论角度、中小学阶段，或特定科目的教学角度上对课堂时间管理加以阐述[7][8][9]。在国外，则有学者如Kelly在教育心理学方面进行实地研究，提出了时间利用与学生学习成绩成正相关、时间利用效果与学生的自觉学习能力关系紧密的研究证据[4][5]。学者Spidal结合各类时间管理专家的意见整理出通俗易懂、易于上手、服务于当代学生学习工作的各种时间管理技巧[10]。还有一些学者如Cavanaugh，跳出传统课堂模式，从网络教学角度建立任务清单、管理时间、提高学生学习效率的研究[11]。总之，随着当代社会生活、学习、工作速度的加快，有越来越多的教育学者、教师认识到时间管理的重要性，大胆借鉴其他学科的理论，讨论、开发服务于教育学、服务于教师教学、学生学习的时间管理策略和手段。

然而，上述有关时间管理的研究一般是从理论、教师、中小学或是普遍的教育的角度上来着眼，很少有从大学课堂上，或是大学生和大学教师的角度上来进行的研究。大学是当代教育的重要阵地，是作为国家高素质人才走向社会之前的最重要学习场所，能够在大学学习的过程中学会时间管理，将会使许多人受用终身，更好地为国家建设做贡献。实际上，如果大学生不能充分认识到时间作为一种资源的重要性而加以有效利用的话，那么由此而产生的低效学习和拖延将会成为他们学习的巨大阻碍。人们很难想象一个无法安排好自己的工作和生活，缺乏时间管理观念，不能高效学习、工作的人会变成自己行业内的中坚力量。从大学教师角度来看，熟悉、利用一些有效的时间管理手段对他们是大有裨益的：一是教师可以提高教学效率，更好地达到完成教学任务、培养好学生的目的；更重要的是可以对学生直接进行时间观念的强化、加强时间管理的教育和辅导，帮助大学生形成时间管理的习惯，全面提升学习的效率；二是教师通过引导、教会大学生学会时间管理，从而帮助他们摆脱依赖教师、家长安排的习惯，成长为能够独立自主、负责自己人生的个体，从而承担起相应的家庭责任和社会责任。

（下略）

参考文献

[1] 盛力群，吴文胜．教学时间研究模式及其特点 [J]．课程·教材·教法，2002：(10)：18-23.

[2] 吉姆·兰德尔．时间管理——如何充分利用你的 24 小时 [M]．舒建广，译．上海：上海交通大学出版社，2011.

[3] Carroll J B. A model of school learning [M] // Fisher C W, Berliner D C. Perspectives on Instructional Time. New York: Longman, 1963:68.

[4] Kelly W E. As achievement sails the river of time: The role of time use efficiency in grade-point-average [J]. Educational Research Quarterly, 2004, 4(27):3-8.

[5] Kelly W E, Johnson J L. Time use efficiency and the five-factor model of personality [J]. Education, 2005, 3(125):511-515.

[6] 陈列，靳玉乐．初中课堂时间管理的问题与改进 [J]．中国教育学刊，2008，(4)：45-48.

[7] 陈时见．浅谈课堂中的时间管理 [J]．基础教育研究，1998，(3)：21-23.

[8] 李海燕．优化语文课堂时间的管理策略 [J]．教育实践与研究，2011，(12)：18-19.

[9] 林传忠．加强时间管理，提高课堂教学效益 [J]．中小学教师培训，

2013，(10)：54-55.
[10] Spidal D. Time management [J]. Key Words，2009，1(17)：15-31.
[11] Cavanaugh T，Hu H. Using a generalized checklist to improve student assignment submission times in an online course [J]. Journal of Asynchronous Learning Networks，2012，4(16)：39-44.

例 5-2 以下是由王学烨、杨晓优、张晓辉、戴超帆、潘红影、徐亚秋同学合作创作的“文献综述小手册”。

一、作品名称

小清新之资料袋、日历式、手机型于三位一体之文献综述小手册

二、作品简介（三大亮点哦!）

（一）资料袋（图 5-1 和图 5-2）：可储存文献综述的卡片

突出特点：小清新＋实用

图 5-1 资料袋侧面

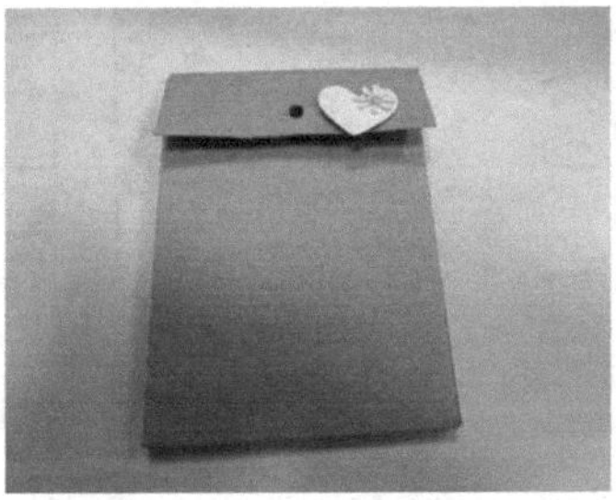

图 5-2 资料袋正面

（二）日历式（图 5-3）：将文献综述的卡片装订成日历的形式

突出特点：便于翻阅＋顺序不易打乱

瞧，资料袋摇身变成了日历支架，卡片变成了日历！

图 5-3 日历式小册子

（三）手机型（图 5-4）：每一张日历都设计成手机屏幕的形式

突出文献综述的功能——帮助我们查阅和回忆步骤＋设计简约大方！

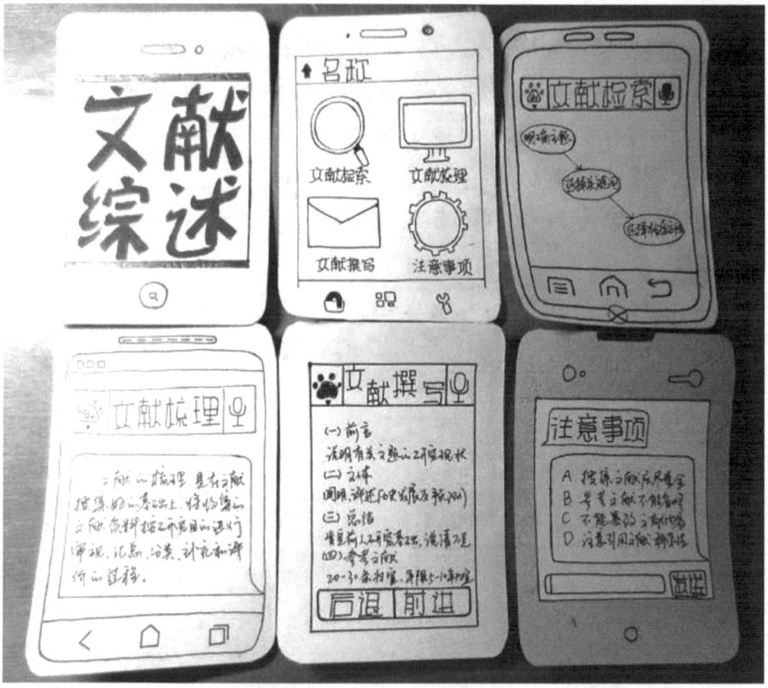

图 5-4　手机型小册子

具体每一部手机展示（图 5-5～图 5-10）：

图 5-5　iPhone 型号的手机封面

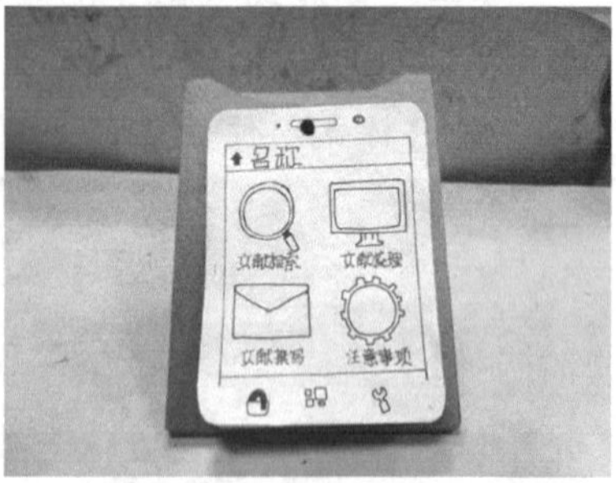

图 5-6　手机屏幕的文献综述目录长这样！

图 5-7 文献综述
第一步——文献检索！

图 5-8 文献综述
第二步——文献梳理！

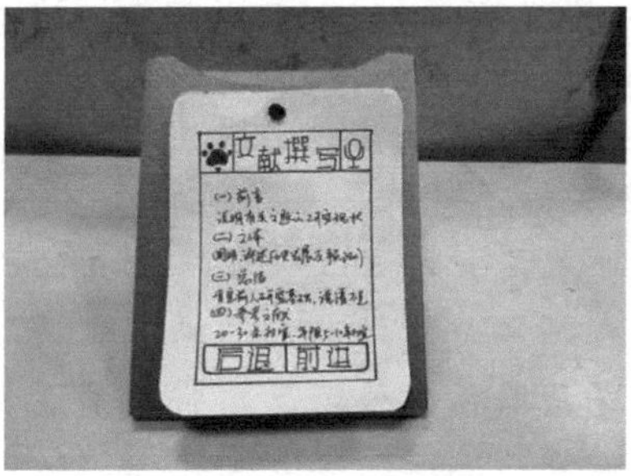

图 5-9 文献综述
第三步——文献撰写！

图 5-10 文献综述当然还有
一些注意事项啦！

例 5-3 以下是由陈舒悦、苏婷婷、曹志平、李文卓、汪梦蕾、杨莉同学根据自己小组的研究主题收集资料所列的文献列表。

研究主题：大学生自主学习现状及应对措施研究——以浙江师范大学为例

书籍类：

[1] 孙红琼．大学生自主学习的优化构建［M］．昆明：云南大学出版社，2007.

[2] 钱新常．网络环境下大学生自主学习调查［M］．北京：中央广播电视大学出版社，2009.

[3] 崔燕宁．大学自主学习理论与实践研究［M］．成都：西南财经大学出版社，2013.

[4] 严明．大学英语自主学习能力培养教程［M］．哈尔滨：黑龙江大学出版社，2008.

学位论文类：

[1] 王先亮．大学生自主学习的评价研究［D］．东南大学，2006.

[2] 赵秋利．大学生自主学习现状及指导策略研究［D］．西南大学，2008.

[3] 亓丽媛．大学生自主学习调查研究［D］．浙江师范大学，2012.

期刊类：

[1] 陈昌盛，周屏．大学生自主学习、时间管理和一般自我效能感的关系研究[J]．徐州师范大学学报，2009，(3)：131-136.

[2] 朱祖德，王静琼，张卫，等．大学生自主学习量表的编制[J]．心理发展与教育，2005，(3)：60-65.

[3] 庞维国．论学生的自主学习［J］．华东师范大学学报，2001，(2).

[4] 程世宏．试论影响自主学习能力形成的因素［J］．基础教育，2002，(4)：24-26.

[5] 祁小梅．论大学生自主学习能力的培养［J］．中国冶金教育，2002，(6)：25-28.

[6] 王静琼，张卫，朱祖德，等．大学生自主学习影响因素的中介效应模型［J］．心理学报，2010，(2).

例 5-4 从掌握文献综述的基础知识到完成一篇（或一段）独立的文献综述需要学生进行不断的练习与改进，这个过程经常是曲折、漫长并充满困难的。教师可以利用“文献综述信息整理单”的形式帮助学生整理思路、归纳资料，高效率地度过这一阶段。以下是由周子琪、张嫒妮、陈珏、郭金金、徐国栋、缪丹同学根据自己小组的研究问题收集资料所填写的文献综述信息整理单（粗体字为教师预先设定好的问题，其余部分为学生们所作的回答）。

第×组文献综述信息整理单

<table>
<tr><td>我们的研究问题是什么</td><td>英语教师如何应对学生初高中衔接的问题——以××市二中为例</td><td>关键词有哪些</td><td>初高中英语，衔接，学习策略</td></tr>
<tr><td>因为我们想要探讨英语教师如何应对学生初高中衔接时所遇到的问题</td><td>研究目的是什么</td><td>我们的研究意义在于帮助学生更好地适应高中英语学习，同时也有助于高中英语教师顺利地完成教学任务，提升教学质量</td><td>研究的意义在哪里</td></tr>
<tr><td>介绍所在的领域及下属领域</td><td colspan="3">我们研究的问题所在的领域是教育学，下属领域是学科教学和教学论。教学论，又称教学法、教学理论，是研究教学一般规律的科学。教学论是教育学的一个重要分支，它是由教学在整个教育活动中的地位与作用、教学目的、任务、教学过程的本质与规律、教学原则、教学内容、教学方法、教学组织形式、教学手段、教学评价等内容组成的</td></tr>
</table>

续表

关键概念——初、高中英语教学衔接：就是把初、高中段英语教学前后有机地联系起来，全面把握整个英语教学，使学生尽快适应高中英语学习的教学过程	**列举并解释研究所涉及的关键概念**
领域中经典的流派及其观点是什么	1. 皮亚杰的认知发展理论 (1) 阶段出现的先后顺序固定不变，不能跨越，也不能颠倒，并且所有的儿童都遵循这样的发展顺序 (2) 每一阶段都有独特的认知结构，这些相对稳定的结构决定儿童行为的一般特点 (3) 认知结构的发展是一个连续构造的过程 2. 教育环境理论 教育环境是指直接或间接影响人的生存和发展的全部外在世界，是教育与环境的结合体 3. 奥苏贝尔的“有意义学习理论” 他认为，有意义学习就是符号所代表的新知识与学习者认知结构中已有的适当观念建立非人为（非任意的）和实质性的（非字面的）联系的过程。简而言之，就是符号或符号组合获得心理意义的过程 4. 维果斯基的“最近发展区” 认为学生的发展有两种水平：一种是学生的现有水平，指独立活动时所能达到的解决问题的水平；另一种是学生可能的发展水平，也就是通过教学所获得的潜力。两者之间的差异就是最近发展区。教学应着眼于学生的最近发展区，为学生提供带有难度的内容，调动学生的积极性，发挥其潜能，超越其最近发展区而达到下一发展阶段的水平，然后在此基础上进行下一个发展区的发展
(1) 初、高中衔接期是中学阶段承上启下的一个重要阶段，在此阶段培养良好的学习习惯十分重要，具体可分为听、说、读、写、思维几个方面习惯的培养 (2) 由于初、高中课程内容，教学安排差异大，学生水平差异大，首先要培养学生的自信心，然后是兴趣的培养，最后才是各种学习习惯和能力的培养 (3) 研究发现，初、高中英语衔接缺失主要体现在教学方法、学习策略、学习内容、教材等方面。正是这些衔接的缺失给高一学生的学习带来了诸多困难：无法适应新环境、单词太多记不住、语法太难听不懂、课文太长读不懂、写作困难等	**相关领域的最新成果有哪些**
我们的观点与假设是什么	1. 我们的观点 初、高中英语衔接教学是必要的，也是可行的，对于全面提高高中英语教学效率具有非常重要的意义 2. 我们的假设 ①培养学生学习兴趣，让学生适应新环境；②对学生进行学习心理指导和学习方法指导；③教师提高课堂教学效果，实施教学策略；④教师调整学生的学习策略

第六章 研究方法

当研究者们选定了研究问题，查阅了相关的研究文献，甚至写好了文献综述的初稿，接下来就可以开始选择一个适当的研究方法，然后开始进行具体的操作了。具体的研究方法是教育与心理科学研究方法领域内最核心的技术。教育与心理科学研究发展到今天，已经出现了多种多样的研究方法，它们各具特点，从不同的角度为我们探索知识、追求真理铺就了道路。接下来，让我们一起学习两种为研究方法分类的方法，从宏观的角度上理解研究方法的目的、意义、作用及特点等。在最后，我们将引入“研究设计”的概念，为同学们以后进行教育学研究实践打下基础。

第一节 基础研究与应用研究

想要理解繁复多样的研究方法，首先需要懂得为它们分类的方法。有一种最简单明了的分类体系即将各种研究方法分为基础研究和应用研究。

基础研究的最终目的在于形成和扩展科学理论。一个做基础研究的研究者，不管他收集什么数据、设计怎样的研究，以及在什么地方、什么时间从事研究，都是围绕着理论来进行的，而非为了解决某种实际问题。基础研究的研究者们关心的是，是否可以推进人类在某一领域内的知识进步，他们希望自己的研究结论可以惠及所有相关的人、事，而不仅仅是某一个地区、某一类人。

与基础研究相对应的是应用研究。应用研究的最终目的是解决实践中棘手的问题。应用研究的灵感来源、研究设计、研究理念等都来自现实生活和工作中的问题。比如说，一个小学数学教师在自己的课堂上遇到了一些问题，通过行动研究（我们后面会专门讲到）的方法，经过一系列努力，最终解决了这些问题。这个小学教师的目的是解决自己遇到的问题，她的研究结果可能会帮助其他有着相似问题的教师，也可能对他们不会有什么帮助，不管怎么说，帮助其他教师不是她做研究的一个根本目的。

近年来，将研究方法分为基础研究与应用研究两类的分法逐渐少被人们提起。一个重要的原因就是基础研究与应用研究之间的界限变得很模糊，实际上有很多研究的出发点是为了解决自己的问题，但是研究结果发表后却引起了很多人的共鸣，变相地推动了学术理论的修改和扩展。对研究者来说，这个分类方法对实际操作的意义也不是很大，很多最终目的不同的研究的操作过程反而没有什么明显区别。因此，近年来，教育学研究者们多采取下面一种研究方法的分类。

第二节 量、质、混合

量的研究（quantitative research）与质的研究（qualitative research），有的学者也称为定量分析和定性分析，或量性研究与质性研究，是近年来教育科研研究领域内通用的研究分类方法。与上面所提到的基础研究与应用研究的分类方法相比，量与质的分类能够比较全面地概括绝大部分教育学研究中常用的方法，能够帮助研究者准确把握住研究方法操作的特点，因此得到了学术界的广泛肯定。下面我们将介绍量的研究与质的研究的定义、各自的特点，两者的区别，以及两种大的分类下出现的各种具体的教育学科学研究方法。

量的研究是通过测量各种变量之间的关系，来检测研究假设的方法。量的研究中的各种变量通常是研究者通过使用各种测量工具、检测手段来测量的，目的是得到可以使用统计学方法分析的数字资料。

质的研究是通过研究与社会、教育、人类问题相关的一类人、一组人等，来探索和理解问题的一种方法。质的研究通常是由研究者在研究对象所在的环境中实行的，目的是收集、分析与研究问题相关的文字资料。

由于今天的教育与心理科学研究的前身是单纯的心理科学研究，大量的研究理念、研究方法都是首先由教育学家从心理学家处借鉴过来的。从 19 世纪末开始，量的研究就已经在心理科学界得到了充分的发展，形成了比较成熟的体系，对教育学研究产生了深远的影响。直到 20 世纪中期，由于人文主义思潮的兴起，很多研究者发现单靠量的研究不足以全面探索复杂的人类社会、人与人之间的关系、人们对事物的感受，以及人的心理、情感、意识等，学者们开发了质的研究。经过近百年的发展，质的研究已经从受正统研究者轻视的地位，进步到同量的研究方法并驾齐驱，为教育学发展做出了重要的贡献。最近几十年以来，又有研究者探索结合量与质的研究两者的特点，发展出一种混合研究方法（下面会讲到）。同学们可以通过了解量与质的研究的发展简史感受到，研究方法的进步是随着教育与心理科学研究的进步而进步的，随着人们知识的增长，用来获取教育学与心理学知识的工具——教育与心理科学研究方法也被研究者不断打磨，日渐成熟，不断更新换代。

量的研究与质的研究的根本区别就在于，两类方法各自所使用的数据的形式不同。如果我们看到研究者手中的数据是以数字形式存在的，那么就是用了量的研究方法，而如果研究者收集到的数据都是以文字形式存在的，那么我们就能得出其采用了质的研究方法的结论。自然而然地，研究者们收集数字和文字会采用截然不同的方法，而当他们处理数字与文字的时候，也会分别采用统计学方法和文字处理方法。

量的研究可以进一步分为实验研究（experimental research）和非实验研究（non-experimental research）。

量的研究需要测量各种变量之间的关系。实验研究就是通过一系列手段、设定等，排除实际环境中的各种干扰因素，测试需要测试的变量之间的关系。请看下面一个例子：

例 6-1 教育学研究者宋老师想要研究网络课堂上教师给学生反馈意见的速度与学生进步之间的关系。宋老师设计了一个实验研究，在同一位教师教授的同一门网络课堂上，随机将学生分为两组。通过前期测验，证明两组学生的总体水平相当。然后在接下来的一个学期，让教师对其中一组的学生的作业、问题实行迅速的反馈，通常在学生上交作业和提问问题的两个小时之内提供回复。对另外一组学生，则实行一般速度的反馈，通常在学生上交作业和提问问题的3～5天提供回复。宋老师在期中、期末，采用同一张试卷收集学生的成绩，然后比较两组学生的进步情况。

从以上例子我们可以看出，宋老师作为研究者，通过在同一位教师的课堂上随机取样，并且采取前期研究证实的方法，尽最大可能确保了两组学生的起始水平相当，又受到同一位教师、同一种教学方法的影响。唯一的变量就在于两组学生得到教师反馈的速度不同。因此，宋老师的实验结果很可能会告诉我们，教师给学生反馈的速度究竟是否能够影响学生的进步。

教育与心理科学研究中实验法能否成功的关键在于两点：一是是否控制了一切会对变量造成影响的因素，如学生是否使用同一本教材、课堂的进度是否一样、所处的教学环境是否一样，教师本身的素质是否对课堂有重大的影响，学生是否来自相似收入水平的家庭；等等。二是研究者在抽样的过程中，是否严格地随机抽取研究对象，确保每一个参加测试的学生都有平等的机会被分配到任意的小组内。在教育科研实践中，因为客观条件的限制，研究者往往不能达到完全随机抽样的目的，而是以学生所在班级为基础来分组，那么这样所做的研究就不是真正的实验，而是我们所谓的“准实验研究（quasi-experimental research）”。

量的研究中与实验研究相对的是非实验研究。非实验研究的目的也是研究变量之间的关系，但是往往是在因为研究者无法控制各种变量的情况下进行的。常见的非实验研究包含以下三种。

（1）事后追溯研究（expost facto research）：与实验研究相比，事后追溯研究不会去试图控制环境或其他因素，只是单纯地根据已经发生的事情来比较不同类型的人和事物，寻求其中的联系。例如，一个研究者研究长期从事兼职工作是否会对大学生未来的就业观产生影响。那么，他的调查对象就分为两组，一组是长期从事兼职工作的学生，另外一组没有长期从事兼职工作。这两组研究对象不是研究者随机取样，然后分配让他们长期或非长期从事兼职，而是完全出于学生自身的选择。

（2）相关研究（correlational research）：从事相关研究的研究者也不创设情境，而是研究已经发生的事物之间的相关度。例如，家长对学校活动的参与度与学生成绩之间的关系，是否是正相关，即参与度越高成绩越高；或者是负相关，参与度越高成绩越低；还是零相关，参与度与成绩没有关系。

（3）调查研究（survey research）：是研究者采用调查问卷的形式来向一组或一类人收集信息的方法。或者也可以收集不同类型的人们的信息，比较他们之间的特点等。例如，向所有数学专业的同学发放问卷，询问他们对计算机教室的满意度；或同时也向外语专业的同学发放问卷，比较两个专业对计算机教室的要求的异同；等等。

教育学研究者从事质的研究的目的与量的研究截然不同，不是为了获取数字、探索变量之间的关系，而在于从总体上理解、把握所研究的事物、现象或一类人的特点。与量的研究相比，质的研究重视研究所发生的背景、环境、文化、情感等对所研究的人与事物的影响。在进行质的研究的时候，研究者通常有三大法宝——访谈法、观察法、实物分析法。

（1）访谈法：研究者使用面对面，或通过电话、网络等手段采访研究对象。使用访谈法可以得到关于研究对象对事物的深层次的认识、情感、体会、理解等用其他方法得不到的信息。

（2）观察法：研究者直接进入研究对象所在的空间，亲眼观察和收集关于物质条件、活动进行过程、人与人之间的关系、整体的气氛等信息。研究者使用观察法可以得到“眼见为实，耳听为虚”的亲身体验。

（3）实物分析法：研究者通过收集与研究对象相关的文献资料，如教案、学生作业、档案、网站网页、宣传栏的照片、班级活动的录像等各种资料，然后将其当作研究的证据加以分析，以获得相关的信息。

需要注意的是，这所谓的“三大法宝”并不是独立的研究方法，贴切地说是三种研究技术。质的研究中研究方法通常有以下几种类型。

（1）人种学（ethnography）：研究者对社会中某一类人或某一文化族群的人进行的专门研究。这种研究方法来源于人类学。教育学者用来研究如单亲家庭孩子的成长，或农村小学英语教师发展等类的问题。

（2）扎根理论（grounded theory）：研究者为了发展关于某一领域的理论、开发新的概念而做的研究。例如，一组教育学研究者们收集了大量中西部地区初中课堂的资料，试图建立起一种新的教学理论，专门为中西部地区的初中教师的教学实践服务。

（3）叙事研究（narrative inquiry）：研究者通过收集研究对象所叙述的关于自己经历的故事，分析、建立一种对特定事物、事件的叙事的研究。例如，一位研究者听了十几位中学化学教师讲他们作为教师的成长经历，归纳、总结出当代中学化学教师成长的心路历程，为教师培养这一领域做出了贡献。

（4）现象研究（phenomenological study）：研究者进行现象研究的前提假设就是不同的人对同一件事情有不同的看法、理解和感悟。因此，研究者通过对同一事件涉及的个人进行访谈，力图完整地展示这一事件，而且分析其对不同人的影响。例如，研究者通过采访教师、学生、家长、学校管理人员等，研究探讨对学生进行传统文化教育这一事件。

（5）文件分析（document analysis）：研究者通过对文件、档案、报告、记录、信件等资料进行分析，来解释某事件、活动或其他相关的现象等。例如，研究者通过分析近 10 年来的学校的报纸，探索学校政策、环境等方面的变化。

（6）案例研究（case study）：研究者通过对某一个人、某个班级、某个组织或某个学校的全面分析了解，探索其某一方面的特点或者其在特定环境下产生的问题。例如，研究者跟踪调查某学校的一位教导主任处理学生违纪行为，观察其工作，对其进行深入的采访，并且采访相关的违纪的学生、所在班的班主任等，研究分析关于处理违纪学生的问题。

以上几种类型是常见的几种质的研究方法中的具体方法。随着近年来教育学领域内，学者们对质的研究方法的日益重视，新的质的研究方法不断地在研究实践中被开发出来。同学们要认识到，无论是量的研究还是质的研究，研究方法都是为了教育学与心理学研究服务的，根据自己的研究实际灵活调整研究方法，甚至在现有方法的基础上大胆地改革创新，对于研究者来说都是非常自然的事情。

在量与质的研究发展的基础上，很多教育学者试图结合两者的优点，开发出一种新的研究形式——混合研究方法（mixed methods research）。需要注意的是，不是任意一个研究者未经培训就可以很好地使用混合研究方法，更不是单纯地就一个问题将量的研究和质的研究各做一遍就成了混合研究。混合研究是一种严格的科学研究方法。使用这种研究方法的关键在于研究者如何设计、合理组合研究的步骤，以达到特定的目的。请看下面的例子：

例 6-2 从事数学教育研究的梅老师打算研究大学中高等数学课的课程内容是如何影响到学生的学习的。首先，梅老师深入采访了 8 位来自各个专业，学过高等数学课的同学，收集他们的意见、感受、建议等。根据访谈的结果，梅老师设计了一份调查问卷，发放给全校所有上过高等数学课的同学，收集到了大量的数据。

例 6-3 从事教育管理研究的何老师准备研究全市中学对于在职教师培养的

政策及措施。何老师先通过邮件、网络，发放调查问卷给全市中学的校长、副校长、教研室主任等。收集到大量的数据之后，何老师又采访了参与回答问卷的几名学校领导，收集一些仅通过问卷难以收集到的信息。

以上是两个关于混合研究方法的例子。前者采用了先质后量、从小范围到大范围的方法。后者则是先量后质，试图用后期访谈的结果解释前期获得的大量数字的具体含义。总而言之，混合研究方法自成体系，具有特定的步骤、程序、目的和意义，值得研究者们进一步探索。

任何一个教育学研究开始之前都需要研究者进行精心的研究设计，决定具体采用何种方法，遵循怎样的程序与步骤，如何寻找研究对象，等等。教育科学中的研究方法丰富多样，每种都具有自己的特定和独特的魅力。研究者如何从中做出选择，据此设计自己的研究呢？一般说来，研究者可以参考以下标准来进行研究设计。

第一，可以根据研究问题的性质来设计。如果研究问题问的是是否、多少之类的话，多半采用量的研究方法。如果研究问题问的方式倾向于如何、怎样等，采用质的研究可能会更加贴切。第二，可以根据个人的特点及专长来设计。有的研究者倾向于量的研究，有的研究者倾向于质的研究，有的研究者则两种都可以接受。第三，可以根据教师、论文导师、期刊编辑、读者的喜欢等因素调整自己的设计方案。

思考、讨论、练习、提高

（1）举出两个例子，说明什么是基础研究，什么是应用研究。

（2）如何区别量的研究和质的研究？

（3）实验研究与非实验研究有什么区别？

（4）请同学们根据自己的研究问题，采用本章讲到的一种研究方法，大致设计一个自己可以完成的研究方案。然后，将自己的研究设计向小组内的同学展示，听取大家的意见，然后进行进一步的完善。

运用案例

例 6-4 根据本小组的研究问题，谢玲玲 、张文锦、胡亚楠、谷海燕、谢晨、祝明璐同学对本章所学的研究方法进行了初步的筛选（粗体字为教师预先设定的问题）。

1. 我们组研究的问题

寄宿制学校的管理制度对于高中生心智成长的影响有哪些（以金华地区为例）？

2. 最合适的方法

(1) 调查研究法：主要通过问卷的形式来了解高中生心智成长的情况，问卷主要涉及的问题有人际关系类问题等。

(2) 现象研究：通过对寄宿制学校的校领导、班主任、任课老师，以及学生和学生家长的多方位的采访来收集他们对寄宿制管理制度的意见，以及对学生心智成长的影响，能收集到比较全面的数据。

3. 比较适合的方法

(1) 案例研究：这个方法能比较真实全面地反映学生心智成长的情况，但是操作起来难度有点大，跟踪调查需要大量的时间和精力，而且往往不具有普遍性。

(2) 文件分析：对各个寄宿制学校的管理制度，学生生活情况等档案进行收集和分析。

(3) 事后追溯法：对各个寄宿制学校的毕业生情况进行统计，一定时间后进行后期追踪和访问。

(4) 叙事研究：对各班班主任进行采访，收集一些和学生心智成长有关的案例和资料，进行整理，研究这些案例和寄宿制管理制度的潜在关系。

4. 不靠谱的方法

实验研究：实验研究需要控制一切会对变量造成影响的因素，并且在抽样的过程中要严格随机抽样。最理想的状态是随机选取一定数量的学生对象，在实验实施前对学生的心理状况进行测评。将学生均分为三组，第一、二组将分别施以不同的寄宿管理制度，第三组作为对照组不实施操作，保持其余条件如教学条件相同，一定时间后对学生的心理状况进行评测和对比。虽然实验研究法在理论上是最适合的研究方法，但是实际的实施很难操作。

第七章 几种重要的量的研究方法

前面我们共同学习了教育与心理科学研究方法的分类，包括基础研究与应用研究，量的研究与质的研究的分类方法。从本章开始，我们将学习一些关于如何找到量的研究对象，如何按照不同方法进行量的研究，如何进行量的研究结果分析的基础知识。

第一节 群体与抽样

在开始进行量的研究的时候，研究者要进行的最基础的工作便是确定研究群体（population）和抽样（sampling），换句话说，就是找到我们的研究对象。

研究群体指的是研究者根据研究目的，详细定义下的一个群体、团体、阶层、组织或事件中的所有成员。例如，在一个关于初中语文写作学习的研究中，全国初中学习语文写作的学生就是研究群体。再如，在一个关于普通高中三年级体育教学的研究中，研究群体指的就是在全国普通高中三年级担任体育教学的教师们。我们所说的研究群体中，一般都包含了巨大数量的人。在实际的研究中，除了教育部资助的、某些像人口普查一样的全国范围内的大型研究之外，几乎没有什么研究可以涵盖所有研究群体。大多数的教育与心理科学研究者只研究群体的一部分，我们叫做样本（sample）。样本指的是研究群体中的一小部分人。例如，在关于初中语文写作学习的研究中，在某省内的初中学习语文写作的学生就可以作为样本。再如，在某中等城市普通高中担任高中三年级体育教师的人，就可以算是关于高三体育教学研究中的样本。与研究群体相比，样本中包含的人数比较少，可以是几百人、几十人，甚至是十几个人。

对于教育学研究者们来说，对研究群体中所有的人进行调查、实验等是费时、费力，甚至是不切实际的。于是，如何选择一个具有可操作性的、数量合理的样本，便成为了非常重要的工作。我们将在研究群体中抽取样本的工作称为抽样。接下来，我们一起来认识一下几个量的研究中常用的抽样方法。

(1) 简单随机抽样（simple random sampling）：此方法的目的是保证研究群体中所有的人都有被抽到的可能。例如，将某市所有大专生按照学号从 1 开始排列起来，然后从中随机抽取 100 名、200 名，或研究所需的任意数量的学生进行研究。

(2) 分层取样 (stratified sampling): 在研究群体中，根据下属的子分类分别随机取样的方法。例如，在一个综合型大学里做关于公共课的研究，研究者可以按照不同学院分别抽样。在人文学院抽取 50 名，外语学院抽取 40 名，数理学院抽取 80 名，等等。

(3) 丛聚抽样 (cluster sampling): 按照自然形成的群体，在研究群体中随机抽样的方法。例如，当研究某省民办小学的时候，将所有民办小学从 1 排列起来，随机抽取 5 个或 8 个学校，然后研究这些学校里所有的学生。

(4) 系统抽样 (systematic sampling): 此方法是另外一种随机抽样的方式。例如，将研究群体中所有的人进行编号，从 1 编到 1000 号，然后抽取每一个以 4 结尾的号，如 4、14、24、34、…、974、984、994，将抽中的人集中起来作为研究的样本。

(5) 方便抽样 (convenience sampling): 此方法一般被认为是效果最弱的一种抽样方法。例如，一个研究者想要研究关于幼儿园教学的问题，他只抽取了自己所在社区的幼儿园里的教师作为样本进行了研究。

(6) 目的抽样 (purposive sampling): 从研究群体中选取典型的、具有代表性的一组或几组进行研究的方法。例如，某研究是关于高中教学设施与教学效果的，研究者从全市 30 余所高中当中，抽取了 2 所教学条件最好的、4 所条件一般的和 2 所条件最差的高中放在一起，作为其研究的样本。

以上是教育和心理研究中常用的集中抽样方法。新手研究者常常遇到这样一个问题，样本中到底包含多少人才算是所谓的“样本足够大”呢？这个问题的关键在于理解到：对于一个研究的样本来说，抽样时是否随机、是否具有足够的代表性反而要比样本本身的大小更重要。在一个研究中，100 个人的、可以代表整个研究群体的样本，总是会比 500 个人的、不具有代表性的样本要好得多。因此，研究者只要根据研究的条件和自身的特点，努力提高样本的质量，比一味费时、费力、费钱地追求样本的数量要有更高的效率。

第二节 实验研究

我们在教育或心理科学领域内所说的实验研究，一般指的是研究者通过控制相关的变量，操纵一个或多个独立变量，然后观察、测量非独立变量发生的变化、效果等的研究。进行实验研究的关键在于：在某一种特点的条件下，系统地、有计划地让事物发生变化，然后观察、测量事物变化的结果。实验研究的最终目的是让研究者确定两个或多个变量之间，是否有一定的因果关系。因为实验研究必须在严格的、系统的控制下进行，所以人们通常认为，相比其他种类的研究，实验研究提供了最可靠、最令人信服的研究证据。

用简单的六个字就可以概况实验研究的基本特点：控制、操纵、测量。接下来，我们将通过一个例子来解释一下实验研究的特点。

例 7-1 为了研究一种新的物理教学方法，研究者将某学校高一的 100 名学生，按照中考的物理成绩由高到低排列起来，用 1～100 为其进行编号，并让所有的单号学生组成 1 班，双号学生组成 2 班。然后由一名物理教师，在同一本课本的基础上，对 1 班的学生使用新的教学方法，对 2 班的学生使用传统的教学方法。在为期一个学期的研究中，两个班的学生在平日小测验，以及期中、期末的物理考试上，使用的是完全一样的卷子。研究者收集了这些测试的答卷、分数，作为研究的原始资料。

实验研究的核心就在于控制相关的变量。从以上例子我们可以看出，研究者通过根据成绩排序，然后按照单双号分班的方法，最大程度上保证了参加研究的两个班的学生的整体基础是相同的。另外，两个班的物理课由同一位教师担任，使用的又是同一本教材，也在最大程度上控制了可能会影响到学生成绩的重要因素。研究者的一切努力，一切对于变量的控制，都是为了使两个班学生受到的仅仅是不同教学方法，而非其他教学方法之外的因素的影响。如此一来，如果经过一个学期的研究，最后 1 班学生的成绩高于 2 班的学生，研究者可以得到令人信服的结论：新教学方法是有效的。

实验研究的关键在于对同样的研究对象采用不同的手段、方法、措施，或是提供不同的资料、条件、环境等。在上面的例子中，研究者所操纵的一个变量就是教学方法。对 1 班使用新的教学方法，对 2 班坚持传统的教学方法。因此，此实验可以为研究者提供两种教学方法令人信服的比较结果。

实验研究的最后结论必须是由可靠的测量方法所保证的。在上面的例子中，如果两个班的学生接受测验时使用的是不同的卷子，他们之间的成绩对比就很成问题了。研究者使用同样的测量手段，并且在平日、期中、期末进行多次测量，在很大程度上保证了研究结果的可靠。

教育学研究中的实验研究的设计是多种多样的，一般由研究者根据需要灵活调整。上面的例子里讲的是使用两个班级来测量一种新的教学方式。研究者还可以增加研究对象的数量，以及进一步设计更加完善的步骤来测量。例如，研究者需要通过实验研究来改革计算机教学。首先将同一年级的 200 名学生随机分配到 4 个班级中，确保 4 个班学生的整体起步水平相当。然后在 1 班使用新的教材、新的教学方法，在 2 班仅使用新的教材，在 3 班仅使用新的教学方法，在 4 班坚持传统的教材和教学方法。通过平日测验、期中考试、期末考试，对 4 个班级进行统一的测量。如此一来，在研究结束的时候，研究者就可以通过收集到的数据得出，到底是新教材、还是新的教学方法，还是两者共同提高学生成绩，或者是坚持传统教法更能提高学生成绩。

实验研究中实验设计容易犯以下两种基本错误。

（1）单组操纵错误，即设计者只对实验组进行实验处理，而对控制组则完全不作处理，最后对实验组和控制组进行实验处理内容的检测。例如，某研究者把60名被试随机分成控制组和实验组，在接下来的6个月中对实验组进行每周一次2小时的乐观能力的团体辅导，对控制组则不作任何处理，而是由其进行正常的学习与生活。一学期结束之后，对两组被试进行乐观能力的检测，发现实验组与控制组之间存在显著性差异，因此证明乐观能力团体辅导促进了学生的发展。

这种实验设计最大的错误就在于只对实验组进行了操纵，而对控制组则完全不进行操纵，而事后又以实验组操纵内容作为检测指标。

（2）单组组内重复测量错误，即对一组被试进行时间段操纵之后进行重复测量，然后根据测量结果得出结论。很多教育学和心理学方面的实验研究由于涉及的时间较长，无关变量又不容易控制，一些研究者就只设置实验组，然后进行重复测量，这种实验设计也是错误的。

例如，有研究者对小学2年级的一个班学生进行每周一次2小时的乐观能力团体辅导，一年之后，进行重复测量，发现这个班的学生学习成绩更好了，性格发展也更优良了，因而得出“乐观能力团体辅导能有效促进学生发展”的结论。这种设计的错误在于忽视了其他变量有可能对学生发展产生影响，在这个实验研究里，如学生年龄的自然增长、生活经验的增多、老师的其他特质等因素都有可能对学生的发展产生影响。实验研究一定要设置控制组或对照组，同时要尽可能对实验组和控制组进行严格控制，确保两组的各种其他状况完全一致，只有一个操纵的方法或内容不一样。也就是说，实验组与控制组只能有一个方面的东西不一样，两组的其他各方面要完全一样，这样的研究才能真正说明问题，实验研究如只对实验操纵组进行重复测量一般都不会得到准确的实验结果。

第三节 非实验研究

一、事后追溯研究

老师们常常有这样的疑问：“在同一个学校上学，家庭条件差不多，智力水平相当的学生，为什么学习成绩差别很大?”或者是：“男生和女生之间，在数学这一学科的学习上，真的有很大不同吗?”如此种种的问题，都是在教育实践中常见的，然而用实验研究方法似乎无法解决的问题。实验研究虽然是教育学研究中最严谨、得出的结论最有说服力的研究方法，但是也有其局限性。比如说像刚才所说的第一个问题，因为我们无法得知是什么原因造成了条件相当的学生的成绩差别大，所以就无法设计一个实验场景，通过控制相关因素、变量来测量。又比如说第二个问题，不管男生和女生之间在学数学时到底有没有很大差别，作为研究者也无法控制这两类学生与生俱来的特点。总而言之，当研究问题涉及一些所谓的“属性独立变量（attribute independent variables）”，如学生的家庭环境、学习兴趣、智力条件、父母影响、性别、年龄等，研究者需要采取一种不同于实验研究的，专门研究由研究对象特征、属性决定的，我们所谓的“事后追溯研究”。

事后追溯研究主要有以下几个特点：第一点，研究者需要准确地陈述与研究者属性相关的研究问题。例如，家长对待学习的态度是否对学生成绩起至关重要的影响？或者，七八岁的孩子比五六岁的孩子更加有合作意识？凡是需要通过事后追溯研究来回答的研究问题必定需要与研究对象的某种属性相关。第二点，选择具有不同属性的两组，或两组以上的研究对象进行比较。比如说，可以先对同一个年级的学生家长做调查，将其分为非常重视、一般重视、不重视三组，然后将三组家长的孩子的成绩进行比较，看看是否有决定性的差别。第三点，当使用研究结果解释问题的时候，要考虑到多种可能性。例如，在一项网瘾与学习成绩的关系的研究中，研究者发现，网络成瘾的学生往往在校的学习成绩都很低。于是有的研究者做出了解释，网络成瘾导致学生成绩降低。但是，另外的研究者经过仔细研究发现，很多学生是因为本身学习成绩很低，在学校里找不到成就感，才放纵自己沉迷于上网的。因此，虽然网瘾和学习成绩低之间有很强的联系，但是我们不能一口咬定，到底哪一项是最为根本的原因。

与实验研究相比，事后追溯研究不能够有效控制所有的因素，因此在最后下结论的时候，往往无法准确地断言变量之间的因果关系，提供给教育与心理科学研究的证据的效果和可靠度要弱于实验研究的结果。然而，因为事后追溯研究是专门针对研究对象的属性所设计的，在很大程度上填补了实验研究的空白，只要研究者们在设计、实施、解释的过程中尽量考虑全面、避免明显的缺陷，事后追溯研究也可以成为研究者手中不可缺少的一把利器。

二、相关研究

相关研究是一种与事后追溯研究相类似的非实验研究。相关研究与事后追溯研究的相似之处在于，两者所使用的数据资料都是在一些无法由人工操纵的变量影响下产生的。与事后追溯研究相比，相关研究不是比较不同组、不同类型、不同性质的几类变量，而是比较同一组内部，两个及两个以上的变量之间的关系。事后追溯研究寻求的是变量之间的因果关系，而相关研究寻求的是变量与变量之间关系的强度。打个比方来说，一项事后追溯研究想要确认家长对待学习的态度是否影响孩子的学习成绩，而一些相关研究则寻求家长所接受的正式教育的年数是否与孩子的学习成绩成正比增长。在相关研究中，变量之间的关系有：①正相关，一个变量随着另一个变量的增长而增长；②负相关，一个变量随着另一个变量的递减而增长；③零相关，一个变量的变化跟另一个变量之间没有什么联系。

相关研究在教育学领域内的应用也比较广泛。首先，相关研究可以用来测量有关一个事物、事件、人等的几个变量之间的关系。例如，我们可以做这样一个研究，学生的数学水平跟其电脑运用的水平是否有关系，有怎样的关系？再如，小学生的课外阅读量与其语言表达能力之间是否有关系，有怎样的关系？其次，一旦两个变量之间的关系被确定，研究者可以用一个变量的数据来预测另外一个数据。例如，研究表明，学生高中阶段的理科成绩，与其在大学高等数学公共课的成绩成正相关的关系。那么，如果我们获得了一届大学新生在高中期间的理科成绩，就可以比较准确地预测他们未来的高数成绩。

与实验研究的设计相比，相关研究的研究设计一般都比较直接。研究者需要提出一些关于变量之间关系的问题作为相关研究的研究问题。同学们可以在一些教育学理论、前人研究成果或者自己对教育实践的观察等方面获得关于其研究问题的灵感来源。有一点需要注意的是，相关研究中有关变量的数据的准确度直接决定了变量之间相关的程度。比如说，在测量学生数学水平与电脑运用水平直接的关系时，如果研究者对学生数学水平的测试过难或过容易，就会直接影响到两个变量直接的关系。因此，在测量每一个变量的时候，都要保证数据准确、难易适中。

三、调查研究

在教育学研究中，当遇到涉及人们的想法、意见、建议、观点等的研究问题时，或是关于人的属性（如年龄、性别、教育水平、经济收入水平）与其所做出的选择之间的关系时，研究者们经常采用调查研究的方法。调查研究是一项被社会学、心理学、政治学、教育学等各个学科所广泛采用的研究方式。与前面我们所讲到几种量的研究方法相比，调查研究一般不会追求变量之间的因果关系，而是集中描述关于某个群体的许多变量的分布情况。例如，研究者采用实验研究检测某新的教学方法是否起作用，或采用事后追溯研究确定学习成绩高的群体是否受了新的教学方法的影响，或采用相关研究的方法检测使用新方法的时间长度与学生进步的速度之间是否相关以及如何相关。而如果研究者想要知道全校或整个地区的教师与学生对于新的教学方法的体验、意见和建议，或想要知道在众多使用新方法的教师中，年轻教师、中年教师与年长教师占多少比例时，就会使用调查研究的方法。

与很多其他研究方法相比，调查研究有着相对投入时间短，成本低，涵盖的研究对象多，获得信息多，执行起来比较容易等优点。调查研究往往被划分为以下几个步骤来进行。

1. 计划

研究者们首先需要的是一个或多个必须用调查研究才能很好地回答的研究问题。例如，某市初中班主任群体对于现行的处理违纪学生的措施有什么看法、意见和建议？或是，某校高中生中有多少参加课外辅导班，所参加的辅导班都具有什么特点？总之，调查研究中的研究问题，必须是涉及由研究对象自己报告的行为、情感等信息的问题。

2. 定义研究群体

定义研究群体是调查研究中非常重要的一步。研究者必须在研究一开始就确定：调查研究的对象群体是什么？群体中大致有多少人？群体的心理特点、所属阶层、兴趣偏好是什么？群体的普遍文化水平是什么？只有研究者回答了这些问题，才能为接下来合理取样、设计有效问卷等一系列工作打下良好的基础。

3. 抽样

一般说来，调查研究中的目标群体指的是非常多的一群人。为了研究者在有限的时间、精力、经费下获得理想的研究结果，必须进行有效的抽样工作。抽样的结果是否有效，关键在于样本对于研究群体是否有代表性。

4. 设计问卷

调查研究工作中的主体就是设计调查问卷。问卷中问题的数量要适当。问题的量太少研究者便无法获得足够的信息，问题量太大则会使研究对象感到厌烦、失去兴趣，最终半途而废或草草了事。另外，提问所使用的语言要难易适中，一般采用通俗易懂、没有歧义、不含专业术语的语言，以确保研究对象不致产生误解。

调查研究中问卷上的问题一般包含以下几类。

(1) 完全开放型的问题或填空题。例如，您的年龄是多少岁？或您的年龄是(　　)岁。

(2) 单项或多项选择题。例如，请选择您关于安全知识的主要来源？
a. 老师；b. 父母、家人；c. 朋友；d. 网上；e. 电视；f. 书、报纸、杂志；g. 其他。

(3) 满意度或同意度问题 (likert-type)。例如，请问你对在幼儿园阶段进行大量的文化课教育的看法是？①非常反对；②反对；③中立；④支持；⑤非常支持。或者，你对校园网的技术支持感到？①非常满意；②满意；③一般；④不满意；⑤非常不满意。

(4) 排序问题。例如，请将下列的信息来源按照可信度从 1 到 8 排序：①课本；②新闻网站；③电视节目；④报纸杂志；⑤网络论坛；⑥科普读物；⑦专家讲座；⑧亲友叙述。

在编写问题的时候，研究者还要注意避免导向性的问题，例如，“您赞同教师对破坏课堂纪律的学生放任不管吗？”之类的问题本身就含有明显的偏向。在编写问题选项的时候，研究者尽量要考虑到所有的情况。比如说，在“您所受过的正式教育的形式”这样一个问题下，只列出义务教育、高中教育、本科教育、研究生教育，而没有列出专科教育、特殊教育等形式的话，则会使许多答卷人不知所措。最后，如果研究者在正式使用问卷之前请一些同行、专家进行修改，或直接在一小部分人群中先试验再修改的话，会使自己的调查问卷更加有效。

设计问卷时研究者必须给未来的答卷人写一封简明扼要的知情同意信，加在问卷之前。这封信里主要包括研究的目的、请求提供信息的语言、所提供信息的重要性，以及如何对收集到的信息进行保密、合理利用等。另外，研究者必须在信中提供自己的有效联系方式，单位、学校通讯地址等，并向未来的答卷人表达自己的诚意和谢意。

5. 发放问卷

问卷设计完成后，研究者可以择机发放问卷。常用的发放手段有：实地发放；邮寄问卷；使用电子邮件发放；将问卷放到网页上然后向研究对象提供链接，等等。对于教育学研究者来说，如果能够取得学校、教师等的支持与合作，直接去教室、教师办公室或者家长会等场合的话，会大幅度提高回收率，也在一定程度上保证了研究者答卷的质量。

6. 处理数据

研究者在收集到一定数量的问卷之后就可以开始处理数据。因为有了统计学软件 SPSS 的帮助，当今的研究者可以高效地处理所收集的大量数据。一般说来，使用调查研究的研究者都会具有一定的教育统计知识，拿到填好的问卷之后，会先将各种问题的答案转换成数字，然后输入电脑，然后通过 SPSS 软件的各种功能获得自己需要的答案，最后还是用统计学的知识解释数据分析结果，最终完成调查研究。

第四节　单项研究

在一般意义的实验研究、事后追溯研究、相关研究，以及调查研究之外，还有一种研究者经常会遇到的研究——单项研究。单项研究属于一种实验研究。单项研究的研究对象往往只有一个人，或者很少的几个研究对象合起来充当一个研究的单元。因此，单项研究中不可能出现如被研究者随机抽出的样本，或者两个对照组之类的传统的实验研究的特征。单项研究中的研究对象一般会在实验的第一阶段保持平常的行为，在第二阶段受到研究者进行的有目的的干预，然后在第三阶段回到干预之前的常规中去。研究者通过观察、比较、分析研究对象在三个阶段中的表现，确定其有目的的干预是否真正发生了作用。

单项研究在最近 30 年才作为一个与传统实验研究截然不同的新的研究形式流行于教育学研究领域。单项研究的存在和近年来所取得的成功证明了，在传统的实验研究思维之外，教育学研究自身发展仍具有强大的生命力。在教育学研究实践中，单项研究经常被应用于特殊教育等一些研究者很难找到大量研究对象的领域中。

在单项研究中，经常出现的研究设计方案有 ABA，ABAB 和 ABCACB。例如，研究者想要测量一种教师的言语激励方式是否可以减少学生在课堂上的偏差行为，研究中的学生是一个有学习障碍的学生。在第一阶段，研究者观察和记录该生在平常课堂上与同学说话的次数、专心于教师布置的任务的时间、开小差的频率等。在第二阶段，教师采取了一种特定的言语激励的方式，研究者在这个阶段继续进行观察和记录。在第三阶段，教师返回到传统的教学中去，研究者做观察和记录。最后，研究者将三个阶段的数据进行分析和处理。这就是所谓的 ABA 设计。在 ABAB 设计中，研究者需要做两次干预行为。例如，对于一个智力发展迟缓的孩子，研究者想要确定通过使用符号激励的手段能不能帮助其缩短早上穿衣服的时间。在第一阶段，研究者只做观察和记录，孩子早上穿衣服需要多久。在第二阶段，给这个孩子设定 10 分钟的时间限制，如果能在时间限制之内穿好衣服，就可以获得一枚五角星，然后孩子可以用获得的五角星来换取晚上看自己所喜爱的电视节目的权利。在第三阶段，研究者停止干预，孩子穿衣服没有时间限制，也没有符号奖励，晚上可以随便看电视。在第四阶段，重复第二阶段的干预。最后对比和分析从以上四个阶段中得到的数据。如果说用 ABA 和 ABAB 设计可以测量一种干预手段的话，使用 ABCACB 设计，则可以测试 B、C 两种干预手段的效果。

新手研究者们往往搞不清楚单项研究和案例研究的区别，因为这两种研究都是研究一个人或一组人的。区别在于，单项研究是实验研究，属于量的研究一种，重点在于研究者对研究对象进行干预，然后检测干预的结果。而案例研究是质的研究的一种，研究者不进行任何干预，仅仅是使用观察、访谈等手段，研究自然状态下研究对象的行为特征等。

当教育学研究者们用各种量的研究方法收集到了原始数据之后，接下来就需要使用统计学来分析、处理、解释原始数据。统计学知识是每一个教育学研究者必须具备的知识。我们不但要用统计学解释自己的研究，还要借助统计学知识才能读懂，甚至评述别的教育学研究者的研究成果。教育学科研工作者们经常使用两种统计学：一种称为描述统计（descriptive statistics）；另外一种称为推论统计（inferential statistics）。

第五节　描述统计与推论统计

描述统计是研究者用来组织、概括、描述所观察、测量到的数据的一种统计方法。下面将简单地介绍一些基本的描述统计所涉及的概念，希望同学们能够有一个大致的了解。

当我们收集到一大堆原始数据之后，首先要做的就是按照测量尺度（scales of measurement）来进行分类。

主格尺度（nominal scale）：在这一尺度下，数字只代表某一特定含义，而没有任何数值，也不可以相加。例如，用1代表所有的女生，2代表男生。或者，用1代表来自于东部的学生，用2代表来自于西部的学生，用3代表来自于中部的学生，等等。

序数尺度（ordinal scale）：这一尺度下的数字仅代表某一类别中资料的排序。例如，最常见的学生成绩的排名。但是，序数尺度下相邻的数字与数字之间的距离并不能保证是一样的。比如说，第1名跟第2名的学生成绩相差5分，但是第2名与第3名之间仅仅相差1分，第3名与第4名之间竟差了10分。

间距尺度（interval scale）：间距尺度下的数字不但代表某一类别中的排序，而且数字与数字之间的距离也是完全一样的。最常见的例子就是温度60℃与70℃之间的距离，和30℃与40℃之间的距离是完全一样的。

比率尺度（ratio scale）：比率尺度下的数字与间距尺度下的一样，并且具有绝对的零点。例如，表示重量、高度、货币价值、距离等的数字。

当数据按照以上四种尺度分类完成后，接下来这些数据会被用特定的形式加以组织。常见的形式有频率分布（frequency distribution）和图形。频率分布一般是指研究者将散乱的数字按照数字出现的频率、次数等从大到小或从小到大排列起来的表格。统计学上图形包括很多种，如柱形图、条形图、折线图、饼图、散点图等。组织好的数字将会清楚、明了地反映出研究者所收集的原始数据的概要。

另外一种组织、概括数据的方法是集中趋势的计量（measures of central tendency），包含常见的概念：①平均数（mean）；②中数（median）——所有的数字按照大小排列之后最中间的数字；③众数（mode）——所有数字中出现频率最高的数字等。研究者还可以用所有的数据画出一个分布图来，如果是两头低中间高的分布称为正态分布，如果是一侧偏高，则称为偏态分布。

除此之外，描述性统计还包括通过测量数据的范围、方差、标准方差来描述数据的属性；通过测量数据的标准分来确定某数字在全体数据中的位置；描述数与数之间的相关系数等方式，描述、概括、分析从研究中所获得的各种数据。

推论统计是教育学研究者们经常使用的另外一种处理数据的统计学工具。推论统计一般帮助研究者分析通过测试样本而获得的数据，从而推断出被研究的群体的整体情况。例如，研究者仅仅在某市的3所中学做了一个关于新的教学方法的实验研究，但通过推论统计的分析，研究者大胆地推断出如果在全市所有30所中学使用这一教学方法会取得的效果。与描述统计相比，推论统计的使用方法更加复杂，研究者必须经过专业的训练才能掌握其要领。

在使用统计推论的时候，研究者先要进行假设（the null hypothesis），如“某教学方法是有效的”，那么相对的假设就是“不能证明某教学方法是有效的”，然后测试哪种假设成立。另外，显著水平（level of significance）也是关系到研究结论的一项重要数据。假设，显著水平的值设置在0.5，那么如果统计结论表明所得的值高于0.5时，即使数据表明“某教学方法是有效的”，也会因为显著水平的问题而被视为无效的结论。除此之外，推论假设还包括常用的几种测试：T检验（t test），方差分析（analysis of variance，ANOVA），以及长方检验（the chi-square test）等。这些测试都是来帮助研究者确定两组数据的差别是否重要，两组或两组以上的数据在只有一个独立变量、有两个独立变量的情况下是否有重要差别等。

总而言之，量的研究方法在教育与心理科学研究中得到了最为广泛的应用，由严格进行的量的研究得出来的研究成果已经为全世界的教学学者所认可。因此，不论同学们想要借鉴别人的研究成果，还是打算设计自己的量的研究来测试假设、获取知识，都需要进一步学习更多的统计学知识。

思考、讨论、练习、提高

（1）以自己构思的一个量的研究为例，跟小组同学讨论一下研究群体是哪些人？应该如何进行相应的抽样？在可预见的抽样过程中会遇到怎样的困难？

（2）构思一个自己感兴趣的实验研究，以此为例，向小组同学说明该研究中作为研究者是如何控制、操纵、测量变量的。

（3）根据自己对于教育实践的初步理解，设想一个事后追溯研究，并且与同学讨论一下相关特点。

（4）请用具体事例解释一下，两种非实验研究——事后追溯研究与相关研究的异同点。

（5）根据相关研究的特点，构思一个自己感兴趣的研究，然后与小组同学分享你的例子。

（6）请同学们回想一下自己做过的问卷，谈一谈调查研究在教育学研究中的作用。

（7）构思一个自己的调查研究，用来回答一个自己感兴趣的研究问题。与小组同学分享你的构思，并且讨论一下可能会遇到哪些困难。

(8) 什么是单项研究？你认为什么样的研究问题可以使用单项研究来回答？

(9) 什么是描述统计？描述统计可以怎样展示数据？

(10) 什么是推论统计？

运用案例

例 7-2 以下是一个由杨新晓和陈殿兵设计并实施的调查问卷实例。同学们可以体会一下一个简单的问卷（A4 纸一页）中必须包含的部分。

亲爱的同学们：

非常感谢大家参与此次对于当前大学课堂普遍情况的调查。请在每个问题后面标注你的观点。同学们反映的情况将极大地帮助我们研究并改进课堂教学质量。

祝新年快乐！期末考试顺利！

课堂教学研究项目组

2015.1.6

问题	非常赞同	赞同	不赞同	非常不赞同
1. 我在中小学时养成的学习习惯不适用于大学阶段的学习				
2. 目前的大学课堂在本质上还是“老师讲、学生听”				
3. 只要能“不挂科”，课堂上发生什么事情都不重要				
4. 一般来说，我有课前预习的习惯				
5. 即使没有小组活动，我也乐意积极参加课堂讨论				
6. 大部分教师在课堂上还是以灌输知识、讲授为主				
7. 我已经感到强烈的就业压力				
8. 平日成绩比重加大有利于提高我的学习质量				
9. 我感觉教师普遍欠缺教学热情				
10. 我经常对课堂内容丧失兴趣				
11. 在课堂上，大部分教师能够给予学生足够的表达观点、交流看法的机会				

续表

问题	非常赞同	赞同	不赞同	非常不赞同
12. 我很难抵制手机、网络的诱惑				
13. 课堂内容理论太多，实用部分不足				
14. 我认为同学之间以竞争关系为主				
15. 多数课堂的教学节奏拖沓				
16. 除非为了考试或作业，我不会主动进行复习				
17. 如果一堂课很无聊，我宁可刷手机或做其他事情				
18. 当前大部分的课堂教学能够帮助开发我的想象力、创造力、思辨力				
19. 我喜欢上课多于自己自学				
20. 我认为当前课堂教学需要彻底改革				
性别：男　　女	年级：大一 大二 大三 大四			
年龄：今年我（　　）岁	专业：我的专业方向是（　　　　）			

第八章　关于效果量

教育或心理学的量的研究一定会获得一定的数据（量），对这些数据的处理一般属于统计和测量范畴，相关的内容在统计和测量这一学科中会有详细讲述，在这里不再一一详细论述。有些人常常面对大量的数据不知道用什么方法去处理，这就需要研究者掌握其中的一些基本规律。一般来说，在相关研究中，如果研究的两个变量是连续性变量（可以用连续的数值来表示这个变量在属性上的特征），就可以用皮尔逊积差相关或者一元回归对数据进行处理；如果研究的两个变量中有一个是类型变量（有时也称名称变量，该变量指标的数值具有有限性和间断性），那就可以用 F 检验（方差分析）来对数据进行处理；如果研究中的两个变量均是类型变量，通常可以用卡方检验或者列联表方法来对数据进行处理。有关具体统计方法与技术方面的内容不属于本课程研究的范畴，相关内容请参阅教育和心理统计课程方面的内容。

但在过去的统计与测量学科中很少讲到效果量（effect size）这个问题，而效果量又是现在量的研究中一个最重要的指标，所以本章就单独对效果量这一问题做一详细论述，以补充许多同学对这一内容了解的不足。

在一般的行为科学实验中，人们进行推论统计时，兴趣主要在于实验中的自变量是否对因变量有显著性作用，即 p 值是否小于显著性水平（一般为 0.05）。若 p 值小于显著性水平，则实验者便认为该实验达到了实验目的。但他们忽视了这样一个事实：实验中的样本量会对实验结果产生重要影响，当样本量很大时，即使自变量对因变量的作用实际上并没有显著性影响，但 p 值仍然可能小于显著性水平。如此将造成实验中资源的巨大浪费，人们需要一个不受样本量影响但能够测量自变量效果的量数，“效果量”便由此产生了。

第一节　效果量的相关概述

一、效果量的定义和特征

效果量是指研究中自变量和因变量之间关系强度的大小，反映因变量的变化在多大程度上是由于自变量的变化而引起的。Cohen（1988）指出，效果量是某一特定总体中的某特殊非零数值，这个数值越大，则相应的由实验者所操作的研究现象产生的效果也越大。效果量与实验中的虚无假设之间的关系为：当虚无假设被接受（即 H_0 为真）时，效果量的值为零；当虚无假设被拒绝（即 H_0 为假）时，效果量为非零值，且非零值越大，虚无假设的均值与备择假设的均值间的距离越远。

相对于传统行为实验中的 p 值，效果量具有一些优于 p 值的特点，首先一个特点是效果量不依赖于样本大小。p 值的大小会极大地依赖于样本量，样本量越大，则 p 值会趋于变小。以权朝鲁（2003）文中的例子为例，研究某种心理治疗对治疗忧郁症患者是否有效，实际结果是实验组比控制组平均高 4 分，实验组与控制组的取样人数都是 15 人，两组的标准差都是 8，那么检验的结果显示差异不显著，但是当两组的样本量增加到 135 人，两组的平均数之差和标准差都不变时，差异却极其显著。所以，如果通过 p 值的大小而下结论说此治疗方法对于治疗忧郁症有显著作用会产生极大的误导。而效果量则克服了此不足，效果量可以独立于样本容量而计算实验的实际效果，见表 8-1。

表 8-1　t 值随着样本容量的变化而变化

N	M_1-M_2	SE	t	df	p
15	4	8.0	1.37	28	0.19
35	4	8.0	2.09	68	0.05
135	4	8.0	4.11	268	0.0001

效果量的第二个特点是它是一个纯净值（pure value），即它没有测量单位，它反映的是虚无假设 H_0 和备择假设 H_1 之间的差异大小，如此则可以将效果量用于不同研究之间进行比较。例如，在两独立样本 t 检验中，其效果量指标为 d（详解见下文），若 $d=0.25$，则意味着不管两样本数据的单位是英尺、厘米还是其他单位，两样本均值之间的差异均为 1/4 个标准差，其他相关例子可见 Cohen（1992）一文。在大多数行为实验中，许多变量本身便缺乏具有实际意义的单位，故一个比较合适的能够反映实验处理效果的量便是效果量。

二、使用效果量的原因

一般的统计检验方法都是基于虚无假设的显著性检验（null hypothesis significance testing，NHST）进行的，但是这种方法目前被越来越多的学者所批评，NHST 在统计推断中无法为人们提供效果量大小的估计值和此估计值及其置信区间的精确大小这两个重要的信息点，它只能告诉我们在假定某虚无假设为真的情况下，实验者所观察到的数据的概率大小，即 p 值，然后在此 p 值基础上做出接受或拒绝虚无假设的决定。Nakagawa（2007）对使用效果量的原因概括为以下两点。

第一，虚无假设检验会产生误导。主要表现在：①虚无假设在真实的世界中很少能够成立，唯一可能成立的情况是当实验者获得的数据是类别数据时，如性别比例可能会精确得相等。假如我们要测量某一拥有大量被试群体 A（如 1000 人）的反应时，采用传统的统计方法从群体 A 中随机抽取一些被试进行分析，发现被试的反应时不存在性别差异，由此得出虚无假设为真的结论。然而，如果我们对群体中的所有个体逐一进行测量，毫无疑问，我们将会发现反应时在不同性别之间存在差异。不存在差异的原因是测量精确性的选择问题，被试可能在 0.1s 上很接近，但在 0.01s 上则相差很大。②虚无假设的 NHST 只能做出拒绝抑或是接受此假设的二分决定，而无法去评估此假设本身的可能性。大多数的研究者在其实验中均提出了一个模糊的虚无假设，而很少仔细地去审视实验假设是否恰当。假如理论 A 认为 X 对 Y 有显著影响，实验也证实了该论断是正确的，以往的研究做到此便结束了。但这是有缺陷的，因为理论 B 也同样预测了 X 对 Y 产生显著影响，并且可能比理论 A 切合实验数据，如此我们应该选择理论 B 作为虚无假设，而不是理论 A。NHST 的二分决定在各理论假设的比较中就显得异常乏力。

第二，效果量及其置信区间相结合具有其他统计指标（如 p 值）无法比拟的优势。效果量和置信区间的结合，不仅可以提供传统的统计显著性信息，而且还提供了 p 值不能提供的额外信息，它可以根据数据进行有效的统计推断，使实验结果得以更好地为人所理解。例如，一个均值差为 29，置信区间为［－1，59］，在 0.05 的显著性水平是不显著的，因为该置信区间包括了零；另一个均值差为 29，置信区间为［9，49］，在 0.05 的水平上则是显著的，因为该置信区间没有包括零。如果只用 p 值进行统计推论，则我们只能得到第一种情况不显著和第二种情况显著这样一个相对抽象的结论。

三、效果量的类型

不同的实验条件有不同的效果量指标，从总体来讲，效果量有三大类型：差异类型、相关类型和概率比值类型。其中，差异类型包括 Cohen 的 d 统计量，Hedges 的 g 统计量和 Glass 的 delta 统计量；相关类型包括皮尔逊积差相关、斯皮尔曼等级相关、点二列相关、Φ 相关等；概率比值类型包括相对风险指数。下面我们将具体介绍效果量的各个类型。

1. 差异类型

差异类型有时也指标准化的均值差异，它的主要使用情况是自变量为分类变量，因变量为连续型变量，如独立样本和配对样本 t 检验、方差分析等情况。对于 d 统计量，Cohen（1988）将其定义为两样本均值之差除以其中某一样本的标

准差。其计算公式为

$$d=\frac{M_1-M_2}{\sigma_{\text{pooled}}}$$

$$\sigma_{\text{pooled}}=\sqrt{\frac{\sigma_1^2+\sigma_2^2}{2}} \tag{8-1}$$

其中，M_1 和 M_2 分别为样本 1 和样本 2 的平均数；σ_{pooled} 为两样本的联合标准差；σ_1 和 σ_2 为样本 1 和样本 2 的标准差。

当两样本相互独立时，可以通过测验得到的 t 值计算相应的效果量 d，其对应的公式为

$$d=\frac{2t}{\sqrt{df}} \tag{8-2}$$

或者

$$d=\frac{t(n_1+n_2)}{\sqrt{df(n_1\ n_2)}} \tag{8-3}$$

其中，df 为 t 检验中的自由度；n_1和 n_2分别为样本 1 和样本 2 的被试人数。

当两样本人数一样时，用式(8-2)计算 d 值，两样本人数不一致时，用式（8-3）计算 d 值。

关于效果量大小的评价标准，Cohen（1988）认为对两独立样本的均值之差进行显著性检验时，用 d 统计量作为其效果量指标，同时 Cohen 也给出了 d 统计量大小的标准：$d=0.2$，效果量小；$d=0.5$，效果量中等；$d=0.8$，效果量大。详细标准见表 8-2。

表 8-2 d 统计量的解释标准

标准	效果量	百分等级	不重叠的百分比/%
大	2.0	97.7	81.1
	1.9	97.1	79.4
	1.8	96.4	77.4
	1.7	95.5	75.4
	1.6	94.5	73.1
	1.5	93.3	70.7
	1.4	91.9	68.1
	1.3	90	65.3
	1.2	88	62.2

续表

标准	效果量	百分等级	不重叠的百分比/%
大	1.1	86	58.9
	1.0	84	55.4
	0.9	82	51.6
	0.8	79	47.4
中等	0.7	76	43.0
	0.6	73	38.2
	0.5	69	33.0
	0.4	66	27.4
	0.3	62	21.3
小	0.2	58	14.7
	0.1	54	7.7
	0.0	50	0.0

从表 8-2 可以看出，效果量也可以看成是实验组均值相对于控制组均值所占的百分等级，效果量为 0.5 时，意味着实验组的均值 μ_1 处于控制组的第 69 个百分等级。同时，效果量也可以解释为实验组得分与控制组得分的不重叠的百分比，$d=0.5$，则实验组的得分分布与控制组的得分分布间不重叠的百分比为 33%。表明效果量指标 d 值越大，重叠程度就越小，两样本均值之差的显著性检验效果便越明显。

Hedges 的 g 统计量是一个推断性的测量值，g 统计量的计算公式与 d 统计量类似，只是其所用的标准差为组内均方的平方根。

$$g=\frac{M_1-M_2}{S_{\text{pooled}}} \tag{8-4}$$

$$S_{\text{pooled}}=\sqrt{MS_{\text{within}}}$$

g 统计量同样也可以运用 t 统计值计算得到，具体为

$$g=\frac{t\sqrt{n_1+n_2}}{\sqrt{n_1 n_2}} \tag{8-5}$$

或

$$g=\frac{2t}{\sqrt{n}} \tag{8-6}$$

式(8-5)用于两样本人数不相等情况，而式(8-6)用于两样本人数相等情况。

d 统计量和 g 统计量之间存在函数关系，其关系为

$$g = \frac{d}{\sqrt{N/df}} \tag{8-7}$$

因此，当我们知道其中一个效果量指标时，可以通过此公式计算另外一个效果量指标。

Glass 的 delta 统计量被定义为实验组和控制组的均值之差除以控制组的标准差，公式为

$$\Delta = \frac{M_1 - M_2}{\sigma_{\text{control}}} \tag{8-8}$$

其中，M_1 和 M_2 为实验组和控制组的平均数；σ_{control} 为控制组的标准差。

2. 相关类型

相关类型（r-类型）运用范围相对比较广泛，很多采用量表进行调查研究的方法就属于此类型，如考察大学生社会支持和孤独感之间的相关关系的效果量指标便隶属于相关类型。当自变量为二分变量而因变量为连续型变量时，可以用点二列相关的值 r_{pb} 作为效果量指标；当两个变量均为连续型变量时，用皮尔逊积差相关的值 r_{xy} 作为效果量指标；而当两个变量均为二分变量时，Φ 系数可以作为效果量的值；在回归方程中，我们可以用决定系数 R^2 或 η^2 系数作为效果量值。

相关类型效果量的值 $r_{Y\lambda}$ 可以通过 t 值、d 统计量和 g 统计量三者分别计算得到，其计算程序为

$$r_{Y\lambda} = \sqrt{\frac{t^2}{t^2 + df}} \tag{8-9}$$

$$r_{Y\lambda} = \frac{d}{\sqrt{(d^2 + 4)}} \tag{8-10}$$

$$r_{Y\lambda} = \sqrt{\frac{g^2 n_1 n_2}{g^2 n_1 n_2 + (n_1 + n_2)df}} \tag{8-11}$$

效果量指标 $r_{Y\lambda}$ 的效果大小的评价标准为：当 $r = 0.1$ 时，效果量小；当 $r = 0.3$ 时，效果量中等；当 $r = 0.5$ 时，效果量大。

3. 概率比值类型

当自变量为二分或连续型变量，因变量为二分变量时，我们可以使用概率比值类型的效果量指标，相对于前两种效果量类型，此类型的使用范围没有那么广泛，其使用情况包括列联表数据、logistic 回归模型、对数线性模型和生存模型。对于相对风险指数的计算公式，我们将列举以下例子来说明：有两群体 A 和 B，二者总人数均为 100 人，此 200 人参加一项只有两种结果的实验研究，得到结果如表 8-3 所示。

表 8-3　200 名被试参数某一实验的结果

	结果一	结果二	合计
群体 A	a	b	100
群体 B	c	d	100
合计	$a+c$	$b+d$	200

此次实验中，研究者更关注得到结果一的人数比例，则结果一的相对风险指数为

$$OR=\frac{p_1/(1-p_1)}{p_2/(1-p_2)}=\frac{ad}{bc} \tag{8-12}$$

其中，OR 为相对风险指数；$p_1=\dfrac{a}{a+b}$；$p_2=\dfrac{c}{c+d}$。

当然，效果量除了上述三个类型之外，还有一些非标准化的效果量指标，如回归系数等。回归系数作为效果量指标将在后面给予详细讲解，这里就不再作具体介绍。上述三个类型特别是前两个类型几乎可以从所有的实验研究中计算得到，并且对于元分析而言，这两种类型的效果量指标的计算是必不可少的，本章将主要以此二者为主要内容进行讲解。

四、效果量与其他相关概念间的关系

1. 效果量与显著性检验

显著性检验和效果量之间存在正相关的关系，Rosnow（2009）将此二者间的关系描述为

显著性检验＝效果量×样本大小

此公式表明，任何的显著性检验值均可以分解成两个组成部分，一部分为效果量，另一部分为研究的样本量。因此，在样本量固定的情况下，效果量的值越大，则实验效果越显著；同样，在效果量确定的情况下，样本个数越多，实验效果也越显著，p 值越小。但是，由于效果量 d 的取值为 $[0, +\infty]$，若 $d=0$，则即使实验的样本量再大，其实验效果的显著性和小样本情况下的实验效果显著性也是一样的。与此同时，效果量的置信区间也会受到样本大小的影响，样本量越大，则区间范围越小，估计也越精确。因为在置信区间的计算过程中使用了样本的标准差，而样本量越大，其测验估计值则越接近其真值，标准差便越小，相应的估计便越精确。

2. 效果量与统计检验力

在心理科学研究中，人们在进行实验研究之前，往往先设定一个虚无假设 H_0，H_0 是指各样本的实验数据之间没有差异，而将虚无假设的对立面设为备择

假设 H_1——各样本的实验数据之间存在显著差异。实验中，无论是接受还是拒绝虚无假设 H_0，都有可能做出错误的判断，当 H_0 为真（H_1 为假），我们却拒绝它时，犯了第一类错误，即 α 错误；当 H_0 为假（H_1 为真），人们却接受它时，便犯了第二类错误，即 β 错误；当 H_0 为假，人们也做出了拒绝它的判断时，则是做出了正确的决策，其概率为 $1-\beta$，此时 $1-\beta$ 便称为统计检验力。统计检验力反映的是人们正确辨认真实差异的能力。统计检验力对实验结果的影响主要有两个方面：一是统计检验力过低会使人们接受错误的理论，从而阻碍知识的发展。统计检验力过低，则人们犯 β 错误的概率增加，致使一些原本错误的虚无假设却被接受，从而使正确的理论被淘汰而无法发展。二是统计检验力过高会降低研究效率。在研究中，有些人为了达到预定的高统计检验力而试图通过增加样本量来达到此目的，从而造成时间和其他资源的极大浪费。Brock（2003）认为，当研究的统计检验力达到 0.8 时，可以有保证地确定总体中存在的现象是可以通过样本检验而得到的。

统计检验力的结果在不同的假设条件下均依赖于显著性水平（α）、样本量（N）和效果量（ES）这三个方面。在样本容量和显著性水平确定的情况下，效果量与统计检验力之间成正比例关系。此四者间，只要确定了其中三个，便可以得出第四个参数。明确了这四个参数之间的关系，对我们的相关研究能够产生极大的影响。对于统计检验力和效果量之间的具体关系，可参考胡竹菁（2010，2011）的相关文章。

五、效果量的意义

效果量作为一个研究指标，日益受到各学科工作者的重视，它的测定对实验研究有着极其重要的影响，Chow 对效果量测定的意义总结为以下四点。

第一，通过效果量可以探测总体中各变量之间的关系，了解自变量对因变量作用的强度。显著性检验只能提供拒绝或者接受的二分决定，不能指出差异强度的确定性信息。同时显著性检验也容易受到样本量的影响，使得实验效果的确定更加困难，变量间关系的强弱也难以明确。使用效果量这一指标则弥补了显著性检验的不足，效果量的计算不受样本大小的影响，可以确定自变量对因变量的作用大小。

第二，效果量的使用可以使研究者针对两个或两个以上的研究结果进行量化上的比较。由于效果量没有单位，故可以将多个实验所得到的效果量相互之间进行比较，从而确定哪个实验设计相对其他几个设计更加优越。效果量的这一特性在实际研究当中也使得评估某一实验效应的实践意义成了可能。

第三，效果量使得元分析能够从一系列的实验研究中获得综合的均值效果量。元分析是基于效果量的一种研究方法，该研究方法是在同一主题、不同研究对其集中趋势和效果量的变异进行评估的基础上而做出的整合。Nakagawa（2007）给出了元分析的以下特性：①依据效果量可以对研究结果形成精确的理解；②效果量报告的日常化，使研究结果可以较简单地囊括进将来的元分析方法中；③新研究得到的效果量与以往的研究得出的效果的比较，可以用来解释新的研究结果。

第四，效果量的计算还可以改进研究设计。如前面所说，一方面，在统计检验力、显著性水平和效果量明确的基础上，我们可以计算该研究所需的样本量；另一方面，当 t 检验的结果不足以做出拒绝虚无假设的决定时，可以计算其效果量，若效果量的值在中等水平以上，此时便可以增加样本容量使研究继续进行。

第二节　效果量的测定

前面我们简单介绍了效果量的三个类型和其计算公式，而在实际生活中，根据研究目的的不同，人们会使用不同的研究方法，故显著性检验的方法也不尽相同，这就要求我们针对不同的实验设计采用与此相应的效果量指标。本节我们将具体介绍不同研究设计情况下效果量的选择和计算。

一、单样本 t 检验的效果量测定

单样本 t 检验用于检验一个样本平均数和一个已知的总体平均数的差异是否显著，其效果量的计算公式为

$$d = \frac{\mu - c}{\sigma} \tag{8-13}$$

和

$$d = \frac{t}{\sqrt{df}} \tag{8-14}$$

其中，μ 为样本平均数，c 为已知的总体平均数；σ 为样本的标准差；t 为实验处理的统计值，df 为自由度。

式(8-13)基于样本的原始数据进行计算，式(8-14)则用样本统计值进行计算。单样本 t 检验相对于两样本 t 检验，由于只有一个样本，不需要计算其联合标准差，故其效果量的计算较为简单，也容易理解。

二、平均数差异显著性检验的效果量测定

平均数差异的显著性包括两样本相互独立时和两样本相互关联两种情况，不同的情况其计算效果量的方法也不同。

1. 两样本相互独立

对于两独立样本，其效果量的计算可以使用上节所介绍的式(8-1)进行计算

$$d=\frac{M_1-M_2}{\sigma_{\text{pooled}}}$$

$$\sigma_{\text{pooled}}=\sqrt{\frac{\sigma_1^2+\sigma_2^2}{2}}$$

例如，已知的条件是

$$M_1=1.004,\ N_1=40,\ \sigma_1=0.628$$

$$M_2=0.589,\ N_2=40,\ \sigma_2=0.645$$

则该实验的效果量为

$$d=\frac{M_1-M_2}{\sigma_{\text{pooled}}}=\frac{1.004-0.589}{\sqrt{(0.628^2+0.645^2)/2}}=0.65$$

即该实验的效果大小为 $d=0.65$，根据 Cohen 的观点，此效果量为中等大小。

当然，我们还可以直接用实验所得的 t 值计算其效果量，计算方法为式(8-2)或式(8-3)。例如，已知 $M_2=100.345$，$M_1=130.230$，$N_2=16$，$N_1=20$，$t=0.887$，$df=34$，则其效果量为

$$d=\frac{t(n_1+n_2)}{\sqrt{df\cdot n_1\cdot n_2}}=\frac{0.887\times(20+16)}{\sqrt{34\times16\times20}}=0.306$$

该研究具有较小程度的效果大小。

2. 两样本相互关联

实际生活中，我们不仅会遇到相互独立的样本检验，而且还会遇到相互关联的样本检验，如考察教师的教学方式对学生在一个学期内的学习情况的影响就会采用相关样本检验。两关联样本效果量的计算公式为

$$d=\frac{|\mu_{x-y}|}{\sigma_{x-y}} \tag{8-15}$$

$$\sigma_{x-y}=\sqrt{\sigma_x^2+\sigma_y^2-2\rho\sigma_x\sigma_y}$$

其中，μ_{x-y} 为配对样本各数据之差的均值；σ_{x-y} 为数据之差的标准差；ρ 为两样本间的相关系数；σ_x 和 σ_y 分别为样本 X 和样本 Y 的标准差。

例如，$M_x=670.841$，$M_y=553.893$，$\sigma_x=126.723$，$\sigma_y=77.241$，$r_{xy}=0.613$，则其效果量为

$$d=\frac{|\mu_{x-y}|}{\sigma_{x-y}}=\frac{116.948}{\sqrt{126.723^2+77.241^2-2\times126.723\times77.241\times0.613}}=1.168$$

该实验的效果量为 1.168，由表 8-2 可知，该值属于较大程度的效果量。

上述方法由于要计算数据差的均值，相对比较复杂，我们可以用 t 值计算效果量大小，方法为

$$d=t_{\text{paired}}\sqrt{\frac{2(1-\rho)}{n}} \tag{8-16}$$

其中，t_{paired} 为配对样本检验得到的 t 值；ρ 为两样本间的相关系数；n 为样本人数。

由于配对样本 t 检验考虑到了两样本间的相关性，用该方法计算得到的效果量往往比两独立样本检验所得到的效果量要大。式(8-15)和式(8-16)都可以用来计算配对样本 t 检验的效果量，只是由于两者的计算方法略有差异，其所得出的 d 值会有所不同。

平均数差异的显著性检验除了可以用 d 统计量计算其效果量之外，还可以用 r 统计值作为其效果量指标，计算公式为式(8-9)。

$$r_{Y\lambda}=\sqrt{\frac{t^2}{t^2+df}}$$

式(8-9)的使用情况是其中一个变量为二分变量，另一个为连续型变量。它既可以计算两独立样本的差异显著性检验，此时其自由度为 $df=n_1+n_2-2$，n_1 和 n_2 是两样本的人数；也可以运用于两相关样本的差异显著性检验，此情况的自由度为 $df=n-1$，n 为成对的样本人数。

三、方差分析中的效果量测定

方差分析是一种应用非常广泛的变量分析方法，其主要用于分析实验数据中不同来源的变异对总体变异的贡献大小，从而确定实验中的自变量是否对因变量有重要影响。方差分析的效果量的测量可以看作是测定其效应值（如主效应、交互效应）和因变量之间的关系。

对于方差分析的效果量指标，目前有以下几个测量指标可以使用，分别是 η^2(eta 方)、η_p^2(偏 eta 方)、ω^2(omega 方)、ρ_I(组内相关系数）和粗体小写字母 f，其中 η^2 和 η_p^2 用于估计样本效果量，而 ω^2 和 ρ_I 则是估计总体的效果。η 是一种相关系数，它可以表示两变量间的直线相关程度，也可以表示两变量间的曲线关系，其范围为[0，1]。η^2 用来解释样本的自变量和因变量关联程度的统计量，其值越大，表明自变量的作用就越大，自变量对因变量越重要。在 SPSS 程序中，计算效果量的指标为 η_p^2 。

根据方差分析的自变量个数差异，方差分析可以分为单因素方差分析和多因素方差分析。下面将具体介绍单因素和两因素方差分析情况下效果量的计算。

1. 单因素方差分析

在单因素方差分析中，只有一个自变量且此自变量有两种以上的处理水平。对于此种类型的效果量的计算，Cohen 认为，可以用 η^2 作为其效果量指标，计算公式为

$$\eta^2=\frac{SS_{组间}}{SS_{总体}} \tag{8-17}$$

其中，$SS_{组间}$、$SS_{总体}$ 分别为组间和总体平方和。

式(8-17)的运用在国外较为广泛，国内有的学者将此公式进行了变化，舒华(2008)在其著作中采用η^2的平方根作为方差分析效果量的指标，其公式为

$$\eta=\sqrt{\frac{SS_{组间}}{SS_{总体}}} \tag{8-18}$$

用η^2作为其效果量指标时，其效果量大小的评价标准为：当$\eta^2=0.01$时，效果量小；当$\eta^2=0.06$时，效果量中等；而当$\eta^2\geqslant 0.16$时，效果量大。

然而，有些统计学家认为，如果用η^2作为方差分析中的效果量指标，往往会高估实验处理的效果，因此提出了另外一个与η^2相类似的指标ω^2，其计算公式为

$$\omega^2=\frac{SS_{组间}-(k-1)MS_{\text{error}}}{SS_{组间}+MS_{\text{error}}}$$

其中，MS_{error}为误差均方根。

国外有些学者也用f作为方差分析中效果量的指标。Cohen 提出，当实验处理水平在 2 个以上时，可以用式(8-19)计算其效果量

$$f=\frac{\sigma_\mu}{\sigma} \tag{8-19}$$

$$\sigma_\mu^2=\frac{\sum_{i=1}^{k} n_i\,(\mu_i-\mu)^2}{N}$$

当各处理组人数相等时，有

$$\sigma_\mu^2=\frac{\sum_{i=1}^{k}(\mu_i-\mu)^2}{k}$$

其中，k为处理水平；σ_μ为组间标准差；σ为总体标准差；n为各处理组中的被试人数，N为被试总人数；μ_i和μ分别为处理组的平均数和总体平均数。

当然，有些学者提出了更为简单的计算公式，如我国学者甘怡群(2005)等认为，可以直接用实验所得的F值来计算方差分析的效果量f值：

$$f=\sqrt{\frac{F}{n}} \tag{8-20}$$

其中，F为实验处理的统计量；n为各处理组人数相等时的被试个数，当各处理组人数不相等时，用各处理组人数的调和平均数进行相应计算。

对于式(8-20)，Cohen(2008)认为用其计算得到的f值是个有偏估计，应该对其进行适当的校正，其校正后的公式为

$$f=\sqrt{\left(\frac{k-1}{k}\right)\frac{F}{n}} \tag{8-21}$$

其中，k为实验处理的组数。

f 和 η 之间存在一种相互关系，其表达式为

$$\eta^2 = \frac{f^2}{1+f^2} \tag{8-22}$$

或

$$\eta = \sqrt{\frac{f^2}{1+f^2}} \tag{8-23}$$

当使用 f 值时，其效果量评价标准为：当 $f=0.1$ 时，代表小的效果；$f=0.25$ 时，代表中等的效果；当 $f=0.40$ 时，代表大的效果。

2. 两因素方差分析

两因素方差分析的效果量计算方法与单因素方差分析的效果量计算类似，只是在两因素分析中，我们需要计算三个效果量，分别是因子 A 和因子 B 的主效应的效果量两个，以及因子 A 和因子 B 之间的交互作用 A×B 的效果量。其公式为各自的平方和与总平方和的比值：

$$\eta^2 = \frac{SS_{\text{effect}}}{SS_{\text{total}}} = \frac{SS_{\text{effect}}}{SS_{\text{effect}} + SS_{\text{error}}} \tag{8-24}$$

下面我们以 2012 年全国硕士研究生入学考试的心理学综合试卷中的一个例子来说明其计算过程，相关信息如表 8-4 所示。

表 8-4 两因素方差分析的相关信息

差异来源	SS	df	MS	F
因素 A	6	2	3	1.031
因素 B	12	1	12	4.12
A×B	26	2	13	4.47
残差 Err	192	66	2.91	
总计	236	71		

将表 8-4 中的相关数据代入式（8-24）可以得到各自的效果量值：

$$\eta_{\text{A}}^2 = \frac{SS_{\text{A}}}{SS_{\text{A}} + SS_{\text{Err}}} = \frac{6}{6+192} = 0.03$$

$$\eta_{\text{B}}^2 = \frac{SS_{\text{B}}}{SS_{\text{B}} + SS_{\text{Err}}} = \frac{12}{12+192} = 0.06$$

$$\eta_{\text{A}\times\text{B}}^2 = \frac{SS_{\text{A}\times\text{B}}}{SS_{\text{A}\times\text{B}} + SS_{\text{Err}}} = \frac{26}{26+192} = 0.12$$

将此三个效果量值与效果量的评价标准进行比较，发现只有因素 B 以及 A 与 B 的交互作用 A×B 的效果量达到中等水平以上，因素 A 的效果量很小，说明因素 A 对实验的主效应作用不显著，因素 B 以及 A 与 B 的交互作用对实验作用

显著。如此，我们可以适当增加因素B的样本量，使因素B对实验的作用达到显著性水平。此外，这三个值的具体解释是：在整个实验的总变异中，因素A可以解释其中3%的变异，因素B可以解释其中6%的变异，因素A和因素B之间的交互作用可以解释其中12%的变异。

四、卡方检验中的效果量测定

卡方检验是一种非参数检验方法，能够处理一个因素两个或多个分类的实际观测值和理论分布值是否一致的问题。当某个因素只有两个分类时，称作四格表，当某个因素有多个分类时，称为列联表。下面将以这两种类型为例来说明卡方检验的效果量的计算。

1. 四格表数据的效果量测定

对于两样本数据情况，当自变量和因素变量都是二分变量时，其检验统计量和效果量之间存在如下关系：

$$\chi^2 = \phi^2 \times N \tag{8-25}$$

其中，χ^2 是 2×2 表格即四格表的卡方统计值；ϕ 是四格表相关系数，即 ϕ 相关的值；N 为所有的被试人数。

将式(8-25)进行变换，则可以获得其效果量计算方法：

$$r_\Phi = \frac{\mathrm{AD}-\mathrm{BC}}{\sqrt{(\mathrm{A}+\mathrm{B})(\mathrm{C}+\mathrm{D})(\mathrm{A}+\mathrm{C})(\mathrm{B}+\mathrm{D})}} = \sqrt{\frac{\chi^2}{N}} \tag{8-26}$$

例如，在一项研究中，让幼儿在自由活动的条件下自己选择游戏类型。游戏类型分为安静型和运动型，50名幼儿做出的选择如表8-5所示，χ^2 值为8.33，临界值 $\chi^2_{(1)05}=3.84$。

表8-5　幼儿游戏方式选择的数据表

游戏类型	安静型	运动型	合计
男	5	20	25
女	15	10	25
合计	20	30	50

将表8-5中的数据代入式(8-26)得

$$r_\Phi = \sqrt{\frac{\chi^2}{N}} = \sqrt{\frac{8.33}{50}} = 0.408$$

根据相关类型效果量的标准，该值大于0.30，属于中等大小的效果量，可以说幼儿的不同性别可以解释其选择不同游戏类型的40.8%的变异量。

2. 列联表数据的效果量测定

当两个变量的分类个数多于两个时，对于其的检验就为列联表检验。例如，教师对不同性别学生的成绩进行评定，评定等级有优、良、一般和差四个，此时就是 2×4 的列联表数据，对于列联表数据的效果量测定，其式为

$$w=\sqrt{\sum_{i=1}^{k}\frac{(\pi_{1i}-\pi_{0i})^2}{\pi_{0i}}} \tag{8-27}$$

其中，k 为列联表的单元格个数；i 为第 i 个单元格；π_{1i} 为实际观察得到的比例；π_{0i} 为理论期望的比例，$\sum_{i}^{k}\pi_{0i}=1$。

w 指标的评价标准为：$w=0.1$，属于小的效果量；$w=0.3$，属于中等的效果量；$w=0.5$，属于大的效果量。

对列联表的相关描述可以看出，其处理的数据是变量分类个数在两个或两个以上，也就是说，四格表其实是包含于列联表分析中的，是列联表分析的一种特殊情况，故我们可以用列联表的效果量的计算公式去计算四格表的效果量。将表 8-5 中的数据代入式(8-27)得

$$\begin{aligned}w&=\sqrt{\sum_{i=1}^{k}\frac{(\pi_{1i}-\pi_{0i})^2}{\pi_{0i}}}\\&=\sqrt{\frac{(0.1-0.25)^2+(0.4-0.25)^2+(0.3-0.25)^2+(0.2-0.25)^2}{0.25}}\\&=0.447\end{aligned}$$

将该值与式(8-26)计算得到的值进行比较，发现两个数值之间相差并不大。因此在计算四格表的效果量时，可以选择式(8-26)和式(8-27)中的一个进行计算。

五、回归分析中的效果量测定

回归分析是指用一定数学模型来表示变量之间的相关关系的方法，它主要探讨的是变量间的因果关系，即预测变量能否导致因变量的产生。在大多数回归分析的效果量的计算中，有两个效果量指标运用的相对较为广泛，一个是决定系数 R^2，另一个是回归系数 β（有时也用其非标准化的回归系数 b）。决定系数反映的是预测变量能够解释因变量变异的百分比，Achen（1982）对决定系数 R^2 进行了某些方面的评价，他认为决定系数可以非常直观地了解自变量对因变量的解释强度，如 $R^2=0.2$，说明因变量 20%的变异来源于自变量；同时他认为决定系数的大小很大程度上依赖于实验最初所解释的方差大小，因此，在进行跨研究比较时，往往会产生误导。回归系数 β 反映的是当预测变量变化一个标准差时，因变量变化的程度。在 SPSS 统计程序中运用的是调整的 R^2（adjusted R^2）。

1. 一元回归的效果量测定

回归分析中，当只有一个预测变量时，称为一元回归分析。一元回归的效果量指标为决定系数或决定系数的平方根，其公式为

$$R^2 = \frac{SS_R}{SS_T} = \frac{\sum (Y - \bar{Y})^2}{\sum (\hat{Y} - \bar{Y})^2} \tag{8-28}$$

其中，$\sum (Y - \bar{Y})^2$ 为所有 Y 值的总平方和，记为 SS_T；$\sum(\hat{Y} - \bar{Y})^2$ 表示由回归直线表示的线性关系解释的那部分离差平方和，记为 SS_R。

通常，当预测变量只有一个的时候，我们会用决定系数的平方根作为效果量指标。由于回归分析的效果量属于相关类型效果量的一种，R^2 的平方根 R 的评价标准与 r_{pb} 的一样，$R=0.1$ 时，效果量小；$R=0.3$ 时，效果量中等；$R=0.5$ 时，效果量大。

同时，值得注意的一点是，如果用决定系数的平方根作为效果量指标，其测量出的效果量会有偏差，特别是在样本量较小的时候，因此需要进行校正，校正公式为

$$r_{\text{adjusted}} = \sqrt{1 - \frac{(n-1)(1-R^2)}{n-k-1}} \tag{8-29}$$

其中，k 为预测变量的个数，一元回归分析中，$k=1$；R^2 为决定系数；n 为样本总数。

2. 多元回归的效果量测定

当回归分析中的预测变量个数为两个或两个以上时，为多元回归分析，主要考察多个预测变量对因变量的作用的大小。多元回归分析的效果量指标为 f^2，计算程序为

$$f^2 = \frac{R^2}{1 - R^2} \tag{8-30}$$

其中，R^2 为回归分析中的决定系数。

f^2 的效果量评价标准为：当 $f^2=0.02$ 时，属于小的效果量；当 $f^2=0.15$ 时，属于中等的效果量；当 $f^2=0.35$ 时，属于大的效果量。

多元回归分析在实际的研究当中运用的相对比较广泛，毕竟对某一变量会产生影响的因素是非常多的。例如，回归分析中的逐步回归就属于多元回归，在逐步回归中，研究者将可能对因素产生影响的所有变量当作预测变量，再让其逐步筛选出对因变量有显著作用的预测变量，最终保留对因变量有显著作用的预测。

例如，考察大学生的人际信任和社会支持对其特质性孤独感的作用，人际信任分为他人信任和社会信任两个维度，社会支持分为主观支持、客观支持和支持利用三个维度，此六个维度的描述统计量见表 8-6，决定系数 $R^2=0.329$。

表 8-6 人际信任、社会支持与特质孤独的相关信息

维度	N	M	SD
社会信任	344	33.75	5.463
他人信任	344	38.84	4.812
主观支持	344	8.10	1.704
客观支持	344	22.23	2.959
支持利用	344	8.89	2.103
特质孤独	344	41.74	8.578

将表 8-6 计算得到的决定系数代入式(8-30)得

$$f^2=\frac{R^2}{1-R^2}=\frac{0.329}{1-0.329}=0.49$$

根据效果量指标 f^2 的评价标准可知，0.49 属于大的效果量，说明人际信任和社会支持二者可以解释大学生特质孤独 49%的变异，此二者对大学生特质孤独的预测作用显著。

3. 协变量情况下回归分析的效果量测定

当不存在对因变量产生影响的协变量时，上述回归分析的效果量计算公式是恰当的，但是在大多数的研究中，存在大量的协变量会对研究结果产生影响，若此时仍然采用式(8-29)和式(8-30)进行计算，会有较大的偏差，导致研究结果的不可靠性，因此我们应采用另外的公式来计算其效果量，计算公式为

$$r_{12|3}=\frac{r_{12}-r_{13}r_{23}}{\sqrt{(1-r_{13}^2)(1-r_{23}^2)}} \tag{8-31}$$

其中，$r_{12|3}$ 为在控制变量 3 的情况下，变量 1 和变量 2 之间的偏相关系数；r_{12}、r_{13} 和 r_{23} 分别为变量 1 和变量 2、变量 1 和变量 3，以及变量 2 和变量 3 两两之间的相关系数。

$r_{12|3}$ 的评价标准与 r_{pb} 的评价标准一样，$r_{12|3}=0.1$ 时，效果量小；$r_{12|3}=0.3$ 时，效果量中等；$r_{12|3}=0.5$ 时，效果量大。

六、中介效应的效果量测定

中介效应是指如果某一自变量 X 通过另一变量 M 对因变量 Y 产生影响，那么变量 M 就是变量 X 和 Y 的中介变量，中介变量的主要作用是解释预测变量 X 是如何通过 M 来影响因变量 Y 的，图 8-1 为中介效应的模型图。

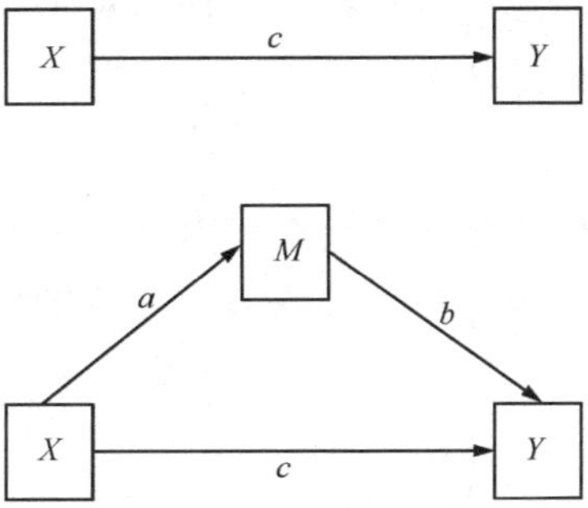

$Y=cX+\varepsilon_1$　(A)

$M=aX+\varepsilon_2$　(B)

$Y=c'X+bM+\varepsilon_3$　(C)

图 8-1　中介效应的模型图

温忠麟（2004）认为，中介效应检验的一个大前提是自变量与因变量之间相关需显著，只有满足了这一前提才会考虑中介效应。其相应的检验程序为：首先，变量 X 对变量 Y 的回归系数(c)显著；其次，变量 X 对变量 M 的回归系数(a)和变量 M 对变量 Y 的回归系数(b)均显著；最后，变量 X 和变量 M 对变量 Y 的回归中，变量 X 对变量 Y 的回归系数(c')也显著，那么变量 M 在变量 X 对变量 Y 的影响上起到部分中介作用。

Mackinnon（2008）认为，当中介效应显著时，不仅要报告中介效应 ab 的大小，还要报告 ab 的效果量，其效果量的计算公式为

$$R^2_{\text{med}}=r^2_{MY}-(R^2_{Y,\,MX}-r^2_{xy}) \tag{8-32}$$

其中，r^2_{MY} 是因变量 Y 和变量 M 之间的相关系数；$R^2_{Y,\,MX}$ 是回归方程（C）的决定系数，指 Y 的方差能够被变量 X 和 M 所解释的部分；r^2_{xy} 是因变量 Y 和自变量 X 之间的相关系数。

此方法主要是从方差解释率角度去计算中介效应的效果量，其效果量大小的评价标准与决定系数的评价标准是一致的：当 $R=0.1$ 时，效果量小；$R=0.3$ 时，效果量中等；$R=0.5$ 时，效果量大。

另外，Preacher（2011）提出用 k^2（kappa-squared）作为中介效应的效果量指标，该值为一个标准化的解，它独立于样本量，并且可以用来估计总体效果量的置信区间，取值范围为 [0，1]，其计算方法为

$$k^2=\frac{ab}{ab_{\max}} \tag{8-33}$$

其中，ab 表示由样本计算出的中介效应的估计值；$ab_{\max}$ 表示中介效应值 ab 可能达到的最大取值。

七、非参数检验中的效果量测定

非参数检验与参数检验共同组成了推断统计的基本内容。参数检验的使用情况是总体分布已知时，而非参数检验则相反，是在总体参数未知的情况下使用其

所获得的样本数据，进而对总体分布形态做出推断统计。对于非参数检验的效果量的计算，我们将对其中的两个检验方法进行介绍。

1. 秩和检验的效果量测量

秩和检验主要用于两个样本间的比较，这两个样本是从两个非正态总体中得到的，其虚无假设为两样本是从同一个总体中抽取的。其效果量可以用η^2进行计算，公式为

$$\eta^2=\frac{Z^2}{N-1} \tag{8-34}$$

$$Z=\frac{\sum R-\sum R_{\exp}}{\sqrt{\frac{n_1 n_2(N+1)}{12}}}$$

$$\sum R_{\exp}=\frac{n_1(N+1)}{2}$$

其中，$\sum R$ 为实验组的等级和；$\sum R_{\exp}$ 为实验组期望的等级和，即平均等级；Z 为检验统计量，当 n_1 和 n_2 均大于 10，且 $n_1 \leqslant n_2$ 时，秩和分布接近于正态分布；n_1 为实验组的人数；n_2 为控制组的人数；N 为实验总人数。

此方法主要基于解释因变量方差变异百分比的角度计算其相应的效果量。

2. 单因素 Kruskal-Wallis　H 检验的效果量测定

Kruskal-Wallis H 方法是检验两个及两个以上样本之间是否存在的差异的非参数检验方法，它不采用原始数据而使用数据等级来进行统计计算。其效果量同样可以用 η^2表示，计算公式为

$$\eta^2=\frac{H}{N-1} \tag{8-35}$$

$$H=\frac{12}{N(N+1)}\sum_{i=1}^{k}\frac{R_i^2}{n_i}-3(N+1)$$

其中，H 为克-瓦氏方法的检验统计量；k 为实验处理的组数，i 表示第 i 个处理组，n_i 为第 i 组被试的人数；R_i 为第 i 组的样本等级总和；N 为实验处理的总人数。

此方法同样是基于因变量方差变异的解释率角度进行计算的。其和前面秩和检验的效果量指标的评价标准和方差分析的效果量指标 η^2的评价标准是一样的：当 $\eta^2=0.01$ 时，效果量小；当 $\eta^2=0.06$ 时，效果量中等；当 $\eta^2\geqslant 0.16$ 时，效果量大。

现以 2010 年全国硕士研究生入学考试中的一个题目为例，来说明克-瓦氏单因素分析的效果量的计算。有 14 名智力水平相近的被试随机分配在三种不同的时间倒计时提醒情境（主考提醒、挂钟提醒、自我提醒）下参加某一智力竞赛。表 8-7 为三种时间倒计时提醒情境下被试回答正确的竞赛题目数。

表 8-7 三种时间倒计时提醒情境下被试智力竞赛结果

倒计时提醒情境		
主考提醒	挂钟提醒	自我提醒
7	10	6
7	9	8
5	8	7
10	8	8
	10	9

先根据表 8-7 中的数据计算其相应的等级，整理结果如表 8-8 所示。

表 8-8 三种时间倒计时提醒情境下被试智力竞赛结果的整理

倒计时提醒情境					
主考提醒	等级（R）	挂钟提醒	等级（R）	自我提醒	等级（R）
7	4	10	13	6	2
7	4	9	10.5	8	7.5
5	1	8	7.5	7	4
10	13	8	7.5	8	7.5
		10	13	9	10.5
$\sum R$	22		51.5		31.5

根据表 8-8 的数据计算检验统计量 H，得出

$$H=\frac{12}{N(N+1)}\sum_{i=1}^{k}\frac{R_i^2}{n_i}-3(N+1)$$
$$=\frac{12}{14\times 15}\left[\frac{22^2}{4}+\frac{51.5^2}{5}+\frac{31.5^2}{5}\right]-3\times 15$$
$$=3.566$$

将计算得到的 H 值 3.566 代入式(8-35)，得到其效果量 η^2 为

$$\eta^2=\frac{H}{N-1}=\frac{3.566}{14-1}=0.274$$

$\eta^2=0.274$，说明不同的时间倒计时提醒情境可以解释 27.4%的智力竞赛结果的变异，根据相应的效果量大小的评价标准，此数值属于大的效果量，即提醒情境会显著影响竞赛结果。

现在对前面所运用到的效果量计算方法进行汇总，其结果如表 8-9 所示。

表 8-9　不同类型效果量计算公式及评价标准

检验类型	效果量指标	效果量评价标准		
		小	中	大
独立样本 t 检验	$d=\frac{M_1-M_2}{\sigma_{\text{pooled}}}$	0.2	0.5	0.8
相关样本 t 检验	$d=t_{\text{paired}}\sqrt{\frac{2(1-\rho)}{n}}$	0.2	0.5	0.8
四格表卡方检验	$r_{\Phi}=\sqrt{\frac{\chi^2}{N}}$	0.1	0.3	0.5
协变量回归分析	$r_{12\mid 3}=\frac{r_{12}-r_{13}r_{23}}{\sqrt{(1-r_{13}^2)(1-r_{23}^2)}}$	0.1	0.3	0.5
一元回归分析	$r_{\text{adjusted}}=\sqrt{1-\frac{(n-1)(1-R^2)}{n-k-1}}$	0.1	0.3	0.5
单因素、多因素方差分析	$\eta^2=\frac{SS_{\text{effect}}}{SS_{\text{total}}}$	0.01	0.06	0.16
单因素方差分析	$\omega^2=\frac{SS_{\text{组间}}-(k-1)MS_{\text{error}}}{SS_{\text{组间}}+MS_{\text{error}}}$	0.01	0.06	0.16
单因素方差分析	$f=\frac{\sigma_\mu}{\sigma}$	0.1	0.25	0.4
卡方检验	$w=\sqrt{\sum_{i=1}^{k}\frac{(\pi_{1i}-\pi_{0i})^2}{\pi_{0i}}}$	0.1	0.3	0.5
多元回归	$f^2=\frac{R^2}{1-R^2}$	0.02	0.15	0.35
秩和检验	$\eta^2=\frac{Z^2}{N-1}$	0.01	0.06	0.16
克-瓦氏检验	$\eta^2=\frac{H}{N-1}$	0.01	0.06	0.16
中介效应检验	$R_{\text{med}}^2=r_{MY}^2-(R_{Y,\ MX}^2-r_{xy}^2)$			
中介效应检验	$k^2=\frac{ab}{ab_{\max}}$			

本节具体介绍了心理学研究中的一些相对常见的检验方法的效果量的计算，当然，还有其他的检验方法及其效果量计算方法，本节就不再介绍，有兴趣的读者可以参考关于此方面的其他相关资料。

第三节 效果量指标在统计软件中的操作

前面一节我们讲解了效果量指标在具体的统计检验情境中的计算方法，本节我们将介绍在统计软件中，各效果量指标是如何操作的。其中我们将主要介绍一款专门计算统计检验力和效果量的软件——G* Power。

一、初识 G* Power 软件

G* Power 是一款完全免费的软件，可以从网站：http：//www. psycho. uni-duesseldorf. de/abteilungen/aap/gpower3 下载到该软件的 Windows 版本，其安装程序与一般的应用程序的安装是一样的。安装完成后，其主界面与其他编程软件类似，不过该软件不需要操作者自己去编写程序，而只需要填写相应的数值即可，其界面如图 8-2 所示。

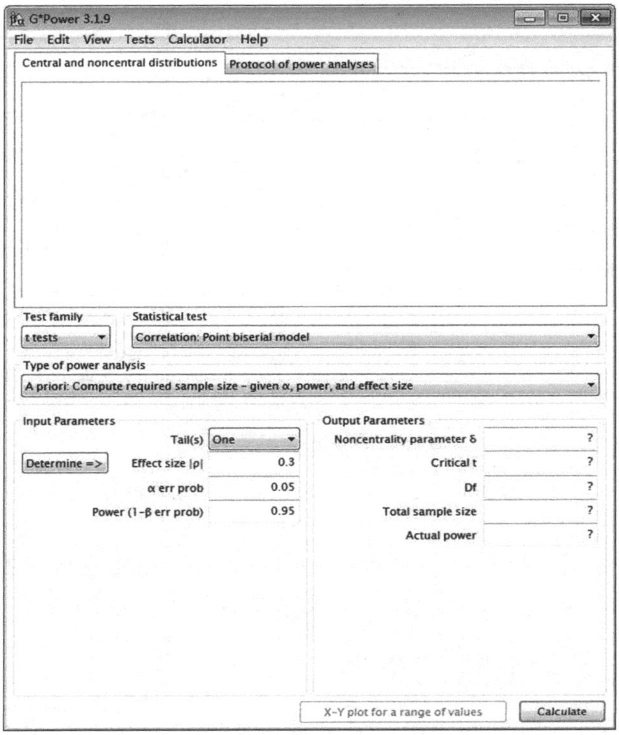

图 8-2 G* Power 软件主窗口

G* Power 软件可以计算很多假设检验的检验统计力和效果量，如 t 检验、单因素和多因素方差分析、回归分析等。现在我们用一个例子来介绍该软件。

例 8-1 在配对样本 t 检验中，假定检验的显著性水平为 0.05，样本 1 的平均数为 100，标准差为 5.12，样本 2 的平均数为 92，标准差为 4.98，两样本的相关系数为 0.613，样本进行双侧检验。

其效果量在 G* Power 软件中的计算程序为点击软件主界面下方“Input Parameters”板块中的“Determine =>”按钮，点击之后，界面右边将出现计算效果量的界面，将上面的数据填入到相应的方框中即可计算出效果量。效果量计算出来后，再点击“Calculate and transfer to main window”按钮，最后点击“Output Parameters”板块中的“Calculate”按钮，这样便计算出了该假设检验的统计效力 $1-\beta$ 值，为 0.975。具体结果见图 8-3。

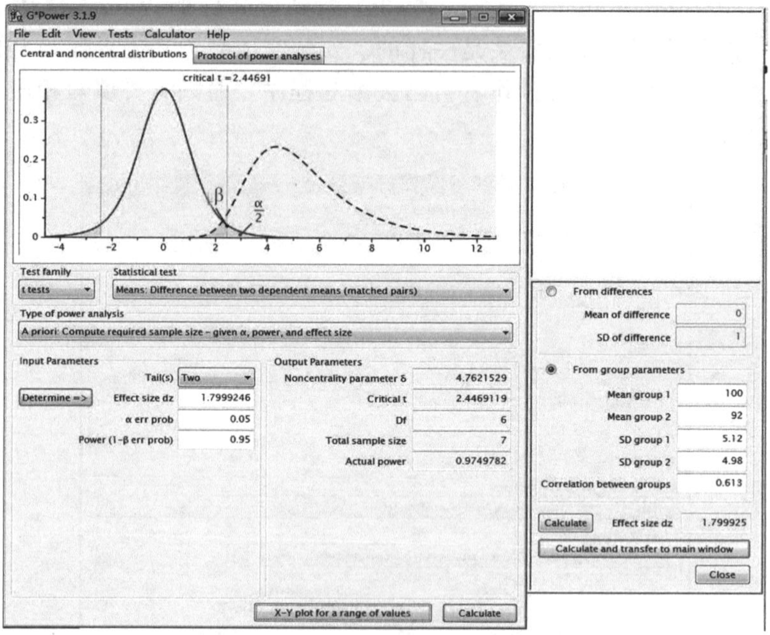

图 8-3 独立样本 t 检验效果量计算过程

从例 8-1 中我们可以看出，利用 G* Power 软件计算效果量和统计检验力是十分方便的，其结果既有文本数据，同时也呈现了相应的图形。

二、统计效力分析的类型

在 G* Power 3.1.9 的版本中，有五种分析类型，分别是先验分析（a priori power analyses）、后验分析（post hoc power analyses）、敏感性分析（sensitivity analyses）、平衡性分析（compromise power analyses）及标准分析（criterion analyses），而目前使用较广的是先验分析和后验分析这两种。

先验分析的主要作用是在给定了显著性标准 α，统计检验力 $1-\beta$ 和效果量的情况下，根据它们之间的关系确定样本容量，即样本容量是关于此三者的函数。一方面，进行先验分析可以帮助我们确定实验的统计检验力，如此我们就可以知道进行相应检验时所犯的第二类错误（β 错误）的概率大小；另一方面，进行先验分析还可以事先确定样本量，使得实验者可以合理地分配时间和资金等资源。

后验分析的使用环境是在一个实验已经进行之后，来计算实验的统计检验力 $1-\beta$，它的计算同样是根据显著性水平 α，样本量 N 和效果量 ES 三者给予确定的。统计检验力的计算可以用来评估在虚无假设 H_0 实际为假的情况下，是否一个统计测验可以合理的理由去拒绝它。

三、软件在测验中的操作

在使用 G* Power 软件进行统计检验力和效果量的计算时涉及四个主要步骤：①选择合适的统计方法；②选择合适的统计分析类型；③输入相应的参数数据；④点击“计算”按钮得到最终的结果。

在 G* Power 3.1.9 的版本中，统计方法主要分为五种，分别是 t 检验、F 检验、卡方检验、Z 检验和 Exact 检验，下面我们将详细介绍其中前三种较为常见的检验方法。

1. *t* 检验

t 检验可以用于计算均值差异、相关系数和回归系数的效果量。均值差异检验中包含了独立样本、配对样本等，而相关系数检验中有点二列相关，回归系数检验中主要是线性的二元回归分析，具体的统计检验类型如图 8-4 所示。

现对图 8-3 中的相关信息进行解释，让读者可以对该软件所提供的信息有较全面的了解。图 8-3 中我们要关注的信息在“Output Parameters”板块中，其中非中心化的参数 δ 是表示备择假设分布的平均 t 值，其值为 4.76，说明备择假设的均值与虚无假设的均值 0 之间的距离为 4.76；临界值为 2.447，即若计算得到的 t 值大于 2.447，则其对应的 p 值要小于 0.05，达到统计学上的显著性水平；总体的样本大小为 7，也就是说，在该研究的效果量为 1.80 的情况下，我们只需要 7 个被试便可使实验达到显著性水平。同样我们也可以根据 $1-\beta$、α、N 和 ES 此四者画出相应的变化趋势图。例如，我们以总体样本容量 N 为纵坐标，统计检验力 $1-\beta$ 为横坐标，画出了三个效果量值与此二者的关系，如图 8-5 所示。当然，我们可以以此四个参数中的任意一个作为纵坐标或横坐标，进而画出剩余参数关于横坐标和纵坐标的变化趋势。

从图 8-5 可以看出，当效果量固定时，实验者要想得到更大的统计检验力，则其所需要的样本量也要越大；与此同时，当研究的统计检验力一定时，如设 $1-\beta=0.9$，该研究的效果量越大，则研究所需的样本容量就越小，效果量为

0.5 时，需要约 44 个被试，而效果量为 0.55 时，需要约 36 个被试，当效果量为 0.6 时，其只需要大约 31 个被试，说明如果某一研究的效果量越大，则需要的样本就越少，研究可能就相对越经济。

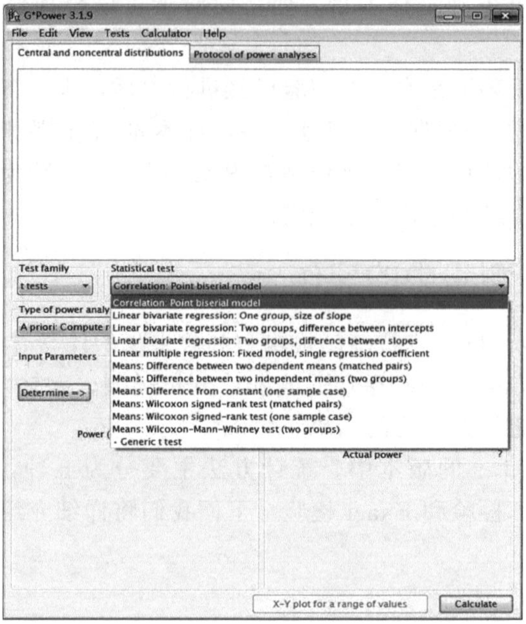

图 8-4　t 统计检验方法中的效果量检验类型

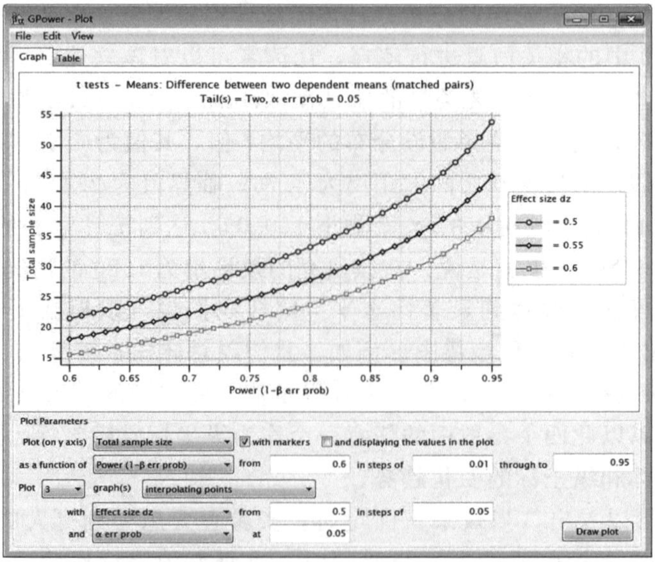

图 8-5　效果量关于样本大小和统计检验力的关系

2. *F* 检验

F 检验可以用于计算单因素方差分析、多因素方差分析和多元回归分析等检验方法的效果量指标，而在这三种主要的检验方法中，根据不同的条件又可以细分为若干种方法，具体见图 8-6。

该软件关于 *F* 检验的效果量指标主要有两个：f 和 f^2，单因素和多因素方差分析的效果量指标多用 f 表示，而多元回归分析的效果量指标则多用 f^2 表示。其中，在单因素方差分析中，对固定效应、主效应和交互效应进行检验时，其效果量的计算是关于偏 η^2 的函数，前面我们已经说过，偏 η^2 本身可以作为方差分析的效果量指标，也就是说，效果量指标 f 可以在其他效果量指标的基础上计算而得到。

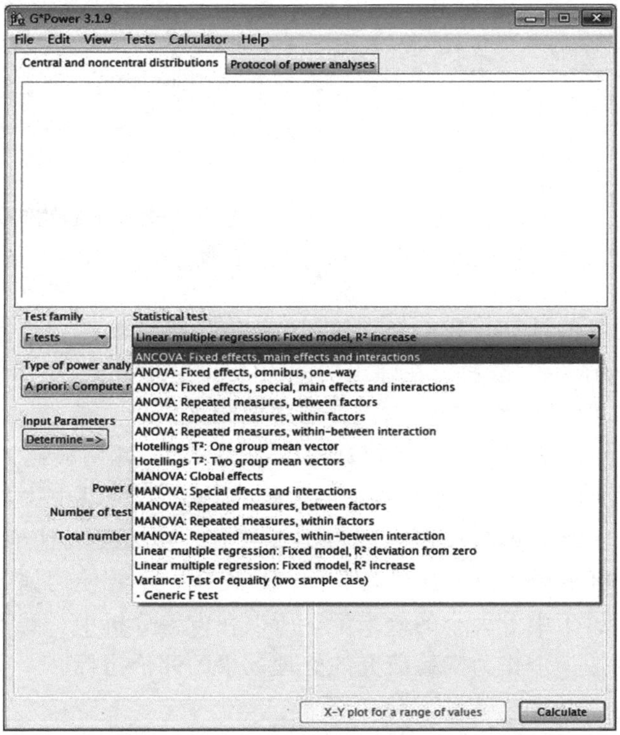

图 8-6　*F* 检验中的统计检验方法

例如，在单因素方差分析的重复测量实验中，对 100 名被试进行 3 种水平（A、B、C）的处理，实验效应所能解释的方差为 0.5，实验的误差方差为 2，允许犯错误的概率为 0.05，即 $\alpha=0.05$，根据这些信息，得到实验的效果量指标 ${\eta_p}^2=0.079$，$f=0.293$，将 f 值填入软件的“Input Parameters”板块的相关空格中，最终得到该实验的相关信息，如图 8-7 所示。

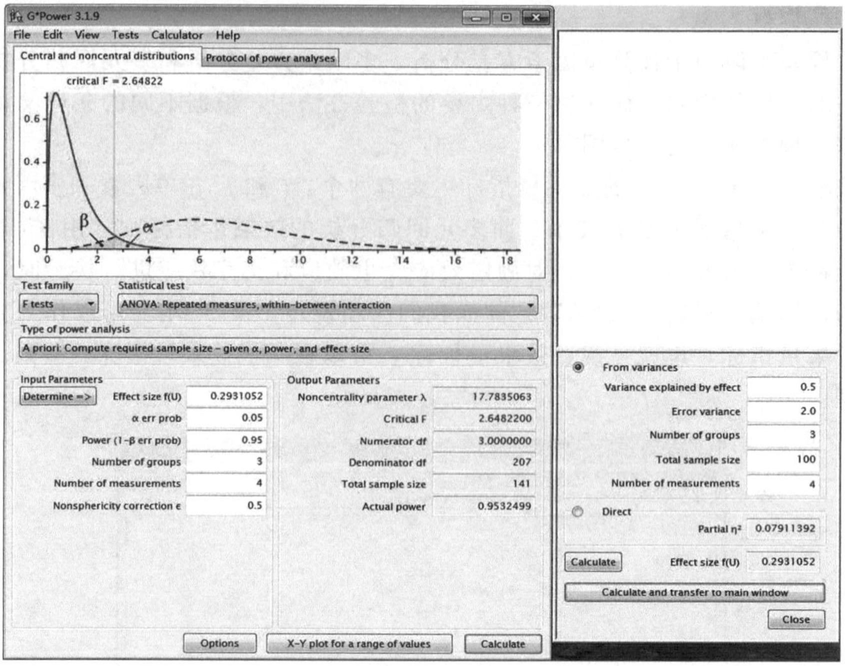

图 8-7 单因素方差分析中重复测量的统计检验效果量计算

为了使效果量的计算与我们经常使用的 SPSS 统计软件相连接，在左侧方框的下面点击“Options”按钮，在弹出的“Choose Options”对话框中选择“as in SPSS”选项，从而出现图 8-7 中右侧方框中的相关信息。

由图 8-7 可知，该实验的实际统计检验力为 0.953，明显高于 Brock（2003）界定的 0.80，说明该研究得出的结论可以推广到总体现象中去。同时，实验所需的样本量为 141 名，即当被试人数为 141 名时，实验可以达到 0.95 以上的统计检验力和 0.293 的效果量。最后，我们可以发现，不管使用偏 η^2，还是 f 作为效果量指标，都属于中等大小的效果量，所以在方差分析中，我们可以从这两个效果量指标中任选一个作为实验研究的处理效果的评价指标。

3. 卡方检验

卡方检验中，我们主要关注的是列联表数据的拟合度检验的效果量大小，当然，其中也还有其他的检验，如单样本情况下样本方差和已知总体方差之间的差异检验等，具体检验见图 8-8。

卡方检验的效果量计算过程和前面两种检验的效果量计算过程是一样的，在“Determine”的弹出选项框中填入相应信息便可以计算出效果量。图 8-9 即为列联表数据的拟合度检验的效果量计算。

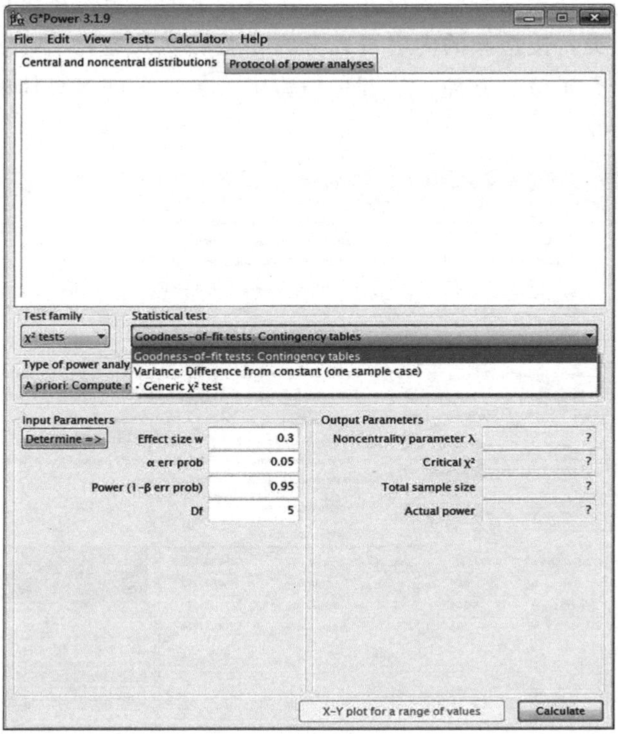

图 8-8　卡方检验的统计方法

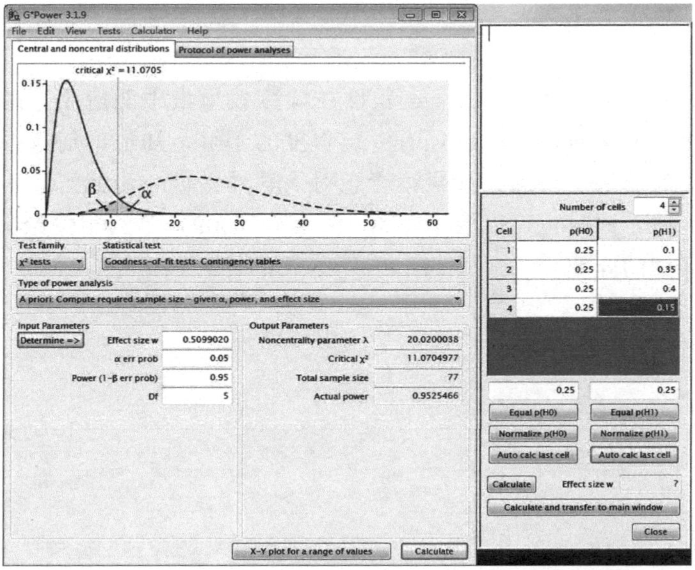

图 8-9　卡方检验的效果量计算

以上类型主要是根据研究的统计方法进行分类的，当然还可以根据研究所要检验的内容来分类，按检验的内容可以分为相关和回归检验、均值检验、方差检验、比例检验和类属检验五种，这五种检验中又包含了许多具体的检验，部分检验如图 8-10 所示。

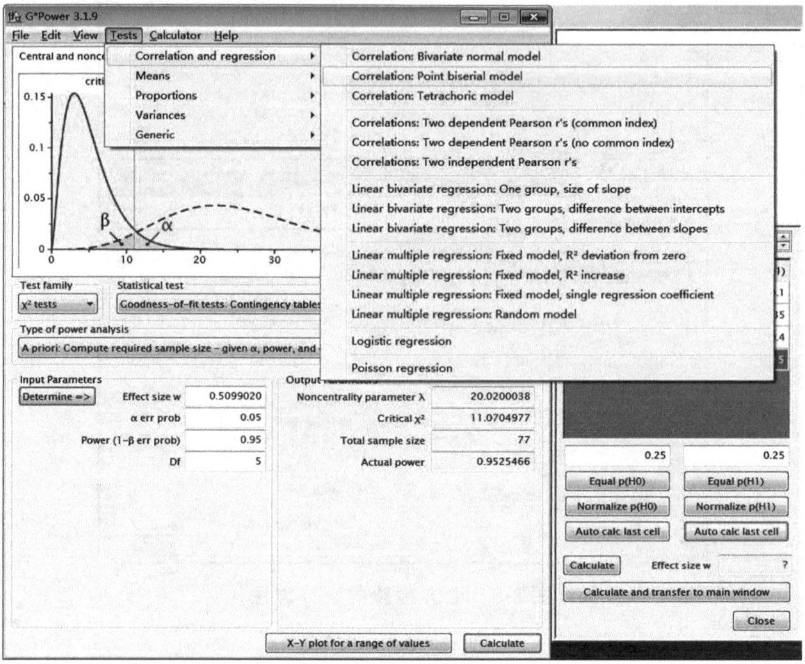

图 8-10 相关和回归检验中的具体检验方法

本节内容主要介绍了 G* Power 软件在计算效果量中的应用，通过对本节内容的学习，相信大家对该软件已经有一定程度的了解，知道如何选择统计检验方法去计算相应的效果量指标。如果读者想对该软件做进一步的了解，可以参考该软件的指导手册，同时也可以参考 Faul（2007，2009）等的相关论文，他们对该软件进行了详细的介绍。

第九章 质的研究

量的研究方法在教育学领域内统治了许多年之后，越来越多的研究者和教师发现，量的研究中无可挑剔的假设不能描述教室里发生的许多问题，设计良好的实验不能排除所有学习中的干扰因素，甚至在充满数字、严谨的研究报告里也不能找到适合自己教学的策略。这时，尽管量的研究还在很多研究者的努力下继续发展，越来越多的教育学者试图从不同的出发点探索更加适应教育学研究的研究方法。于是，质的研究方法应运而生了。

第一节 质的研究方法

在质的研究中，研究者们感兴趣的是研究对象如何解释自己的经历，如何能够自圆其说，如何能架构自己的说法。因此，质的研究的根本目的就在于：探究、描述、分析人们对于自己身边事物，以及自己生活、工作、学习经历的理解和感悟。质的研究的关键在于，从研究对象的角度，而不是从研究者的角度上去理解事物。比如说，同样是关于一个新的教学方法的研究，量的研究者也许会设计一个实验研究，严格控制一切不相干的因素，然后收集不同阶段的学生的学习成绩加以对照；而质的研究者则会采用观察、访谈等一系列方法，站在使用此教学方法的教师、受此方法影响的学生们的角度上去描述、理解、质疑、解释这种教学方法。

质的研究的第一个显著特点是，研究工具，或者说收集、分析研究资料的工具就是研究者本身。因为只有人才具有的理解力、分析力、判断力才是质的研究能够达到其根本目的的保证。除了人之外，没有更好的工具可以迅速处理文字资料，或释清现象背后的含义，或发现语言背后隐藏的意义。但是，人作为研究工具也有其不可避免的弱点，便是每个人身上的主观性。同样是听一堂语文课，不同的观察者会从同一教师的讲授中总结出不同的侧重点，领会到不同的精神。

在很多的情况下，研究者们之所以采取一种质的研究方法，是因为没有一种理论可以正确地解释他们所关心的现象。因此，质的研究的第二大特点便是研究者通过“归纳”所观察到的现象来形成自己的理论和假设，而非使用量的研究方法来“演绎”已经存在的理论和假设是否成立。然而，我们并不能因此断定，在研究开始的时候，质的研究者们的头脑里空无一物。一般来说，研究者们会使用一种或多种理论框架（theoretical framework）来支撑自己的研究。

充满细节的描述是质的研究的第三大特点。质的研究者们会使用富有魅力的文字甚至是图形、照片等形式，来描述自己观察到的现象，向读者们传达从各种档案、笔记、人们口头上、虚拟的网络世界等的地方收集到的信息等。靠单纯的数字是达不到描述问题的背景、事物身处的环境，以及揭示隐含的文化、情感等的复杂效果的。

除了以上所说的三个特点，质的研究方法还具有操作过程灵活度高、对模糊的研究对象容忍度高，以及对研究者的观察能力、理解和演绎能力、语言表达能力要求高等的特点。总而言之，想要给质的研究下一个确切的定义，不是一件容易的事情。从质的研究诞生的那一天起，研究者们就试图用精练的语言概括什么是质的研究方法。然而，质的研究方法本身与它所研究的社会现象一样包罗万象、变化多端，甚至是常常让人琢磨不定。同学们可以通过上述的特点描述，以及下面我们将要讲到选题方法、抽样手段、具体的操作技术等方面，提炼出自己对质的研究的定义。

第二节　选题与抽样

选择一个恰当的题目，是教育学研究者们设计一个质的研究时的首要步骤。适合采用质的研究方法的研究题目一般具有以下特点：需要结合所在场景的特点来理解的问题（如某沿海开放城市中，经济富裕的家庭对孩子教育是如何投入资金和精力的）；需要研究者进行长时间跟踪调查的问题（如小学生从入学到小学毕业期间，阅读能力是如何形成和进步的）；需要研究人的角色和行为的问题（如某中学数学教师的独特教学风格是如何形成的）；需要研究一整个组织的特点、结构的问题（如某高校的教学管理工作的特点是什么）；很少有前人研究，新兴的，或很冷门的问题；涉及边缘人群、非主流文化现象（如聋哑学生对使用网络手段辅助教学的体验是怎样的）等的问题，以及其他不能使用量的研究方法进行研究的问题。质的研究方法一般着重于回答需要使用文字描述才能回答清楚的问题。例如，某事件是怎样发生的？这件事情对这些人意味着什么？某某事件之间是如何相互联系相互影响的？某事件相关的人们是如何从自己的角度理解的？总而言之，研究者在进行关于质的研究方法的选题时，一定要基于人们日常生活、学习、工作，选择有背景深度、有特点、有影响、有意义的、研究者自身感兴趣的问题。

在质的研究中，研究群体、研究样本、抽样的概念与在量的研究中的概念是一样的。然而，与在量的研究中多采用随机抽样不同，质的研究者们多采用有目的的抽样方式。选择一个适当的研究场景，是质的研究者们首先考虑的问题。一般说来，质的研究收集资料的种类比较多、相关信息比较多，因此，研究的样本普遍比较小。例如，在一个调查研究中，研究者可能收集了200份问卷，而一个研究对象所提供的问卷的答案，在SPSS软件中仅仅显示为一串数字。但是在量的研究中，研究者只与8位研究对象进行了访谈，而仅仅根据与1位研究对象进行的30分钟对话，就可以整理出长达10页的稿子。

以下是几种质的研究中所采用的抽样方法与相应的例子，供同学们参考。

(1) 综合抽样（comprehensive sampling）：当研究的群体比较小时，研究者会尽量在样本中包含所有的人。例如，研究某学校对单亲家庭孩子的特别关爱项目，该学校规模较小，所有年级中的单亲家庭的孩子总共有10人，那么研究应该涉及所有的10个学生。

(2) 关键案例抽样（critical case sampling）：研究者只抽取一个人或单位、组织作为研究对象，一般说来，这样的样本具有非常强烈的特色。例如，一个地区的某学校的亲师互动活动搞得非常成功，那么研究者就可以把这个特定的学校作为样本，专门研究这个学校的亲师互动活动如此成功的原因。

(3) 最大差异抽样（maximum variation sampling）：研究者抽取两个在某一点上产生最大差别的人或组织，寻求产生差异的原因。例如，研究者抽取同一地区中辍学率最高和最低的两所学校进行研究，探索影响这一地区学生辍学的普遍因素。

(4) 典型案例抽样（typical case sampling）：研究者抽取所有案例中最普遍、最典型的一个做研究。例如，研究某学校班主任在班级建设方面的工作情况时，研究者选取了一个学习成绩中等、活动表现中等，甚至家长反映也为中等的一个普普通通的班级进行研究。使用典型案例抽样的研究的根本目的在于研究普遍的而非典型的现象。

第三节 理论框架

一、什么是理论框架

即使是在最普通的一间教室里、最平常的一节课堂上，不同领域的研究者也会注意到各种各样不同的问题。一个心理学研究者会好奇关于学生学习动力的表现，或教师如何维护学生自尊心等；一个社会学研究者则会对教师与学生之间、学生与学生之间的交往模式感兴趣；一个人类学研究者多半会注意到教室里的文化现象等；一个研究教学论的教育学研究者可能会注意观察教师的教学策略；一个课程论方面的学者则会关注课本、课程内容等；一个学习理论方面的研究者会琢磨教室里学生学习活动背后的含义。此类种种其实说明了一个问题，不同的研究者会从不同的角度、立场，从不同的领域出发、站在不同的理论基础上观察世界、剖析世界。就好像他们戴着不同种类的眼镜去看同一个景象，如变色眼镜、红蓝眼镜、太阳镜、红外镜、3D 眼镜等。在质的研究中，我们认为每一个研究者都会透过这样的一副特别的眼镜去看待自己的研究对象、研究环境等。从本质上讲，是研究者相信的一种或者几种理论构成了这样的一副眼镜，有一个专门的名词指代我们比喻中的“眼镜”——理论框架。

理论框架是指示、支撑、指导研究者们进行研究的一系列概念、假设、期望、信条及理论。与量的研究不同，质的研究是用归纳的方法获得知识，并不以测试假设或检验理论作为研究的目的，因此理论在质的研究中往往居于一个更加灵活多变、更加以服务研究者为己任的地位。例如，在质的研究中有一个被称为“扎根理论”的重要的研究种类，从事扎根理论的研究者的最终目的就是形成自己的理论。然而，理论仍然在质的研究中占有一席之地，其表现形式就是我们这里说的理论框架。理论所扮演的角色因不同的研究种类而异，但每一个质的研究者都有自己的理论框架，因为不可能有任何一个研究者是头脑空空、没有受到任何研究方法训练就直接从事研究，每一个研究者都受过自己行业、领域的训练，那么他们的头脑中必定有自己奉行的理论、概念、假设、原则等。问题在于，研究者们往往对这些东西太熟悉、太适应，以至于当成自己周围的空气一样自然而然的东西，但是对于其他研究者、尤其是读者们，我们所熟悉的他们不一定也熟悉，甚至会感到非常陌生。所以质的研究者必须要确定自己研究的理论框架，为了让读者明白自己为什么这样看待世界、分析问题，到底是戴着太阳镜还是 3D 眼镜，也是为了就自己的研究做到心中有数。

二、确定自己研究的理论框架

想要确定自己研究的理论框架首先要明确研究者自己的研究所在的具体领域。例如，课堂教学策略，或高中英语口语教学，或大学生心理健康教育，等等。明确了具体领域之后，研究者可以进一步列出自己研究相关的理论，以及理论之下的各种概念。例如，一个课堂教学研究者使用自我导向学习理论（self-directed learning），在此理论之下又确定了常用的几个概念，如自我导向能力、辅助者等。再如，一个学习理论研究者使用了行为主义理论（behaviorism），在此理论之下确定了如刺激、反应、强化等常用概念。当研究者清楚地列出自己研究相关的理论及概念之后，就可以着手架构自己的理论框架了。

在很多情况下，研究者会确认两个甚至更多理论来构成自己的理论框架。研究者可以为自己的理论框架命名，如文化教学理论框架、自我导向学习理论框架等，用来专门指代自己特定研究中所用的理论框架。需要注意的是，研究者自己非常熟悉的理论对于读者来说往往是陌生的，所以研究者必须用一两句话来解释理论及其概念。理想的情况下，研究者使用简明扼要、深入浅出的语言对理论及相关概念进行阐释，但是也没有必要长篇大论，对于一篇质的研究的研究报告来说，理论框架是必要部分，但并不是重点部分，三五句话、一个小段落就足够了。希望下面的一个模板可以为大家提供一些灵感。

例 9-1 大学课堂教学理论框架【研究者自己命名】。合作学习理论认为学生在小组合作的过程中可以最大限度地发挥主观能动性，并且易于形成集体协作精神，有利于创造一个良好的学习气氛【理论 1 及解释】。自我导向学习理论指出教师有责任帮助学生主动学习、自己选择学习内容和学习方式【理论 2 及解释】。根据以上两种理论，本研究的研究者认为，大学教师应该站在一个学习指导者而不是权威的地位上、采用小组合作的策略组织课堂，从而提高教学效率【研究者的观点】。【如果研究者有需要重点解释的概念或其他观点，也可以在合适的地方加上。】

以上的模板仅仅是组织理论框架的一种方法，大家不必拘泥于成法，可以参考其他经典的质的研究类的研究报告，根据自身的特点架构服务于自己研究、服务于未来读者的理论框架。

一般说来，理论框架对于任何一个质的研究都是“标配”，这意味着每一个质的研究者必须在研究报告中对自己研究的理论框架有所叙述。而其他研究方法，如量的研究、混合研究、行动研究等不会有这方面的要求。但是文献综述却是任何一种教育学研究方法下的研究报告都不可或缺的部分。虽然总的来说“理论框架”和“文献综述”都是与学术上、字面上的理论、概念、文献之类的东西相关，但两者的功能不同，对研究、对读者的作用也不同。如果说质的研究者们透过理论框架观察世界、分析世界，那么文献综述就是他们从自己研究的观点出发，对前人研究成果的一种整理、分析及报告。在第五章中，我们已经对什么是文献综述，教育研究者如何撰写文献综述做了一个概括性的描述和操作方面的指导。接下来，我们将从质的研究者的角度去看一下有关撰写文献综述的几个问题。

首先，质的研究者应该围绕自己的观点和倾向去组织文献综述。很多新手研究者经常犯的错误就是认为文献综述仅仅是关于别人的理论、前人的成果，没有找到自己的位置，因此总是把文献综述写成流水账或者是词典条目。我们要懂得，如果研究者仅仅陈述什么时候、哪些研究者、得到了哪些成果及发现而没有其他内容的话，本质上就是堆积、陈述了一堆事实，实际上毫无意义，更不能算是文献综述。因此，我们建议研究者不要急着一头扎进书堆里只顾着看别人的成果，而是先要平心静气地分析自己的观点，理清自己研究的方向在哪里。研究报告里的文献综述是为了向读者清楚地报告研究成果而存在的，是为了向读者提供关于这个特定的研究的背景、知识而存在的。抓住了这个主旨之后，研究者要明白文献综述最终是服务于自己的观点、自己研究的成果的。研究者可以按照自己的观点，分门别类地向读者指出领域内与自己研究相关的理论、前人成果、当前研究的发展趋势等。

例如，一个研究者要报告自己在大学英语教学方面的研究，如果其研究是侧重合作学习教学策略方面的，就可以在文献综述里指出合作学习是经过哪些研究一步步地在当前教育中占有一席之地的、大学课堂里关于教学策略发展的趋势是如何与合作学习相关联的。研究者在这个文献综述里要达到的最终目的就是让读者感到，此研究在整个领域发展过程中是顺理成章的，向研究者引导的方向从事研究是自然而然的结果。表面上是在叙述前人的研究、经典的理论等，而深层次的动力则是让读者向研究者指向的方向去理解。打个比方来说，如果研究者仅仅在文献综述中堆积了一堆事实，那么就如同形成了一潭死水；如果研究者为了自己的观点和目的去引导读者，使其从自己希望的角度和立场上去剖析、理解各种文献，那么同样是水，却是往某个方向流动的活水。因此，一个合格的文献综述应该是有灵魂、有活力、有指向的文献综述，而绝非单纯的事实堆积，并且读者通过阅读文献综述会明白，研究者确定的研究方向是有一定理由的、有渊源的、有学术依据的，而不是一拍脑袋决定或三分钟热情的轻率。

其次，研究者在文献综述的准备阶段、面对海量的文献阶段，可以遵守从泛读到略读、从略读到精读的顺序来进行。如同鲸鱼进食一样，吞进大量的海水，然后进行甄别、剔除、筛选，最后得到一些精华。研究者可以根据自己的实际情况制定一个时间表，每周都拿出一定的时间进行阅读，并且做好笔记，进行不断的分析和思考，把自己的研究与文献联系起来。另外，我们建议研究者要重点关注最近 10 年的研究成果，虽然说有些经典的东西是永恒不变的，如孔子的学说、杜威的理论等，但如果不能跟进教育学研究最新的发展，研究的成果会在当今日新月异的发展变化下苍白乏力。

与教育学研究中的其他研究方法相比，质的研究对于理论的认识和运用显得更加灵活。质的研究较少地受到理论的严格束缚，而是更加关注研究对象，关注灵活多变的“人”，以感受人、理解人、服务人，而不是服务理论为最终的目的。特别是在我们接下来会讲到的几种经典的质的研究的分类中，扎根理论是非常特殊的一种。当研究者发现没有理论可以解释所关注的教育现象，或者是需要一种新的理论去指导教师实践的时候，可以采用扎根理论这种质的研究方法来形成自己的理论。但是研究者要清楚，即使是扎根理论，也不是无源之水、无本之木，研究者同样需要对读者负责，一样要撰写合格的文献综述。文献综述在研究报告中的长度最终要由研究者灵活决定，一般不要超过文章总长度的 1/5，因为大部分读者毕竟是出于对研究结果的兴趣来阅读我们的报告的，臃肿啰嗦的理论铺垫只能让人生厌。另外，如果确实缺少相应的理论、相关的研究，研究者只需要老老实实地说明目前的情况就可以了，为了凑字数而生搬硬造或者是进行胡乱联系绝非明智之举。

第四节 收集资料的“三大法宝”

如果说在量的研究中，对收集和分析研究资料起关键作用的是具体的研究方法（实验法、事后追溯法、调查问卷法等），那么在质的研究中，研究者们进行研究操作的关键是掌握收集资料的“三大法宝”：实物分析、观察、访谈。接下来就让我们一项一项地来学习一下这三种质的研究中最重要的技术手段。

一、实物分析

实物分析中的“实物”包括所有与研究问题有关的文件、印刷品、图片、音频、视频、物品等。在教育学的质的研究中，研究者们一般收集教师和学生的档案、学校的记录、通告通知、校规班规、作息时间表、课程表、学生作业、教科书、成绩单、学校及班级活动的照片和录像、录音、教学用具、校园标示等作为实物分析的原始资料。

在质的研究中做实物分析一般有这样几个目的：①实物的制作和使用通常是指自然的日常情境下发生的，通过分析实物，研究者可以了解研究对象所处的真实环境。例如，研究者在一个学校里收集到大量的校规校纪的宣传材料，以及一个学期内大量的关于违纪学生的处理通告等实物。研究者可以据此分析出学生所处的校园环境是否纪律严明、是否对学生的行为进行严格要求等。②通过分析实物，研究者可以扩大对于研究对象的联想，使自己的视野和思维更加开阔。例如，当一个研究者看到很多关于某班级班级活动的录像，可以从中分析班主任对于班级管理的构思和实践，尤其是一些班主任自身也未必意识到的、但是可以被研究者发现的一些行为特征。③实物有时可以比语言更加有说服力。例如，无论研究者用何种动人的语言描述贫困地区教室的简陋，都不如展示给读者一张照片来的震撼。④研究者还可以用实物与自己从其他渠道获得的信息进行对比，检验其可靠性。例如，某教师在接受研究者访谈的时候，声称自己的教学方法非常有效。但是研究者收集大量的学生作业分析之后认为，该教师的说法很有问题，因为学生在作业上表现出来的进步有限。虽然实物分析对研究会起到很大的帮助，但是研究者一定要注意鉴别实物中是否有人为造假、夸大、过分美化等不符合现实情况的现象，防止被误导，以致影响研究的可靠性。

在拿到一件与研究相关的实物时，研究者可以根据以下问题开始进行分析。

(1) 我（们）为什么要收集这件实物？这件实物可以怎样提供给我（们）关

于回答研究问题的信息？

（2）这件实物属于哪种类型？

（3）实物的来源是正式的、官方的，还是非正式的、个人的？实物的来源可靠吗？

（4）这件实物是由哪些人制作的？制作的目的是什么？

（5）实物是如何制作的？是在什么情况下制作的？

（6）实物是如何被使用的？哪些人使用了？为什么使用？使用的结果、影响是什么？

（7）实物的内容是什么？实物的特点是什么？实物的优点和缺陷是什么？

（8）实物是如何受到制作人和使用人所处环境的影响的？在环境影响下，实物体现出什么特点？

（9）制作者是如何看待这件实物的？

（10）使用者是如何看待这件实物的？

（11）从实物中分析得出的信息与从其他渠道得到的信息是否能够互相验证？如果有出入，问题出在哪里？

研究者可以通过回答上述问题，记录下自己的思考结果，反复提炼，最后得到很多有用的研究资料。

二、观察

从原始社会开始，观察法就成了人类认识事件的一个最基本的方法。然而一直以来，人们在进行观察的时候，通常是缺少明确目的、清晰的步骤及完整的记录的。为了质的研究而进行的观察，是一种必须进行认真学习、严格训练和反复实践才能最终掌握的严谨的科学手段。研究者在进行观察的时候，应该牢记自己的研究问题和观察目的，做好客观、详细的笔记，同时也积极地思考自己所观察到的现象并加以记录。

质的研究中的观察可以分为参与型观察和非参与型观察。参与型观察指的是研究者与观察对象一起生活、学习、工作，在密切接触中直接体验、倾听、观看他们的一言一行。这种类型的观察要求研究者与被研究者保持良好的关系。非参与型观察指的是研究者置身于被观察的人群之外，完全作为一个旁观者来了解事情的进行与发展。这种类型的观察中，研究者可以保持很大程度上的客观性。

在进入观察现场前，研究者一定要做好足够的准备。首先要制订一个严格的观察计划，注明包括观察的目的、内容、对象、范围、地点、时间、次数、方式等的细节。其次要尽早与被观察的学校、教师、学生等有关人员进行联系，告知对方自己的目的，争取对方的配合。

观察者可以按照以下的观察提纲中的一系列问题进行观察。

（1）谁：有谁在场？他们是什么人？他们的角色、地位和身份是什么？这是一个什么样的群体？在场的这些人在群体中各自扮演的是什么样的角色？谁是群体的负责人？谁是追随者？

（2）什么：发生了什么事情？在场的人有什么行为表现？他们说了、做了什么？他们说话、做事时使用了什么样的语调和形体动作？他们相互之间的互动是怎么开始的？哪些行为是日常生活中的常规？哪些是特殊表现？不同参与者之间在行为上有什么差异？他们的行为是如何产生和发展的？

（3）何时：有关行为或事件是什么时候发生的？持续了多久？频率如何？

（4）何地：有关行为或事件是在哪里发生的？这个地点有什么特色？

（5）如何：有关事情是如何发生的？事情的各个方面之间存在什么样的关系？有什么明显的规范或运作机制？

（6）为什么：促使事件发生的原因是什么？有关人员对此有什么看法？有关人员的目的、动机和态度是什么？

一份良好的观察记录是质的研究中必不可少的研究资料。研究者可以按照表格的形式，分别记录事件发生的时间、观察到的事件的袭击，并且附上观察者从自己角度出发的思考结果、感想、疑问等。同学们可以参照表 9-1，做出符合自己研究特点的观察记录。

表 9-1 观察记录样表

时间	观察到的事件	观察者的解释和疑问
10:10	教师阅读课文，眼睛始终盯着课本，没有看学生一眼	教师似乎对课本的内容不太熟悉
10:20	教师问了一个课本上有答案的问题，学生用课本上的答案齐声回答	教师似乎不注意鼓励学生用自己的语言回答问题
10:30	教师问问题的时候，用自己的手示意学生举手发言。左边第一排的一位男生没有举手就发出了声音，教师用责备的眼光看了他一眼，他赶紧举起了左手。所有学生举手时都用左手，将手肘放在桌子上	教师似乎对课堂纪律管理得很严；绝大多数学生对课堂规则都比较熟悉
10:40	教师自己范读课文，学生眼睛盯着书本，静听教师范读	教师为什么不要学生自己先读呢？是否可以要一位学生来范读

另外，观察记录的语言应该是具体、平实的，而不是抽象的、模棱两可的。例如，如果一份观察记录上写着，“教室里学生很多，十分拥挤”，这样的语言就非常模糊。因为教室里是否拥挤因观察的人而异，有人觉得超过 20 人就很挤，而有的人认为 60 个学生在教室里很正常。如果记录成“教室里有 80 个学生，学

生们的座位都是紧挨在一起的”，这样一来就十分清楚了。

三、访谈

访谈，是质的研究中“三大法宝”的最后一种研究手段。说到访谈，有的同学可能会说，不就是两个人之间说说话，谈谈心吗？从表面上看，的确如此，然而作为质的研究手段之一的访谈，不仅仅是随意谈话那么简单。

访谈法是研究者通过与研究对象进行口头交谈的方式来收集研究资料的一种方式。作为研究的一部分，研究者在进行访谈时必须有目的、有计划、有限制、有记录，访谈过后必须有翻译、有思考。与其他研究方法、研究手段相比，访谈法最大的魅力在于以个人为研究对象，研究者主动进入访谈对象的世界，研究其思想、观点、意见、看法、兴趣、爱好、态度、倾向、情感等。

访谈在教育学研究中的作用非常广泛，研究者可以将其用于以下几个方面。

（1）了解受访者的思想，包括他们的价值观念、情感感受和行为规范。例如，访谈几位上过同样一门公共课的大学生，了解他们从各自角度如何看待这门课，这门课是如何对他们进行启发的。

（2）了解受访者过去的生活经历和他们耳闻目睹的事件，以及事件发生的过程。例如，访谈几位参加过某幼儿园亲子活动的家长，让他们从不同角度描述活动的过程，谈谈各自的看法。

（3）从受访者的角度对研究现象进行描述和解释。例如，研究者在观察一堂课的时候发现学生对教师的教学手段反应迟钝。研究者进而单独访谈课上的几名学生，试图从学生的角度理解其课堂反应迟钝背后的原因。

（4）帮助研究者和被研究者建立关系，彼此熟悉。例如，在观察某一教师的课堂之前，研究者访谈这名教师，试图搞清教师对课堂的构思、教师的风格，更重要的是，让教师感到研究者对自己工作感兴趣，争取其在研究下一阶段的配合。

（5）使受访者感到自己被人倾听，影响他们对自身的解释和构建。例如，在研究某学校处理违纪学生措施的时候，研究者找到被处分过的学生，倾听他们对自己行为的辩解，试图从学生角度还原事件发生的过程。

访谈法有多种类型之分。首先，可以分为开放型与半开放型。开放型的访谈通常没有固定的问题，大家想到哪里就可以说到哪里。访谈对象有很大的自由度，而研究者则需要随机应变。半开放型访谈要根据一定的问题进行谈话。研究者要尽力使访谈对象的话题转移到自己的问题上来，当然也可以灵活行事。其次，可以按照访谈进行的方式分为直接访谈与间接访谈。研究者与访谈对象面对面地坐下来谈话称为直接访谈。而两方通过电话、网络视频等手段进行谈话则是简介访谈。最后，还可以根据访谈对象的人数分为个人访谈与集体访谈。一对一的访谈为个人访谈。研究者一人同时访谈一组人称为集体访谈。

熟练的访谈研究者都有自己的一套倾听与回应的技巧。研究者在倾听对方谈话时，要注意不轻易打断对方讲话，用语言、动作、眼神表示自己在专心倾听，适时主动地与对方的情感产生共鸣，甚至在必要的时候容忍对方的沉默等。研究者在回应对方的讲话时还要避免评价性的问题。例如，研究者在跟一学校的教师交谈，访谈对象抱怨自己的待遇低等与研究不相干的问题。研究者应该先让教师说出心里话，然后及时引导谈话向研究的方向倾斜，而不应该粗暴地打断，或者在言语中指责对方态度等。

研究者在采访的过程中需要全程录音，甚至是录像。在访谈结束后尽早开始翻译对话。确保谈话的一字一句都要转化为文字，并且按照对话的形式整理出来。一般说来，一段 30 分钟的谈话完全翻译出来需要 3 小时以上的时间，才能保证其准确性。如此繁重的工作要求研究者的细心、耐心和责任心。

例 9-2 以下是叶萌、张露娜、张亨妮、尤优、顾霞同学对自己小组质的研究的初步整理与结果呈现。

“名著阅读对初中生性格影响”研究提案

一、介绍

研究的目的：研究不同文学名著的阅读对初中学生性格形成的影响，最终根据学生不同性格相应地推荐不同的文学名著阅读。

研究者自我陈述：一直以来，对影响初中学生性格形成的各种因素研究比较受关注，但对于名著类作品阅读与学生性格的研究却是罕见的。目前，国内中学越来越注意学生的文学名著阅读，初中生又正是性格形成的重要时期，通过对两三个初中学生进行长期追踪观察，研究文学名著阅读对学生性格形成的影响，以及不同名著阅读对学生不同性格形成的影响。

引导问题：我们这个研究问题的产生的基础来自教学中对学生的发现，从性格发展入手，研究名著阅读的作用，所得到的理论结果可以更好地应用在中学生的性格引导上。

文献综述：在 20 世纪 90 年代已有文献对中学生名著阅读情况做了系统性的调查与研究。近年来，关注中学生名著阅读或课外阅读的议题越来越多。然而，对中学生名著阅读的研究相较于其他研究问题来说研究成果较为零散，在成果运用过程中对实际教学领域的影响力依然较小，还有非常大的研究空间。

对于我组所选论题的现有文献，总体分析如下：

国内研究者对中学生名著阅读现状的关注主要集中在中学生名著阅读或课外阅读的现状及原因的分析之上，进而提出名著阅读教学思路或应对策略。这与我组研究的议题——“中学生名著阅读对其性格的影响”有所不同，对名著阅读对中学生性格的影响略有涉猎。另外，国内研究少有质的研究。

从以上分析可以看出，我组所选的论题的现实意义（针对性）在于：

研究能为教师与家长提供较为系统的理论基础，帮助他们为学生选择优秀的、有利于学生成长的课外阅读书目，以通过阅读塑造和培养未成年人的优秀品格。

特色与创新：从质的研究入手，运用访谈法等质的研究方法针对性地对个体进行研究，更具有针对性；关注名著阅读对个体性格的影响，不单纯停留在名著阅读的现状分析之上。

二、研究程序

抽样：目的抽样

现场描述：以抽出的初中生为研究对象，进行长达 3 年的跟踪观察。以学校和家庭为主要的观察场所。

角色：研究者是观察者、访问者和参与者；选取的学生为研究对象，即是被观察者、被访问者和参与者。

收集资料的方法：观察记录研究对象在校的言行；访谈记录研究对象及其朋友、父母的谈话。

伦理道德的问题：我们在进行访谈的过程中所问的问题不会涉及学生的个人隐私，访谈所得的材料我们不会外泄。

三、资料分析、资料展示

资料分析手段：

我们研究的对象是 3 名学生，将在 3 年中对每人开展 9 次访谈。

（1）资料命名，如第一次采访分别为“9-1 张”“9-1 王”“9-1 孙”，之后以此类推。

（2）细化，针对访谈中搜集到的信息进行详细的分析和分类。

（3）编码，将访谈中的信息编码为阅读的数量、阅读书目的种类等。

（4）整合，根据搜集到的信息和之前的文献综述，进行初步的写作。

信度和效度：在进行每次访谈的时候，我们都会进行录音，访谈结束后我们会对资料进行完整的记录和整理，可以对观察到的事物和现象进行准确的描述。我们本身作为中学语文教师，有许多了解和接触中学生的机会，对一般的名著也有一定的了解，能够很好地了解研究对象表述的意义。我们研究的理论基础是书籍会对一个人的性格产生影响，这是毫无疑问的，而我们得出的结论也会建立在对各种材料的认真分析的基础之上。最后，我们能够保证研究结果的得出会尽量站在客观严谨的角度，尽量排除个人主观因素的影响。

四、研究的重要性

我们这项研究的重要意义分三个层次。首先通过研究，了解学生的性格层次变化；其次，明确经典名著对学生的性格形成的影响；最后，推己及人，将研究成果推广，向更多学生介绍阅读对其性格形成有正面影响的经典名著。

五、时间规划及预算方案

我们的研究针对刚入学的初中学生，研究时间贯穿他们初中 3 年。

<table>
<tr><th colspan="2">时间安排
（共 3 年）</th><th>具体任务</th><th>预算（总 2400 元）</th></tr>
<tr><td rowspan="3">第一学期</td><td>两个月</td><td>观察：通过开学前两个月的观察，锁定 2～3 个喜欢阅读经典名著的学生作为研究对象</td><td>前期观察阶段，暂时不需要经费的支出。0 元</td></tr>
<tr><td>一个月</td><td>第一次访谈：在这一个月时间内，与研究对象进行初次访谈，了解他们阅读的名著类型，并且记录他们的思考方式和对同一事物的看法，初步了解他们的性格，形成文字资料</td><td>访谈阶段，由于需要为学生提供良好的受访环境，因此需要部分经费支出。100 元</td></tr>
<tr><td>三个月</td><td>实物分析：针对研究对象提到的名著，进行实物分析，分析这些名著所属文学的类型及其主题思想</td><td>实物分析阶段，需要购买一些书籍，由于教师自身可能会有部分书籍，所以预算大致为 300 元</td></tr>
<tr><td rowspan="3">第二学期</td><td>一个月</td><td>第二次访谈：经过一个学期的名著阅读，再次对研究学生进行访谈，了解他们现阶段阅读的名著。并且记录他们现阶段的思考方式和对同一事物的看法，再次了解他们的性格形成文字资料</td><td>同上，100 元</td></tr>
<tr><td>四个月</td><td>实物分析：分析研究对象现阶段阅读的名著</td><td>同上，300 元</td></tr>
<tr><td>一个月</td><td>第三次访谈：同上</td><td>同上，100 元</td></tr>
<tr><td colspan="4">第三、四、五学期与第二学期情况基本一致</td></tr>
<tr><td>第六学期</td><td>六个月</td><td colspan="2">整合前期收集到的访谈资料和学生阅读名著的实物分析资料，得出名著阅读对学生的性格形成的影响过程。将对学生性格形成有正面影响的名著整合列表，推荐给更多的学生</td></tr>
</table>

六、参考文献

[1] 林翠贤．中学生文学名著阅读状况调查分析 [J]．中小学图书情报世界，1998（4）．

[2] 郑惠生．中学生离经典名著有多远——中学生课外阅读调查研究之二 [J]．内蒙古师范大学学报，2005（12）．

[3] 李海红．读经典名著为精神补钙——对中学生名著阅读现状的思考 [J]．新课程研究，2011（7）．

[4] 黄夕艳．中学生名著阅读现状分析与应对策略 [J]．中国科技信息，2009（10）．

[5] 侯文媛．齐齐哈尔市农村高中课外经典名著阅读现状调查及对策 [D]．哈尔滨师范大学，2013.

[6] 杨敏．新课程标准下的名著阅读研究与策略 [D]．辽宁师范大学，2010.

思考、讨论、练习、提高

（1）请同学们用自己的语言描述，什么是质的研究？质的研究方法的特点都有哪些？

（2）检查自己和小组同学构思过的研究问题，思考并讨论，哪些问题适合用质的研究方法来回答？

（3）谈一谈量的研究中的抽样与质的研究中的抽样有什么共同点和不同点。

（4）如何在质的研究中进行实物分析？请举例说明。

（5）构思一个自己感兴趣的质的研究，据此举例说明观察法在其中会起怎样的作用？你打算如何在自己的研究场景中进行观察？然后与小组同学交换讨论各自构思的优缺点。

运用案例

例 9-3 以下是王晓洁、金哲超、樊一鸣、陈露娜、周婷、张弛同学对同一节课进行独立观察的结果，以及整个小组观察异同点的总结。

观察记录汇总

观察者：全组成员（王晓洁、金哲超、樊一鸣、陈露娜、周婷、张弛）

时间：4 月 17 日 14:00～15:30

地点：25-406

事件：汉语言文学专业大三学生的专业选修课《小说美学》

观察目的：了解小说美学课进行小组研讨汇报的课堂效果

现场简图:

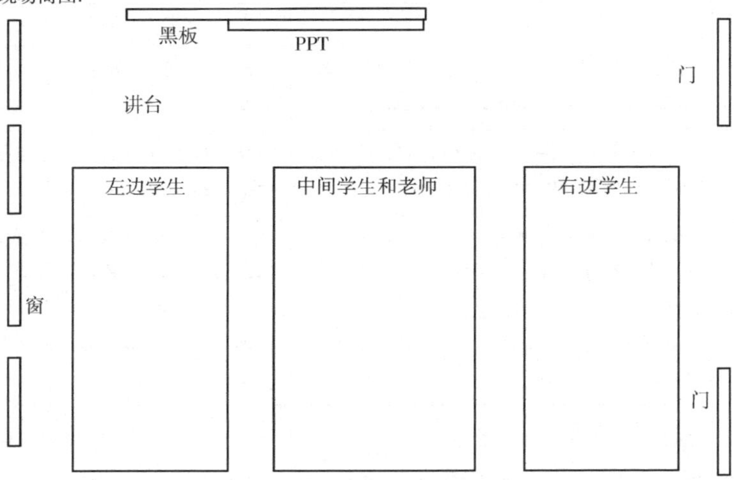

一、观察具体记录

(一) 王晓洁的观察记录

时间	观察到的事件	观察者的解释和疑问
14:01	小组成员开始上场，介绍小组的研究文本，说明接下来将为大家播放短片	先声夺人，吸引同学们注意
14:04	短片播放开始，开篇序幕过长，很久都没有进入主题，外加影片播放似乎出现问题，底下学生议论纷纷	为什么该小组的同学之前没有做好相关的设备调试工作
14:07	该小组成员自己制作的影片出现了断续的画面	从播放到正式出现画面用了太久时间，所以导致同学们的疑惑和议论
14:13	画面与声音并不同步，有些学生观看得比较认真，有些学生自顾自做事情。影片背景的配音比较有感染力	影片观赏的连续性差导致同学们不是非常“买账”
14:17	再次出现播放中断的问题，教师提议直接陈述他们的观点，停止播放	可能教师也认为这种方式会使得课堂效果太差
14:18	主讲同学开始陈述《铸剑》的解读报告，分多个角度，但是并没有引起同学们的兴趣	主讲同学比较常规的陈述开头没有抓住同学们的兴趣点
14:23	展示的PPT一直停留在一页中，字多，看起来费劲，汇报人的语速过快，更多的同学们低下头	字多的PPT，加上一味陈述的方式会让同学们觉得枯燥烦闷

续表

时间	观察到的事件	观察者的解释和疑问
14:25	主讲者与下面同学几乎没有任何互动，同学们开始有了小声议论和躁动	缺乏互动的展示会使人失去看的兴趣
14:27	汇报人提到了一些艰涩的名词，有部分同学抬头看PPT中的解释	为什么这时候汇报人没有注意到同学们的抬头，而有所互动
14:31	汇报内容太过学术化，汇报人的汇报又没有任何语调变化，底下的议论声越来越大	只想着早点结束展示，而忽略了对课堂的关切，这种做法真的是我们汇报人该做的
14:36	虽然没有互动，但是汇报的内容十分深刻独到，在切换PPT时，有同学抬头	同学们喜欢有所变化，不管是PPT还是汇报方式
14:41	汇报内容出现重复和冗赘	这样只会进一步降低学生的关注度
14:48	继续陈述，同学们表现出越来越明显的不耐烦	汇报时间已经远远超过了听众可以一次性承载的量
14:50	解读结束，教师起身倡议大家讨论，底下没什么人回应	认真听完全部内容的人应该并不多
14:51	教师开始补充解读，与底下同学有所互动，同学们开始抬头看教师	有所提问和互动就会吸引大家注意
14:56	教师板书“存在主义”并作解释，不少同学开始做笔记	对新知识，大家都会有意识地做笔记记录
14:59	教师打开之前的展示PPT，并就其中的一些要点进行再解读，强调“荒诞”	教师这样做，是不是因为想到了之前的解读没有给大家留下很深刻的印象
15:03	教师补充背景知识，联系自身，并提出问题	提问的方式总能使学生开始思考
15:12	教师继续讲解，同学们又陆续低头，自顾自做事	大家对于长时间做同一件事情的持久度总是不高
15:14	教师再次点评，表示对小组成员的肯定，继续提问小组成员何谓“隐含读者/作者”	因为是提问小组同学，所以不太能够吸引其他同学的注意
15:15	教师提问非小组同学，无人作答，教师只能继续讲解《铸剑》的文学地位和特点	因为大家真正学到的内容不多，所以普遍表示没什么想法
15:16	汇报人主动举手回答了之前没人问答的问题，有少量同学对此表现出兴趣	虽然没什么深刻想法，但是如今课堂上能有主动回答的同学，已经十分吸引人了，所以会有部分同学对此加以关注

（二）陈露娜的观察记录

时间	观察到的事件	观察者的解释和疑问
14:00	第一个同学上台，简介小组研讨内容，播放学生制作的视频。学生都抬头关注投影	学生对视频表现出兴趣
14:03	视频播放出现问题，只有声音，没有画面。学生再次上台调试	学生注意力分散
14:06	视频正常播放，前排学生抬头看视频，后几排的部分学生在做自己的事：玩手机、写字或做其他事，没有看视频。教师在台下与负责小组成员交流	教师似乎对小组汇报环节安排不熟悉，在与学生交流。学生注意力逐渐分散，部分学生根本没有关注。视频内容挺精彩的，为什么学生关注度不高呢
14:17	视频突然中断，出现问题。教师提出以口头汇报为主，建议跳过视频，直接汇报。学生开始下一环节的汇报	教室设备不好，导致视频没能完整播放，教师似乎对学生长时间播放视频不太建议
14:20	第一个学生汇报，低头念稿，眼睛始终盯着稿子，没有看台下的学生，偶尔抬头看教师。抬头关注 PPT 或汇报者的学生很少，大多数低着头。教师同样有时低着头，有时看 PPT，但没有看汇报学生	汇报者直接念稿，很流利，语速较快，没有与台下的学生有眼神或其他的互动。大多数学生似乎不关注课堂
14:28	有另外一个学生上台与汇报者耳语	该学生似乎是在提醒汇报的学生
14:40	学生基本上都长时间低着头，偶尔有学生抬头看一下 PPT	第一位汇报学生汇报时间已经超过 20 分钟，学生对汇报者的汇报似乎关注不高
14:50	学生汇报结束，学生鼓掌，教师上台开始讲述。教师并没有对刚才学生的汇报进行评述，而是直接讲述《铸剑》的故事情节及特点。台下部分学生没有参与课堂	这组是由一个学生负责全部汇报。汇报总时间约为 50 分钟，口头汇报约 30 分钟 学生似乎与刚才听汇报的状态差别不是很大，但关注度有所提高
14:55	教师讲述故事情节高潮，学生对某一情节反应较大	前排学生听得比较认真，与教师互动
14:58	教师打开刚才学生汇报时使用的 PPT，就学生汇报中“看客”的观点进行评论	教师开始就相关汇报内容讲述，学生变化不大

续表

时间	观察到的事件	观察者的解释和疑问
15:00	教师直接点名，一位学生站起来。教师提出“鲁迅与耶稣的异同”这一问题。回答的学生没有太多看法	学生被突然点名似乎有点茫然，有点紧张。似乎就相关的问题没有太多的思考和看法
15:01	上台汇报的学生主动站起来，回答教师的这一问题，表达小组观点	似乎教学课堂有趋向教师与汇报小组的交流课堂，其他学生对相关问题没有太多的思考和认识
15:13	教师就汇报内容中“隐含读者”问题提问汇报小组。小组代表站起来回答	回答的学生因为对这一方面了解较多，能基本回答
15:15	教师提问其他同学的看法，学生没有回应。负责汇报那位学生再次站起来回答。教师表扬回答得很好	这位汇报的学生，在教师提出两个问题时都主动站起来表达了自己的看法，似乎小组其他成员也没有积极参与课堂互动
15:18	下课	教师完成教学内容，提早下课

（三）周婷的观察记录

时间	课堂流程	观察到的现象
14:00	课堂开始，轮到研讨的小组开始成果分享。首先播放自制视频	教师走下讲台，在学生座位上落座。学生都对视频表现出较大的兴趣
14:08	视频正播放	视频播放出现问题，学生表现出不耐烦情绪。研讨组员与教师沟通
14:09	视频正播放	学生出现聊天、玩手机、做其他科目作业等，零星几人继续观看视频
14:12	视频正播放，屏幕一片漆黑	两个组员上讲台调整。底下学生各干各的，似乎漠不关心
14:19	视频播放出现问题，播放进程戛然而止。小组讲演展示开始	视频播放出现问题而停止时，教师没有要求继续播放，表示要听小组演讲。一部分学生抬起头来听讲
14:30	演讲者正读讲稿	教师正观察PPT，学生几乎无人抬头
14:50	小组讲演结束，教师上台进行作业布置与点评	学生很多抬起头来，听到作业有骚动声，点评后寂静

续表

时间	课堂流程	观察到的现象
14:57	教师指出小组研讨的缺陷，并重新打开组员 PPT 进行回顾	
15:00	教师提问研讨小组成员。共有两名同学参与回答	学生较多抬起头来听讲，有小声交谈
15:13	教师点名小组成员回答。共有三名同学参与回答	听完小组成员回答后，教师面向全班学生提问，学生鸦雀无声
15:18	教师宣布下课	

（四）张弛的观察记录

时间	观察到的事件	观察者的解释和疑问
14:00	课堂正式开始，教师说明课堂内容。教师虽然声音较为低沉，语音语调没有幅度，但上课精神状态较佳。前排学生都抬头看教师，但后排学生兴趣不大	课堂正式开始了，教师的语音语调、上课状态会影响学生的学习兴趣
14:01	教师提出这门课的最终考核方式不仅需要书面作业还需要笔试，学生全部抬起头，并发出各种疑问	学生对考核内容比较在意，侧面反映出学生重视考试成绩
14:02	教师请今天要说鲁迅《铸剑》的小组上台。小组成员制作了一个视频，播放给学生看。学生都抬起头，看着上面的同学，并做笔记	今天是第一次以小组的形式上台讲课，学生都比较好奇视频的内容，并为接下来课程中自己小组的上台做准备
14:06	视频突然出现意外状况，只有声音，没有图像。小组的成员上台去解决视频的技术问题	学生悉悉窣窣地开始讨论起来，但在 1 分钟后恢复安静
14:16	视频的问题并没有解决好，最后不到 10 个学生在看有破损的视频，小组的成员也在自己讨论，没有看视频	视频不能完整地播放是一个很大的问题，直接导致学生低下头自己做自己的事情
14:18	视频再现意外，不仅没有图像，声音也没有了。学生马上抬起头。教师提议不要视频了，视频下课后发到群里共享，请小组成员正式开始讲课。学生又低下头做自己的事情了	视频的再次意外故障暂时“拉回了”学生的思绪

续表

时间	观察到的事件	观察者的解释和疑问
14:18～14:51	在此阶段小组的成员在上面自顾自地读自己整理出来的资料，大部分学生也自顾自地埋头做自己的事，包括其小组自己的成员。在14：30时，小组中的一个成员上去打断了原本在说课的同学，具体为什么，并不清楚	在这一阶段中，学生基本没有听上面同学的讲课。原因有以下几点：认为同学讲课并不重要；讲课的内容太枯燥；声音没有起伏，略有催眠效果；没有互动环节，讲课的同学一直自顾自地讲；讲课同学没有脱稿，一直在读自己的稿子，几乎没有抬起头来；平时作业太多，同学们来不及做。自己小组的成员没有认真听，也许是因为他们觉得自己的任务已经做完了，接下来就和他们无关了。有成员在14：30上台打断正在讲课的同学，这很难想象是什么原因，但无论是怎样的原因，都是不对的，当然也可以认为是他们课前没有充分准备好
14:51	教师上台，请同学们讨论问题。并讲解《铸剑》。学生都抬起头来，听教师讲课	教师上课，学生总是会认真对待一些
15:01	教师随机抽名字问问题。所有学生全部抬头，认真起来	由于提问是随机的，所以同学们马上抬起头，思考起来
15:18	教师提早两分钟宣布下课，所有学生都嘻嘻笑笑地整理书本	中午上了两节课，大家也比较疲倦，下课显得十分开心

（五）樊一鸣的观察记录

时间	观察到的事件	观察者的解释和疑问
14:00	课堂开始，教师导入课堂，介绍今天课堂展示的内容	课堂正式开始了，无疑问
14:05	展示组组员上台打开视频，开始播放，视频播放卡住	无疑问
14:10	视频播放中部分内容为全黑看不见	全黑部分为组员自主拍摄，由于光线较暗，再加上教室投影较黑，故无法成功展示
14:20	视频自动弹出，教师打断视频展示，要求开始陈述部分	视频效果无法呈现使得课堂气氛差

续表

时间	观察到的事件	观察者的解释和疑问
14:25	学生上台陈述	
14:50	陈述结束	由于视频播放问题，展示时间不完整
14:55	教师上讲台点评陈述	学生大多无精打采
15:18	提前下课	随着课堂的进行，学生的注意力和精力明显下降了

(六) 金哲超的观察记录

时间	观察到的事件	观察者的解释和疑问
14:00	教师到场，课堂正式开始	课堂开始拉开序幕
14:02	没有直接进入课堂内容，学生问了考核内容是什么	学生关注考核内容，反映出学生重视考试形式与成绩
14:07	教师请今天要说鲁迅《铸剑》的小组上台。小组成员播放视频，视频似乎播放得不太顺利	视频准备不够充分，显然，小组人物完成得不够细心
14:06	视频依旧出现意外状况，有声音，无图像。小组的成员上台去解决视频的技术问题	同学们各有反应，有抱怨，有嘲笑，有低头看书，也有玩手机
14:15	视频依旧让同学们难以集中心力来看，播放有中断	破损的不只是视频，还有同学们的心力，更有整个课堂
14:18	教师建议不要视频了，视频下课后发到群里共享，让小组成员正式开始解读《铸剑》	视频的再次意外故障暂时“拉回了”学生的思绪
14:19	小组成员开始汇报《铸剑》的解读情况	同学们似乎兴趣都不大，有相当一部分同学并未抬头注视讲台
14:24	小组成员解读《铸剑》语速有些快，有些地方听不太清	小组成员的解读自身带有缺陷，或许会造成同学不集中精力听讲
14:28	解读了将近10分钟，下面的同学低头的越来越多	课堂气氛很差
14:34	有两位同学出去上厕所制造了略大的动静	课堂有些随意，造成不良影响

续表

时间	观察到的事件	观察者的解释和疑问
14:43	听解读同学讲的同学屈指可数，课堂效果很不好	造成课堂效果差的原因有很多，既有在台上主讲的同学的问题，也有下面听讲的学生过于不认真的问题
14:51	同学解读结束，教师上讲台开始补充一些问题，下面的同学开始抬起头来了	教师重新登上讲台对于同学是一剂强心剂，但是却是暂时性的
15:02	教师停下解读，开始提问让学生回答，低头的同学开始抬头，并且左右询问	很多同学整堂课都没认真听讲，即使教师在台上主讲
15:11	教师继续解读，很多同学开始“各自为政”	这是整堂课的一个缩影。教师、台上主讲同学、下面听讲的同学都有责任
15：18	教师宣布课堂结束	直到下课，课堂气氛才活跃起来

二、小组观察结果的异同点总结

(1) 本组观察结果的相同点

本组成员都观察了小组展示的不同阶段底下同学的反应和课堂的整体氛围。我们观察得出，小说美学整个课堂的气氛始终比较沉闷，小组展示的同学并没有激发底下同学们的兴趣。相对来说，在小组播放影片的阶段，同学们的关注程度稍微高于研究结果陈述阶段。在汇报阶段，汇报人的单一和汇报时间的冗长使得同学们越来越不耐烦，对于课堂效果而言，这无疑起着消极作用。

(2) 本组观察结果的不同点

本组部分成员注意到了课堂后半段的教师对小组展示进行补充和点评的部分，记录了此时同学们和小组成员的反应，并将其与前半段展示部分进行比较。他们发现，学生们在小组研讨汇报时与教师讲授时的变化不是很大，普遍有多数学生在做自己的事，没有认真听讲，但在教师讲授时学生的注意力更加集中，相对而言有较多学生参与。

另外，有观察者认为这堂课更像是教师与汇报小组的交流课堂，其他学生对该组汇报内容没有太多关注与思考，参与度不高。甚至是那位汇报学生与教师的交流课堂，教师提问两次，第一次随机点名学生，但学生没能回答，汇报学生主动起来回答问题；第二次点名汇报小组代表回答相关问题，这位学生回答并不准确，汇报学生再次主动起来表达看法，其看法受到教师表扬。似乎小组其他成员对他们组的研讨问题也没能认识全面，而汇报学生的认识比较深入与全面。

同样是关注教师在这节小组展示课堂上的行为，另外一些小组成员却致力于分析教师的行为表现，并分析了他的行为对于达成小组展示预期效果的作用。观察者认为，教师行为（主要是指他对于小组研究结果的补充和延伸）对于深化小组研究有一定的促进作用，不过这个作用主要是针对小组成员而言的，因为底下的其他同学的关注度始终不高，总的来说，他们整堂课都显得无精打采，并没有太多学习的兴趣。所以，教师行为的收效甚微。

第五节　研究资料分析

当质的研究者将通过实物分析、观察、研究三种手段收集到的资料都整理完毕之后，会发现自己的手中有非常多的文字研究资料。如何将这些文字进行处理，得到自己研究问题的答案，是一项技术活。一般说来，我们可以分为五个步骤来进行：命名、细化、编码、提炼、整合。

第一步，研究者需要给每一份资料命名。例如，研究者进行了 8 次访谈，那么，其中的一次可以称作“访谈 8-1 A 小张”，意思是访谈翻译稿 8 份当中的第一份，系在 A 小学采访张姓的教师。再如，“观察 9-3 B 中 高三 2”，意思是 9 份观察记录中的第三份，在 B 中高三 2 班进行的观察。给资料命名是为了研究者查找信息快捷方便，不至于在忙乱中遗失或发生“大海捞针”的情况。

第二步，在命名好的资料的基础上，对每一份资料进行细化。研究者可以用不同颜色的笔，在原始资料上标注没来得及记录的细节、研究者对资料的思考、重新分析时发现访谈对象的言外之意等。细化是一项耗费时间的工作，需要研究者专门拿出大量的时间来认真进行。没有细化的资料就如同没有血肉的骨架一样，很难为研究者提供丰富的信息。

第三步是编码，需要研究者将细化过的原始资料进行概括。研究者自己设计编码，用编码的形式转化原始资料。请大家看下面的例子。

例 9-4　在一个研究幼儿园学生的家庭教育的项目中，研究者通过访谈、观察、实物分析的方式收集到了大量原始资料。概括起来有如下几项：“上绘画班”“买电子琴”“上条件好的幼儿园”“学英语”“上实验班”“提前上学”“成绩不好”“学会撒谎”“受欺负”“学习压力”“经常与孩子聊天”“让孩子自己选择未来”“参加体育活动”“适当家务劳动”“注重营养”“打扮朴素”……

经过整理后得到了以下的编码：

编码 1：“物质条件”（买电子琴；上条件好的幼儿园）

编码 2:“精神支持”(受欺负;学习压力;经常与孩子聊天;让孩子自己选择未来)

编码 3:“智力发育”(上绘画班;上实验班;学英语;提前上学;成绩不好)

编码 4:“身体发育”(参加体育活动;适当家务劳动;注重营养)

编码 5:“道德品质”(学会撒谎;打扮朴素)

第四步,在完成编码的基础上,研究者可以回顾自己的研究问题,进一步提炼自己的编码。例 9-4 说明了什么是提炼。

例 9-5 在一个有关外语文化教育的研究中,研究者第一次得到的编码有 9 个:(关于在外语课堂上进行文化教学的)理由、指导(教学手段)、科技(教学所采用的多媒体技术等)、教师(教师的自身素质、修养、职后培训、自我提高、参加协会活动等)、比较(学生的母文化与所学的外语的背景文化)、级别(初级、中级、高级阶段的语言学习)、动力(学生进行文化学习的动力)、资源(学习资料、网上资料等)、纲要(国家对外语学习当中文化教学方面的规定)。研究者将第一次的编码加以提炼,形成新的四大分类:原因和动机;分级指导;科技与资源;教师发展及领域规范。如果说第一次形成的编码太多,很难下手的话,第二次经过提炼形成的四大分类就可以作为研究者的写作提纲了。

第五步为整合,是指研究者在前期工作的基础上,回顾研究问题、文献综述的内容,开始根据提炼过的编码进行初步写作的过程。在此不再一一赘述。

第六节 衡 量 标 准

衡量质的研究的标准因不同学派的观点而异。有的研究者认为应该使用与量的研究类似的效度和信度作为检验标准。而有的学者认为,质的研究与量的研究的出发点不同,质的研究者们真正感兴趣的不是量的研究中所指的“客观”和“真实”,而在于被研究对象眼中的真实情况,或者说,试图通过与研究对象的互动,从不同角度捕捉信息,最终来还原事物的本来面目。因此,我们在质的研究中所说的“某一表述是有效的”,并不是指如同量的研究中 1 就是 1,2 就是 2 那样的唯一正确的表述,而是认为这一表述比其他表述更为合理。

质的研究的研究者们经常用以下几种标准来衡量自己的研究资料。

(1)描述效度,指的是对可观察到的现象或事物进行描述的准确程度。使用这一衡量标准必须满足的条件是,所描述的事物或现象是具体的,可以通过感觉器官感知到的。例如,研究者在一间教室里观察课堂教学,但是由于课堂环境嘈杂,充满了学生说话、吵闹的声音,研究者听不清教师所说的话。因此,研究者的观察记录就很可能失真了，那根据此观察记录做出的结论都会有很多问题。

（2）解释效度，指的是研究者了解、理解和再现研究对象所表述的意义的准确程度。研究者必须完全把自己放在研究对象的角度上，联系他们所处的空间、时间、时代、文化、地理等背景，推断出他们的语言和行动之间传达出来的意义。例如，在一个研究中，有许多学生反映某教师的风格为严厉。起初研究者凭自己的感悟，认为学生是在抱怨教师没有给学生提供学习的自由。后来经过对所研究的学生的背景的全面分析，研究者发现，实际上学生潜意识里不是抱怨，而是认为教师为了学生升学非常负责任的一种表现。那么，如果研究者没有联系研究背景去理解学生的话，就会损害研究的有效性。

（3）理论效度，指的是研究所依据的理论以及从研究结果中建立起来的理论是否真实地反映了所研究的现象。例如，研究者在访谈某校教师的时候，谈话中经常出现的一个概念为“差生”，研究者将其解释为学习成绩差的学生。但是实际上，“差生”这一概念指的多半是经常违反纪律、行为比较恶劣的学生。那么，这一研究的理论效度必然会出现严重偏差。

（4）评价效度，指的是研究者对研究结果所做的价值判断是否确切。例如，研究者根据自身的背景和理解，评价一种所研究的外语教学方法为一般。然而仔细分析得知，该教学方法在教师和学生之间深受好评。评价的矛盾在于，研究者认为能够让学生大幅度提高学习成绩的教学方法才算是好的教学方法，该方法只能够有限地提高成绩。而教师和学生则认为，该方法使学生学习外语的积极性增加了，虽然在短时间内不能大幅度提高卷面成绩，但是用长远的眼光审视，该方法是一种能够长期起作用的、有利于学生身心发展的好方法。

总之，研究者在进行质的研究的操作、分析过程中，一定要根据质的研究本身的特点和要求反复衡量，慎之又慎，使自己的研究能够经得起同行的检验、读者的检验和时间的检验。

第七节 量的研究与质的研究之间的区别

在简单介绍完有关质的研究的操作之后，让我们回过头来将其与前面所学的量的研究进行比较，使同学们能够在整体的角度上理解这两大分类的研究方法。

作为研究方法，量与质的研究都有以下共同之处：围绕一个研究问题、陈述研究的目的、定义研究对象的群体、抽样、收集资料、处理资料、最终展示结果，并且两种研究方法的可靠性和可信度都有着一定的要求。它们之间的主要不同之处在于：对现实的认识不同；对于研究者角色的把握不同；对于知识的定义也不同。

量的研究产生的根源和采用的方法都来自对自然科学的研究方法。量的研究追寻的是可以量化的、可以被确证的数据。量的研究者的目的在于追寻人类社会运行以及人类行为背后的规律。质的研究方法从一开始产生就是根源于社会科学对人类社会的假设——人的行为总是与其背景息息相关的。质的研究认为，社会现象、人类活动是无法用数字来量化的，研究人类社会以及人类行为时，不能不重复考虑到社会背景、文化、传统、意识形态等方面的影响因素。因此，质的研究者最终追求的是，在特定的环境下，对人类行为和社会现象进行理解和解释。

量的研究遵循的是一种“假设—推论”的模式。量的研究一开始就基于一种可以解释现象的理论，根据理论演绎出研究假设，然后使用各种实验研究、非实验研究来验证假设，然后根据数据、数字、统计学知识决定研究是否支持这一种假设，最后决定是否支持、修改甚至放弃相应的理论。量的研究通常是在从大的研究群体中随机抽样得出的小样本上进行的。但是，质的研究则根据不同的解释模板、不同的研究目标来进行。质的研究者们不在于追求人类的共性，因为他们深信，人类活动的意义一定与特定的历史条件、社会环境、文化传统等因素息息相关。质的研究通过描述细节、刻画形象、深度反思等手段，力争使没有与研究对象相仿经历的外部的人们也可以理解所研究的事物、场所、人群等。

从方法层面上讲，量的研究利用的是实验设计，或是类似于实验的设计，并且依靠统计学的知识来解释研究资料。量的研究工具往往是尺度、测试、测验、观察量表、调查问卷等。然而在质的研究中，研究工具就是研究者本身，依靠研究者来执行收集数据、处理数据的工作。量的研究依靠的是随机取样，质的研究侧重于非随机的、有特定目的的取样。

最后，尽管量的研究承认研究者的价值取向在选择研究问题的时候会有影响，但是坚持在调查和分析的过程中不能掺杂人的情感、兴趣、文化、背景等个人因素。衡量量的研究的一条标准就是越客观越好。与之正好相反的是，质的研究承认并强调个人价值取向在研究中是必不可少的一点。质的研究认为个人价值取向从选题到收集资料、处理资料等研究的每一个环节都发挥着一定的影响。因此，与其努力去除偏见，不如将人的主观性当成一个特定来加以应用，主动追求从不同研究者角度出发的对研究对象的理解。

到此为止，我们已经利用了两章的篇幅解释了量的研究与质的研究两种重要的教育学研究方法。需要注意的是，在这里所列出的只是入门级的基础知识，同学们如果对此感兴趣，想要在实践中进行操作，还需要有针对性地学习更深层次的知识。

思考、讨论、练习、提高

（1）根据自己已有的研究问题，构思一个访谈法，跟小组同学分享，并讨论、预测在现实中会遇到什么样的困难？

（2）分析质的研究资料有几步？每一步分别起什么作用？

（3）找到一个自己感兴趣的质的研究，根据本章提供的衡量标准，讨论其质量。

（4）量的研究与质的研究的区别是什么？

（5）作为一个新手研究者，从自己的研究角度上讲，你更喜欢哪种研究方法？为什么？

第十章 混合研究

从研究方法的分类这一角度上理解到，混合研究方法是结合量的研究与质的研究优点的一种单独的研究方法。经过前面章节对量的研究和质的研究的详细分析，相信同学们对以上两种方法的特点、研究设计、数据分析等方面都有了一定的认识。在此基础上，让我们来进一步认识混合研究方法。

第一节 什么是混合研究方法

在给出混合研究方法的定义之前，让我们一起来看下面两个例子。

例 10-1 方老师使用问卷调查法对学校里某一项目进行了研究。在问卷收集完毕之后，方老师对参加调查的几个老师和学生进行了访谈，详细询问他们的经历、看法和意见，试图解释从问卷中得出的数据的确切含义。

例 10-2 徐老师在某市一中学中使用访谈、观察等方法收集到了一些关于教师的课堂用语对学生影响的信息。徐老师对收集到的信息进行分析，在此基础上设计了一套优化课堂用语的方案，然后在另外几所中学中对这套方案进行了实验研究。

同学们通过以上两个小例子可以感受到，在进行教育学研究过程中，研究者不但可以采用量的研究或质的研究中的某一种方法，也可以择其精华加以结合，进行一种混合研究。

从混合研究方法开始形成的时刻起，众多学者试图从自己的角度上给其下一个定义。时至今日，学术界对混合研究的理解和定义仍然没有完全统一。我们可以通过一个比较简单、直接的定义来理解这种研究方法：

混合研究方法是一种在一个研究或一个系列的研究中，收集、分析、混合量的研究数据和质的研究数据的研究方法。使用混合研究最重要的前提是，研究者能够通过混合使用两种研究方法——量的研究和质的研究，比单独使用一种研究方法更好地回答研究问题。

除了以上的定义，同学们还可以通过了解混合研究的核心特点来进一步理解这种研究方法。在混合研究中，研究者们：

(1) 根据研究问题，严格地收集和分析量的研究和质的研究性质的数据资料

（混合使用两种研究方法并不意味着可以省略研究步骤或者是降低研究标准）。

（2）混合、联系、结合两种形式的数据资料（研究者们可以使用一种数据解释另一种的含义，如例 10-1 中，方老师用访谈得出的结果解释调查问卷的结果。或者，在一种资料的基础上建立另一种，如例 10-2 中徐老师根据质的研究方法得出结果开发接下来量的研究中所用的研究工具）。

（3）根据具体研究的着重点，把研究重点落在其中一种或同时放在两种类型的研究方法上（例如，研究者可以使用 40%的精力和时间通过质的研究开发调查问卷，然后用 60%的时间和精力去使用问卷收集数据、处理数据和解释数据，也可以进行 50%和 50%，或 75%和 25%的分配等。分配的决定权在研究者自己的手中）。

（4）在某一项研究内，或同一个系列研究的不同阶段使用混合研究方法（如果某研究者先做了一个质的研究，然后做了一个量的研究，即使两个研究的研究问题有相通之处，也不能直接将两个研究放在一起称为是一个混合研究）。

（5）用一个统一的研究设计来导向整个研究的过程（研究者可以借鉴很多前人的研究设计，或是开发自己独特的研究设计。我们在以后的部分会具体解释混合研究的研究设计的种类和例子）。

以上所列出的核心特点是学者们通过多年的实践经验和理论研究总结出来的，希望能够帮助同学们准确地理解和描述混合研究方法。

同学们应该了解的是，混合研究背后的哲学导向是“实用主义（pragmatism）”。在这种研究形式下，研究者跳出传统研究的思维藩篱，不再严格限制自己是通过严格的变量控制得到数据，还是必须从研究对象的角度去收集资料；也不再考虑选择以数字或文字的形式来描述研究所获得的知识；而是完全放开思维的界限，采取一切可以问答研究问题的手段，“黑猫白猫，能抓住老鼠的就是好猫”，对传统的研究方法进行混合、取长补短，从崭新的角度去构思、设计、执行教育学研究。

第二节　时机、优点和挑战

一个教育学研究者在职业生涯中会面临众多的研究机会，什么时候可以使用混合研究方法成了一个我们关心的问题。如同其他任何一种研究方法一样，混合研究有着它的优点和局限，不是所有的研究都适合使用混合研究方法。如果研究者着意于倾听研究对象对于某一事物的心声，那么质的研究方法比较实用。如果研究者想要用数据说明几个变量之间的关系，那么量的研究方法就足够了。那么，使用混合研究的时机究竟是什么呢？

（1）当一种研究数据、资料不能完全回答研究问题的时候。例如，研究者在一个关于某地区单亲家庭家长支持孩子的成长的研究中使用了混合研究方法，因为研究者认为，如果单用质的研究方法不能够了解整个地区单亲家庭的普遍情况，而如果单用量的研究中的调查法，又不能够深刻了解单亲家长对孩子教育的理解。

（2）当一种研究数据、资料需要进一步解释的时候。例如，研究者对于一种新的数学学习方法进行了实验研究，得出的结论是使用新方法的学生的成绩确实高于使用传统方法的学生，但是实验法不能解释这种区别是如何造成的、由什么因素影响的，以及学生自己对这种方法是如何感受的，于是研究者使用了混合研究方法，先用实验法，然后使用访谈法。

（3）当需要扩大研究数据的解释范围的时候。例如，研究者先使用观察法研究了一个班级的某种现象，获得了一些答案，然后使用调查研究看先前得到的答案是否可以解释其他班级中的同样现象。

（4）当需要第二种研究方法提高第一种研究方法的质量的时候。例如，研究者使用相关研究调查确定了教师的某种行为与学生成绩成正比，然后锁定某个教师及其学生，进行了一个集中的个案分析，使相关研究的数据更加有意义。

当研究者遇到上述的几种研究情况的时候，就可以考虑使用混合研究的方法。

理解一种研究方法不仅可以通过其定义和特点，以及使用的时机，也可以通过理解它的优点。混合研究方法具有相当多的优点：①混合研究可以摒弃量的研究和质的研究的缺点，保留它们的优点，达到一个最佳的互补状态。②相比单一的研究方法，混合研究可以为一个研究问题提供更多、更详尽、更全面的回答。③混合研究可以回答单一研究方法不能回答的研究问题。例如，研究者想要知道参加某一实验的两组学生分别对实验过程有什么样的描述。④混合研究鼓励研究者从不同的角度、价值观、对知识的理解方面来看待同一个问题，最终达到扩展研究思路的目的。⑤从实用主义的角度上，混合研究可以帮助研究者跳出某种研究方法的限制，自由地根据研究问题设计研究方法，甚至创新研究方法。

虽然混合研究有如此多的优点，但是我们必须承认，不是所有的研究问题都可以用混合研究来回答，使用单一的研究方法仍然具有不可忽视的优势。我们研究、推广混合研究，并不等于否认其他研究方法的价值。另外，在教育学实践当中使用混合研究方法仍然有着诸多困难，尤其对于新手研究者来说，使用混合研究方法是一项巨大的挑战。

首先，使用混合研究方法对研究者来说是一种技术上的挑战。研究者必须先熟悉量的研究和质的研究，在实践中进行操作之后，才能谈得上设计、使用混合研究。如果研究者不能理解量的研究和质的研究中研究设计、收集数据、分析数据等步骤的话，混合两种方法就无从谈起。其次，使用混合研究方法对研究者来说是时间、精力和条件的挑战。比起单一的研究方法，混合研究方法很自然地要求多一倍的研究时间、研究者更多的精力，以及相关的资源。一个相应的解决办法就是几位研究者组成一个团队来进行混合研究。最后，任何新生事物都需要迎接各方面的质疑，混合研究方法也不例外。相比其他的研究方法，混合研究是比较新的研究方法，从 20 世纪七八十年代才开始形成，当前还处于发展阶段。因此，研究者必须考虑，自己未来研究报告的读者、杂志编辑、同行的专家等是否能够接受这种研究方法，承认自己所做的混合研究是可靠和有效的。

第三节　研究设计

我们可以将研究设计看成研究者如何收集、分析、解释、报告资料的一种步骤、程序或模板。研究设计在导向研究者操作，以及帮助研究者理清研究逻辑、思路方面非常有意义。当研究者确定自己的研究问题后，下一步就是要选择一个适合研究问题的特定的研究设计。在混合研究中，研究者需要做出几个关键决定来选择一个合适的研究设计。

决定 1：研究者需要决定量的研究和质的研究之间的关系。可以是一种平行、独立的关系，两种研究相互独立、互不干涉；可以是一种相互作用的关系，在某一个阶段，一种研究影响另一种研究。

决定 2：研究者需要决定在某一设计中，量的研究和质的研究哪一种更加重要。两种研究可以同等重要，平分秋色；量的研究可以占有优先地位，质的研究扮演辅助角色；质的研究可以占有优先地位，量的研究起辅助作用。

决定 3：研究者需要决定设计中的时间线。量的研究和质的研究可以在同一时间段发生；两种研究可以根据先后次序发生；两种研究可以根据需要在多个阶段发生或反复发生。

决定 4：研究者需要决定量的研究和质的研究怎样进行“混合”。两种研究可以在最终的数据、资料解释阶段发生混合；两种研究可以在数据分析过程中混合；两种研究可以在资料收集阶段发生混合；两种研究可以在研究设计阶段就开始混合。

当研究者做好以上四个重要决定之后，可以参考下面的几种典型的研究设计进行下一步的工作。

1. 汇聚平行设计（the convergent parallel design）

汇聚平行设计的含义是，研究者决定两种研究同时发生，占有同样重要的地位，并且互相平行、互不干涉，在数据资料分析阶段进行混合的一种研究设计方案，如图 10-1 所示。

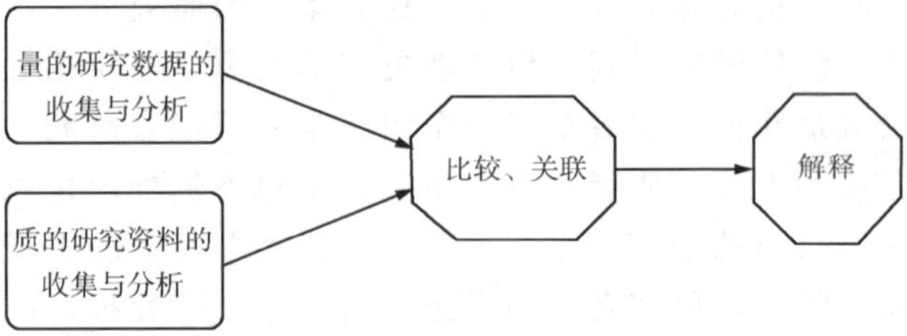

图 10-1　汇聚平行设计

2. 解释顺序设计（the explanatory sequential design）

一种解释顺序设计开始于量的研究数据的收集与分析，然后在此基础上进行质的研究资料的收集与分析，最后用质的研究资料解释量的研究数据。一般说来，在这种设计中量的研究占优先地位，如图 10-2 所示。

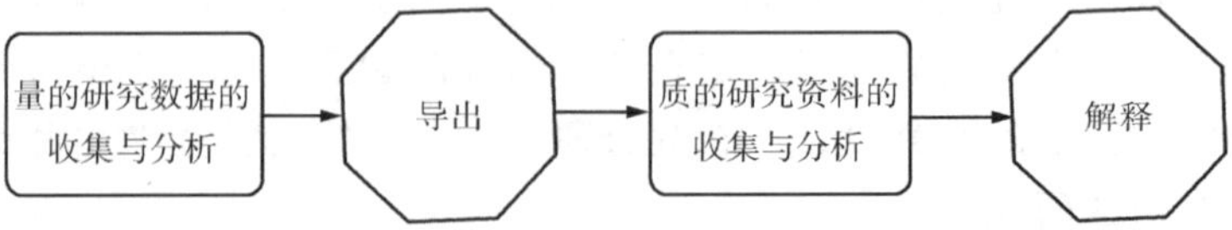

图 10-2　解释顺序设计（1）

另一种解释顺序设计中，研究者首先进行质的研究资料的收集与分析，然后在此基础上进行量的研究数据的收集与分析，最后用量的研究数据解释、推广质的研究资料。一般说来，在这种设计中质的研究占优先地位，如图 10-3 所示。

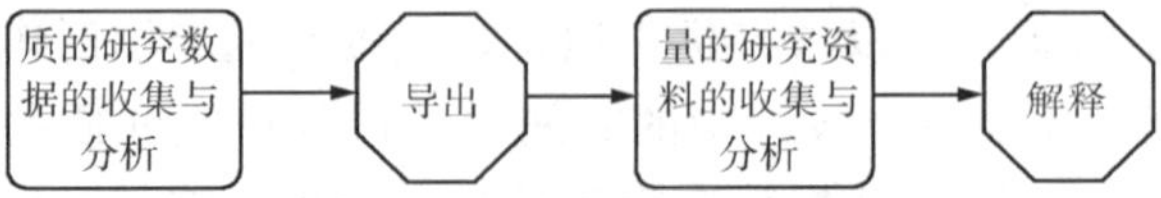

图 10-3　解释顺序设计（2）

3. 镶嵌设计（the embedded design）

研究者在进行镶嵌设计时，采用的是在传统的单一研究方法中加入另外一种处于次要地位的研究。例如，在进行质的研究的过程中，加入一个小的实验，或在进行量的研究过程中，具体分析一个小型的案例等。在镶嵌设计中，被镶嵌到里面的那一种研究处于从属地位，服务于另外一种研究，如图 10-4 所示。

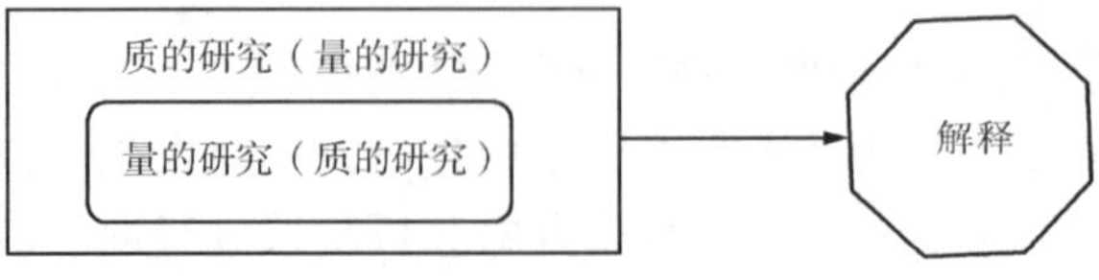

图 10-4　镶嵌设计

4. 多阶段设计（the multiphase design）

研究者们往往是以研究团队的形式、跨越一定的时间长度，才能进行如此复杂的多阶段研究设计。多阶段设计的优点是从各个方面完整地研究了某一事物，具有相当程度的可靠性和有效性，提供了丰富的数据资料；其缺点在于需要耗费大量的时间、金钱、资源，只适用于有充足资金的和时间保障的大型课题，如图10-5所示。

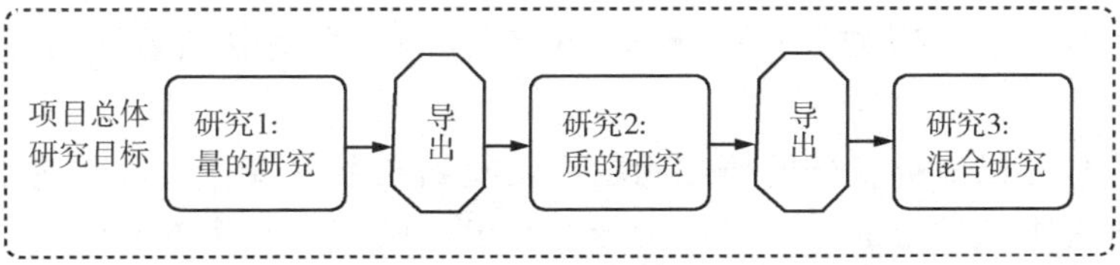

图 10-5　多阶段设计

以上是几种典型的混合研究设计，同学们可以结合事例具体分析它们的适用范围和优缺点，在具体研究问题的导向下思考哪种研究设计更加合理。

第四节　研究结果分析

相比量的研究和质的研究中的结果分析，混合研究的结果分析有着自己独特的地方。可以通过以下七个步骤来对混合研究的数据资料进行分析。

（1）缩减（data reduction），根据研究主题删除不相干的数据资料。

（2）展示（data display），通过表格、图示、故事板等形式，在一个大的平面上展示从研究中获得的所有数据资料，由此研究者可以更清楚地理解自己获得的研究结果。

（3）转换（data transformation），根据具体研究的需要，将质的研究资料转换为数据，或将量的研究数据转换为文字资料。

（4）关联（data correlation），检查两种数据资料是否提供了同样或相似的信息。

（5）加强（data consolidation），在这一阶段，研究者可以将原来的两种数据资料合成一套新的数据或资料。

（6）比较（data comparison），将数据资料与原始的来源相比较，检查有无漏洞。

（7）综合（data integration），综合所有的资料进行报告。

研究者在处理混合研究结果时，理应比使用单一研究方法耗费更多的时间和精力，意味着不但要对量的研究和质的研究得出的结果进行单独处理，还要根据上述步骤进行混合处理，才能最终得到混合研究的结果。

思考、讨论、练习、提高

（1）混合研究方法的定义和特点分别是什么？请同学们举一个具体的例子说明教育学研究中如何使用混合研究方法。同小组的同学们可以互相交换讨论彼此的例子。

（2）请举例说明，使用混合研究的最佳时机。

（3）在自己感兴趣的学术期刊上搜索使用混合研究方法的研究报告。根据找到的例子，分析混合研究方法的优点和使用混合研究方法会给研究者带来哪些挑战。

（4）从自己以前准备好的研究问题中，找到或者改编一个适合使用混合研究的问题，结合本章学习的关于研究设计的知识，做出一个简单的研究设计，包括做出四个关键决定和选择一种合适的研究设计模板。可以跟小组同学合作进行设计工作。

（5）请同学们回忆，量的研究方法和质的研究方法是怎样处理研究结果的，然后说明混合研究是如何处理研究结果的。

运用案例

例 10-3 以下材料节选自陈殿兵和杨新晓的文章 *Striving and Thriving in a Foreign Culture*，原文发表于 *Journal of Education and Training Studies*，2（3），16-25【（美国）教育与训练研究杂志】。此研究采取了混合研究方法。材料中所引用的部分包括研究问题和研究方法（含对研究对象、质性访谈、问卷调查研究的描述）。同学们可以通过阅读感受混合研究与其研究问题的关系、研究者是如何实际操作混合研究的。"【】"中为译文及解释。

……（前略）

Research Questions【研究问题】

This study addressed the following questions:

1: What are the challenges and opportunities for international students to learn and grow in American universities?

2: How can administrators and university instructors build a campus environment to help current international students survive and strive in a foreign culture, and in doing so, attract more prospective students?

3: To what extent do the quantitative results confirm the qualitative results concerning international students'experience?

【1. 在美国大学中的国际生们所遇到的挑战和机遇有哪些？
2. 高校管理者和教师们如何建立一个良好的校园环境来帮助国际生们在异国文化中适应和奋斗，同时吸引更多未来的留学生？
3. 量性研究部分的成果从多大程度上可以确认质性研究部分从国际生经历中所获得的结果？】

Method【研究方法】

To answer the above research questions, this study adopted a mixed method research design (Tashakkori & Teddlie, 2003), which is a procedure for collecting, analyzing, and mixing or integrating both qualitative and quantitative at different phases of the research process within a single study (Creswell, 2005) . The rationale for integrating both types of data is that neither qualitative nor quantitative data are sufficient by themselves to address the perceptions and details of the situations, such as the complex issue of international students' experience in America. When combined together, qualitative and quantitative methods complement each other and provide a more complete picture of the research problems (Johnson & Turner, 2003; Tashakkori & Teddlie, 2003) .【单一的质性或量性研究都无法很好地回答研究问题，因此，研究者们采取了混合研究的方法。当混合使用两种研究方法时，研究者们可以得到更好、更完整的对研究问题的回答。】

In this specific study, the researchers used a sequential exploratory approach (Creswell & Clark, 2011) to examine the academic and social life of international students in three American universities. There were two phases in the design. The first phase (conducting interviews and initial qualitative analysis) was a qualitative exploration of international students' personal experience and stories in studying and living in American universities in which interview transcripts data were collected from 11 students. Because of the lack of relevant instrument and unknown variables to assess international students' experience in American universities, the researchers believed that it was necessary to develop an instrument based on qualitative views of participants. From this initial exploration, the qualitative themes were used to develop survey instrument that was administrated to a large sample. In the planned quantitative phase (reanalysis of the qualitative data, revision and administration of the survey), survey methodology was then used to measure 153 international students' experiences and perceptions of the factors that influenced their lives in three American universities. The reanalysis of the qualitative data and refinement of the survey items were adopted to increase the reliability and validity of this study (Creswell & Clark, 2011). 【本研究采取的是解释顺序设计。研究顺序大致分为两个阶段。在第一阶段中研究者实施了访谈和质性分析，以解释国际生在美国高校的个人经历，资料共来自 11 位国际生。接着，在第一阶段的质性材料基础上，研究者开发了量性的问卷以适应更广泛的研究对象。问卷总计收集了 153 位国际生对于他们自己在美国高校留学生涯的情况。】

The priority in this study was given to the qualitative phase, because it focused on in-depth exploration of the results obtained in the first qualitative phase and then developed the instrument to conduct a massive quantitative research (Creswell, Plano, Gutmann, & Hanson, 2003). The results of the qualitative and quantitative phase were integrated (Creswell et al., 2003) during the discussion of the outcomes of the entire study. 【质性研究部分在本研究中占有优先地位，因其集中、深入地探讨了留学生的经历，同时影响量性研究部分中研究工具的开发。两部分研究的研究结果在整个研究最终的讨论部分得到整合。】

Participants【研究对象】

The participants in this study were 153 international students who were studying in four-year universities in America. The four universities were conveniently selected but the surveys were randomly delivered to the participants. The identity of qualitative participants remained confidential from their enrolled programs and colleges (McMillan & Schumacher, 2001). Participants varied in their nationalities (25 countries) to make sure they were representative enough for the targeted population. 【有 153 位国际生参加了研究，他们都是在四年制大学就读。四所大学的抽样属于方便抽样，但在每一所大学中都采取了随机抽样。研究者们对质性研究的研究对象的身份信息都进行了保密。所有研究者分布在 25 个不同的国家，以此确认他们可以在最大程度上代表留美学生的总体情况。】

Qualitative Interviews【质性访谈】

With the interview questions, the researchers collected qualitative data through 11 (six males and five females) in-depth interviews with a purposeful sample (Patton, 2002) of international students. Participants were selected to present diverse international students' population from five countries (China, India, South Korea, Sri Lankan, and Vietnam) because students from those five countries account for a large percentage of the total enrolled number of international students (NCES, 2011). Each interview was conducted in person, with the length of interviews ranging from 25-40 minutes. The open-ended questions consisted of general questions about international students' life and more specific questions about their stories on dealing with challenges. 【研究者采访了6位男生、5位女生共11名国际生。研究对象来自于5个不同国家。研究者采用了面对面的个人访谈，每次访谈持续25～40分钟，访谈问题涉及国际生在美留学各方面的情况。】

The number of participants was based on Stake's (2006) recommendation of sampling 4 to 10 participants and Dukes' (1984) recommendation of studying 3 to 10 participants. The researcher reached saturation after roughly seven participants, but conducted a few more interviews to ensure saturation. Moreover, to capture the complexity of information available and to gain insights, multiple transcripts checking, intercoder agreements, and multiple types of data collection (Creswell, 2009; Lincoln & Guba, 2000) were applied to safeguard the reliability and validity of the study. By collecting and analyzing 11 interview protocols, the qualitative phase relied on inductive reasoning to document emerging themes. 【研究对象的人数选择乃是根据许多学者的建议。研究者采取了各种技术手段保证本研究的信效度。】

Each interview was audio taped and then transcribed verbatim (Creswell, 2009). Steps in the qualitative analysis included: 1) preliminary exploration of the data by reading and rereading the transcripts and interview journals, 2) coding the data by segmenting and labeling the transcripts, 3) verifying the codes through the peer checking, 4) combining the similar codes together to form the main themes, and 5) connecting and interrelating the themes. Credibility of the findings was secured by exploring in different sources of information, member checking, rich and thick descriptions, and academic advisor's auditing (Creswell, 2009; Merriam, 2009). 【质性

研究部分结果的分析步骤包括：1）反复阅读及细化所有的访谈记录和手稿；2）编码；3）通过同行互评确认及修改编码；4）合并及声称主轴编码。研究结果的整体可靠性由其资料来源的多样等方式保证。】

Survey Instrument & Data Analysis【问卷调查工具及资料分析】

The instrument was designed building on the themes generated from the qualitative data. Academic experience, socialization experience, navigation among the different culture, support and assistance from university, and strategies in dealing with challenges are the four independent variable selected to measure the dependent variables of international students experience in American universities. The meaning of the themes was presented in Table 1. A pool of survey items was created for the each theme based on the interview data and informed by literature (Fowler, 1993). All the items were pilot tested on 5% of the selected participants and were tested for alpha reliability, and low-performance items (correlation <0.5) were revised, replaced, or eliminated.【研究者根据质性研究部分所得的资料开发了调查问卷。】

The 44 items in the final survey were 5-point Likert-type agreement questions starting from Strongly Disagree to Strongly Agree. All items were stated in the positive. The final section asked four demographic questions. Table 1 presents selected items developed to measure each variable with representative quotations from the qualitative data supporting each one.【问卷包含44项的五点满意刻度问题。研究者从正面阐述了所有问题。最后一部分收集了研究对象的基本信息。】

After the development of the survey, the researchers went to the library, cafeteria, and student union with the questionnaire to do a personal pencil-paper collection. The researchers informed students that the survey was about their second language learning experience and of their rights as participants. After this, the researchers handed out the surveys to those who agreed to participate. Then, the researchers waited for participants' completion of the survey and collected it. After the collection of all the survey data, data were coded and imported into the SPSS. Data were cleaned and re-cleaned to make sure there was no missing data or wrongly inputted data.【问卷开发之后，研究者们在校园各处实施了面对面的问卷收集。研究者告知了国际生有关于本研究的具体目的，然后从同意参加研究的对象处收集了信息。所有问卷收集完

毕后，研究者使用 SPSS 统计分析软件分析了数据。】

Reliability and validity of the survey scales and items were established, using descriptive statistics such as mean and range, frequency distribution, internal consistency reliability indexes as well as inter-item correlations（Ivankova & Stick，2007）. The Cronbach's alpha calculated for all the items was. 87.【问卷的信效度都得到了保障。其中效度（Cronbach's alpha）值达到 0.87。】

……（下略）

第十一章 行动研究

顾名思义，行动研究（action research）的两个核心要素就是“行动”与“研究”。行动研究可以被简单理解为如何在研究的基础上采取行动，或是研究所要采取的行动。在教育领域，行动研究通常被用于提高日常教学、学生学习、学校管理等的质量。行动研究总是以解决具体的问题为目标，或者是为了开发特别的项目、活动、组织等。研究者运用行动研究的一个基本假设就是：实践中的问题往往因时、因地、因人有着非常大的区别。因此，一些普遍的认识、被人们概括总结过的一般解决方案等难以解决我们在实践中遇到的很多问题。解决问题的关键在于，结合实际情况，因时制宜、因地制宜、因人而异、具体情况具体分析。接下来，让我们一起来学习关于行动研究的几个重要知识点。

第一节 什么是行动研究

行动研究又被称为是从业者研究（practitioner research），或教师研究（teacher inquiry，or teacher research）。在教育学领域里，行动研究经常被应用于课程开发、教学策略改进、学校革新等方面。除了教师，学校里的其他人也可以采用行动研究，如教练、心理咨询师、校长、图书管理员、技术人员等。行动研究的终极目标就在于通过研究和实际行动，对研究者自身的工作和学习进行改造与提高。

一个优秀教师的特点之一就是在有意无意之间经常从事一些行动研究，因为所有优秀教师都擅长于反思。而反思恰恰正是行动研究的一个核心的要素。但是，行动研究不仅仅停留在反思上，它强调的是系统地、循环地进行反思、行动、再反思、再行动，在此过程中不断地完善研究者的实践方法。

行动研究具有以下三个重要的特点。

(1) 行动研究必须在研究者所在的特定环境下开展，而且研究的目的就在于解决此特定环境下的问题。

(2) 行动研究是由实践者亲自从事的，而且从事研究的目的也是为了实践者本身。

(3) 行动研究必须导致实践者（又可称为是研究者）的行为变化或对于某一

事物的改变。

下面请看一个具体的行动研究的例子。

例 11-1 周老师是某市初中两个班的班主任。她在工作中发现，由于学校所在的地理位置的原因，班里大部分同学来自城乡接合部或是外来务工人员的社区，学生普遍学习积极性不高，对于自己的未来缺乏认识。为了提高班里学生的学习积极性，周老师制订了一个行动计划，包括组织学生做一些社会调查；请各行各业的家长或专家到班上与学生开展关于“学习与我的未来”的讲座；组织班里学生进行思考与讨论；帮助学生组成读书俱乐部，进行定期的读书报告交流活动；等等。经过一个学期的实践，周老师的学生的学习积极性有所提高，但是暴露出来的问题也很多。于是周老师对自己的行动计划加以改进，在第二个学期继续进行。

从例 11-1 我们可以看出行动研究的三个特点。首先，在这个研究中，周老师所在的特定的学校与班级（市郊、城乡接合部、外来务工人员社区）就是她的行动研究开展的环境，并且周老师的研究目的就在于解决这个特定环境下的特定问题——学生学习动力不足。其次，周老师是实践者也是研究者，这个行动研究的目的正是利于周老师的工作。最后，周老师的研究使自己的班级管理活动发生了一系列改变（调查、讲座、讨论、活动等），而且这些改变将继续进行下去。

虽然行动研究的概念在 20 世纪 40 年代就被学者所提出，但是一直到最近几十年来才受到教育学研究者的广泛重视。有学者根据研究的不同目的和各种参与者，将行动研究大致分为四类：①合作式行动研究（collaborative action research）；②批判式行动研究（critical action research）；③教室内行动研究（classroom action research）；④参与式行动研究（participatory action research）。同学们有兴趣的话可以按照以上四类的名称进行进一步的资料搜索。

无论哪种是行动研究，它们都具有一些共同的优点。从事行动研究可以：

（1）提高教师的职业发展水平；

（2）使普通教师在教育学领域拥有自己的发言权；

（3）直接从教育实践中提炼知识，运用所提炼的知识反哺教育实践；

（4）提高教师作为决策者的反思、运用信息、使用信息的能力；

（5）鼓励教育学中开放的对话和新思想的发展；

（6）鼓励教师之间进行合作，以及跨领域进行合作；

（7）为教学改革、学校改革提供资源与动力；

（8）使教师在工作中收获更多的成就感。

行动研究的一个最关键的优点就在于缩小理论与实践之间的鸿沟，使高深的教育学理论走下神坛，为实践服务，同时也提炼教师从日常工作中收获的知识，使之登上大雅之堂。

与传统的量的研究和质的研究相比，行动研究的新颖之处在于具有不同的研究动机、不同的最终目的、不同的受益人。就具体的研究操作手段而言，行动研究非常类似于质的研究，研究者经常采用观察、访谈等方法，但行动研究也可以根据需要借鉴量的研究方法，如进行学生调查等。

第二节　行动研究的过程

同学们可以将行动研究的过程看成如图 11-1 所示的一种无限循环的过程。行动研究者们按照反思、计划、行动、分析到再次的反思、计划、行动、分析一个循环一个循环地进行下去。接下来让我们看一下行动研究中每一步的具体含义（括号中是一个研究案例的一步步剖析）。

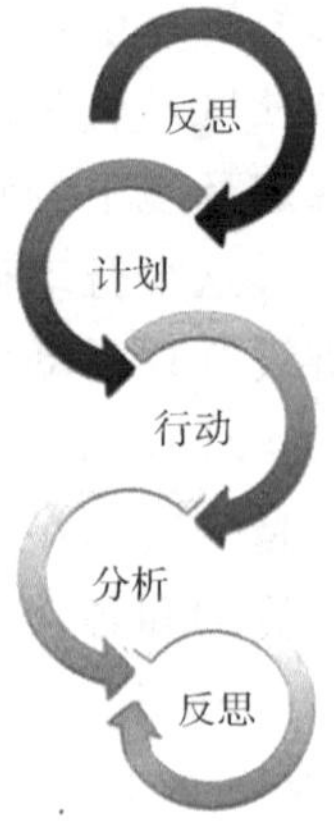

图 11-1　行动研究的过程

（1）反思：行动研究者根据自己日常工作、生活的经历，在自己所在的环境下提出一个实际问题，确定该问题属于哪个领域和范围，以及含义、特点都是什么。（刘老师在自己的英语教学过程中发现学生大多单纯依靠课本来学习英语，枯燥乏味、效率低下。经过分析，刘老师认为这属于英语课程内容改革范围内的问题，学生们需要能够引起他们学习兴趣的英语课程内容。）

（2）计划：研究者根据实际情况制订一个切实可行的行动计划，为下一步收集数据资料做准备。（刘老师制订了一个英语课程内容改革的行动计划，包括运用图片、视频、网站、实物等各种各样充满时代特征和丰富内涵的事物作为自己英语课堂上的课程内容。）

（3）行动：研究者在实践中执行所指定的行动计划，并且通过各种渠道收集相关的数据资料。（刘老师根据自己制订的行动计划，在课堂上使用了新的课程内容，并且通过观察法、学生访谈法、分析学生作业等方法收集学生对新的课程内容的反应。）

（4）分析：研究者分析所得到的数据资料。（刘老师使用类似质的研究的资料分析方法处理所得到的研究资料。）

（5）反思：研究者根据分析结果，进一步反思自己的行为和所研究的事物的本质，并且将自己现阶段的认识与研究开始时自己的认识相比较，进一步寻找问题。（刘老师根据分析结果，发现学生学习积极性得到很大提高，但是使用新的课程内容时又出现了很多问题，如知识结构不够系统等。刘老师进一步确定了问题，想要在下一步的行动中不但解决课程内容单调的问题，而且使更新的课程内容系统起来、更加适应于学生的认知过程。）

（6）计划：制订下一步的行动计划。（刘老师制订了新的行动计划。）

(7) 行动：执行行动计划。
(8) 分析：分析研究结果。
……

行动研究的过程就如以上所说的步骤循环往复、逐步推进。与传统的研究过程相比，从实践中来、为实践服务的行动研究更加具有灵活性和生生不息的动力。

第三节　行动研究的研究问题

行动研究者所研究的问题必须是关于自己的工作、学习实践的；问题必须存在于研究者可以控制的范围内；更重要的是，问题需要是研究者感兴趣的、有热情研究的，并且最终愿意使未来的结果服务于自己的实践的。在教育学领域内，行动研究的问题一般分为以下五种。

(1) 第一种问题来自研究者提高学生学习的意愿。例如，如何改进教室的物质环境使学生更好地在学习上集中精力？如何提高学生之间的互动能力？如何提高学生对自身经历的反思能力？

(2) 第二种问题来自研究者改进课程内容的意愿。例如，如何在小学思想品德课上加入时代的元素？怎样利用百度地图、谷歌地图传授地理知识？

(3) 第三种问题来自研究者借鉴先进教学手段、测量手段的意愿。例如，如何在大学课堂上使用“合约学习法”？如何促进学生小组之间进行互相考察？

(4) 第四种问题来自研究者提高自身的职业修养、业务水平的意愿。例如，自己从教 10 年以来的教学观念是如何提高的？怎样更好地与其他教师进行教学问题的研讨？

(5) 第五种问题来自研究者在学校和社区层面进行改革的意愿。例如，如何开展高质量的家校合作项目？怎样在全校教师中倡导重视科研的新风尚？

以上五种问题基本概括了行动研究中研究问题的种类，而行动研究中的研究问题一般来源于以下几个方面。首先，研究者可以通过全面反思自己的实践经历来寻找问题。对于司空见惯的问题保留一份质疑精神，而不是随波逐流、得过且过。多问问自己，兴趣是什么，热情在哪里，对哪些方面有想法，哪些问题给自己的实践制造了障碍，等等。如果教育者能在工作中始终保持一份工作笔记，记录一些事件、细节、想法、困惑等，寻找研究问题便不会困难。其次，研究者也应该是一个文献研究者。教育领域同其他领域一样都在日新月异地发展。教育工作者需要经常阅读与自己教学工作相关的学术期刊、论著专著等，跟上学术发展的步伐。一个熟悉自己所在行业发展的研究者总是能够找到一个既有实践意义又有时代精神的研究问题的。最后，研究者需要经常与同行进行讨论，交换看法，使彼此的思想进行碰撞，打磨自己的思想，由此可以提炼出有深度的研究问题。

第四节 行动研究资料的收集与处理

一般说来，研究者在量的研究和质的研究下使用的研究手段都可以拿来为行动研究服务。只要研究者认为采用某种手段可以在自己实践范围内收集到足够的资料，就可以放心使用，不必必须局限于哪一种特定的手段。

在行动研究中，研究者的目标是收集来源广泛的各种类型的数据资料。“三角定位（triangulation）”在收集和使用研究资料的角度上讲，意味着研究者混合使用了多种（往往是两种或两种以上）来源的数据信息资料，目的是增加研究的可信度。如果来源于各种手段的资料最终证明了同一种观点，那么这个观点势必是非常可信的观点。例如，潘老师想要知道，他是否可以激励学生积极参与网上课程的讨论。经过一番研究，潘老师收集了四种数据资料：①潘老师自己的教学经验反思；②学生完成的调查问卷；③网络课堂的学生登录信息；④随机对几名学生进行的访谈。如果这四种数据资料都反映了潘老师能够激励学生积极参与网上课程的讨论，那么我们就可以认为这个研究的结果是可信的。相反，如果有其中两种发出了反对的声音，那么我们就很难认定潘老师可以激励学生在网上积极参与讨论。

在教育学领域，行动研究者通常采用的一些研究手段、策略一般可以分为三类：①经验类（experiencing），指研究者通过自己的亲身经历收集资料。②探索类（enquiring），指研究者通过要求一定的参与者回答来收集资料。③测量类（examining），指研究者需要的资料是通过各种测量工具得到的。表 11-1 中的研究手段、策略等，就是根据以上三类来分的，同学们可以从中获得更多的灵感。

表 11-1 行动研究在教育学领域常用的数据资料收集手段和策略

经验类	探索类	测量类
实地记录（field notes） 地点、人物、目标、行为、活动、事件、时间、目的、感受 观察 参与型观察、非参与型观察、观察手记、录音、录像 其他 日记、个人笔记、照片	访谈 个别访谈、集体访谈、非正式面对面访谈、电话访谈、正式访谈、网络访谈、电子邮件、口头历史和叙事收集 收集书面回答 调查问卷、态度测量、研究对象的个人笔记和记录 其他 研究对象的作品样本、集体会议	收集学生信息 学生档案、考试成绩、考卷、个人的教育计划、课堂记录 收集教师材料 教师档案、教师教案、参考书、课本、教师手册 收集学校记录 校史、档案、备忘录、政策文件通知、测评报告、家长通信 其他 视频、图片、地图

需要注意的是，即使是行动研究，研究者也必须保证所收集到的资料有较高的质量，否则研究结果将会大打折扣。如果研究者收集的是学生的试卷，必须保证是真实可靠的、由学生自己完成的试卷；如果是观察笔记、访谈稿之类的资料，则需要按照质的研究的严格要求来记录、翻译、检测；如果研究者运用了调查法等量的研究中的手段，也应一并遵守相关的要求来提高信度和效度。

当研究者收集到一定数量的研究资料后，就可以开始进行分析与处理。研究者在处理数据资料时，需要借鉴量的研究和质的研究中的相关资料处理的手段，另外还可以使用图示、故事板等形式在平面上摆出所有相关的数据资料，然后加以处理。研究者可以在处理行动研究的数据资料时参考混合研究的方法。一般说来，因为行动研究的资料都是来自研究者自身的实践过程中，研究者对其比较熟悉，所以处理的难度不会太大。

思考、讨论、练习、提高

（1）请同学们用自己的话解释，什么是行动研究，它的特点和优点是什么？

（2）用画图加文字解释的方式说明行动研究的过程，并且讨论与其他研究相比，行动研究过程有什么特别之处。

（3）根据所学的关于行动研究的知识，写出一两个相关的研究问题来，然后在小组内交换讨论彼此的研究问题，看看哪些问题比较适合采用行动研究。

（4）行动研究的数据、资料的收集和处理有什么特点，请比较量的研究、质的研究和混合研究来说明。

（5）每个同学根据自己的兴趣，设计一个简单的行动研究，用图示的方法在一个平面上展示出来。

运用案例

例 11-2　以下是来自杨新晓和陈殿兵的《大学课堂教学中的时间管理策略——基于教师教育类课程的行动研究》一文中的研究方法部分。通过阅读这一部分，读者可以了解此行动研究的研究过程、行动的范围、行动的特点、收集资料的方法及分析资料的方法，对这一整个的课堂行动研究过程形成清晰的印象。

……（前略）

三、研究方法

本研究采用行动研究的研究方法。“行动”与“研究”是行动研究的两个核心要素。本研究中的研究者同时也是课堂教学实践者，重点着眼于如何在研究的基础上采取实际行动，以及如何用行动的结果推动研究进展。教学行动与教育研究同时进行、互为支撑，目的是取得课堂教育理论与实践的双重收获。

1. 研究过程

本研究遵循了行动研究循环上升的逻辑顺序：反思、计划、行动、分析，再次反思、计划、行动、分析……首先，在日常教学的反思中，我们发现了目前大学中学生学习效率低下、教师教学质量不高的重要原因之一就是缺乏对时间进行管理，从而确定了研究的方向。其次，我们根据具体的教学环境制订了从专业课到公共课，从小班到大班的行动实施计划，为下一步的资料收集做好准备。再次，我们在具体的教学实践中严格执行所制订的计划，并通过观察、教案分析、课堂录像分析、学生总结及集体访谈等各种方式收集资料。最后，在分析数据资料的前提下，进一步反思时间管理和学生学习效率、教师教学质量之间的关系，并对时间管理的策略和方法进行改进，从而进一步解决实际问题。整个行动研究过程如此不断循环，逐步推进，达到了在研究中分析问题、在行动中改进问题的最终目的。

2. 行动的范围

本研究在一所省属师范大学本科阶段的教师教育类课程中开展。教师教育类课程是所有师范生的必修课，又可以分为面向教育专业（如小学教育、教育技术）的专业课和面向其他师范专业（如化学、中文）的公共课。本研究涉及四门课程，包括“班级经营”“教育科学研究方法”“质的研究”和“行动研究”。授课班级学生人数从24人到92人不等，年级分布包括从大一到大四各个阶段。另外，教师所教授的班级及班级中的学生都是由学校统一、随机安排的。

3. 行动的特点

本研究中的课堂教学改革行动有以下三个特点：①行动所涉及的人数、课程种类与班级数量上从少到多。②教学实施范围上从小到大。教学行动从第一个学期一个小班（31人）的一门专业课开始，逐渐增加到第三个学期包含专业课和公共课、小班（24人）到大班（92人）的三门不同课程及六个不同班级。③教学活动与时间管理策略安排方面从简单到复杂。例如，从开始仅由教师实施的课堂活动限时，到在学习小组中专门设立“计时”员，由学生、教师一起负责课堂活动、课后作业限时完成及制订专门的时间管理计划等。

4. 收集资料的方法

本研究主要使用四种收集资料的方法：①教师兼研究者对课堂进行直接的参与式观察，对部分课堂进行录像（共计18次），并且在每节课后写出观察日志（长短共计一百余篇）。②收集教师教案，包括课前的活动设计和课后的总结反思，尤其是涉及课堂时间管理的部分，超过六万字。③收集了全部课程中，学生每周的课后作业、期中期末的个人总结的完整电子稿。④进行了15次专门的以小组为单位的集体访谈。在每次约1小时的访谈中，研究者就课堂时间管理与学生们进行专门的交谈，获得他们直接的感受、意见和建议。

5. 分析资料的方法

本研究采取了以下四步的资料分析方法：①通读所有的原始资料（包括观察记录、课堂反思、教案、作业、集体访谈稿等），给每一份资料进行命名，表明其类型、属性等（如“教案13S10”，意思是在2013年春季教学第十周的教师教案）。②对命名过的资料进行细化，补充细节和进行深入反思，进行初始的逐行编码，并以研究问题为基础进行概念化。③聚焦编码，对大量数据材料进行区分、分类和综合。研究者对细化过的原始材料进行精简、概括，从反复出现的逐行编码中得到如“设置时限”“课堂节奏”“办事清单”“策略辅助”共17个开放编码，用来归纳、整理所得的文本资料。④在完成开放编码的基础上回顾研究问题进行进一步的提炼总结，提炼出6个主轴编码，最后归纳为“教师”和“学生”两个类别归属。（分析资料的过程请参见下表）。

<table>
<tr><th>文本举例</th><th>开放编码</th><th>主轴编码</th><th>类别归属</th></tr>
<tr><td>每学期教学大纲，纵观全局、统筹规划</td><td>学期计划</td><td rowspan="4">计划与规则</td><td rowspan="10">教师</td></tr>
<tr><td>每节课的重点和难点，活动详细的安排</td><td>每周计划</td></tr>
<tr><td>课堂活动的“峰”与“谷”，2～3次的兴奋点，留出安静思考的时间</td><td>课堂节奏</td></tr>
<tr><td>每项课堂活动设置确切的分钟限制，3～5分钟内进行准备、完成任务及表演等</td><td>设置时限</td></tr>
<tr><td>小组中的“计时”员，教师，科技手段（手机上的倒计时工具或网络上的计时 app）</td><td>监控实施者</td><td rowspan="4">过程控制及记录</td></tr>
<tr><td>设置轻、重、缓、急四象限对事情进行分类，列出清单，每完成一项就勾掉一项</td><td>办事清单</td></tr>
<tr><td>学生理解力不足时放慢进度，学生快速完成任务时抛出额外问题，应对突发状况</td><td>应对干扰</td></tr>
<tr><td>带有时间规划和使用记录栏的教案</td><td>用时记录</td></tr>
<tr><td>从教师给学生计时到在小组中设立专门的“计时”员，学生作为自主时间管理者</td><td>成功经验及原因</td><td rowspan="2">反思、创新、提高</td></tr>
<tr><td>课前时间规划与课堂实际冲突，提前准备好应付各种突发状态的时间管理预案</td><td>问题与解决方案</td></tr>
</table>

续表

文本举例	开放编码	主轴编码	类别归属
限时回答问题带来的紧张感，大脑高速运转	提高效率	精力集中	学生
再也没有时间睡觉，再也没有时间玩手机	减少干扰		
每周轮换的"计时"角色	协作学习	策略辅助	
所有任务都根据难度设置相应的时限	任务驱动		
讨论及回答问题时必须在规定时间内完整地完成	讨论法		
习惯于课堂上高效讨论问题、完成任务，当日事当日毕	课堂任务	习惯养成	
课外聚会或在QQ群里每周固定时间集体完成课后作业	课后作业		

例 11-3 以下是应婵、李文卓、汪露琴、王燕、杨周依同学根据所学的关于行动研究的知识撰写的一个行动研究的计划。

一、改革内容

当下大学中语文课堂教学多以教师讲述为主，而与学生之间的互动不足。课堂气氛难免显得枯燥乏味，也使学生提不起兴趣。我们研究的大学语文教学中的"创设情境"的内容主要体现在以下两个方面。

（1）课堂上学生们的学习气氛；

（2）学生们对所需学习知识的掌握程度。

二、改革目标

我们的研究目标是改变大学语文课堂枯燥的课堂气氛，能够提高学生课堂上学习的效率。同时，也使大学生能在大学语文课堂上领略语文之美、感受生活之美，促进学生自我人格的提升。

三、拟解决的关键问题

围绕我们的研究内容，我们拟解决的关键问题是：根据教学内容，怎样选择适合的"创设情境"的方法？

四、实施外在条件

在研究过程中，外在条件的存在对于我们的研究来说必不可缺。在寻找总结之后，我们归纳出以下几条我们研究所必需的外在条件。

（1）上课的教室需要具备多媒体；

（2）教师应该对课堂"创设情境"有一定的了解；

（3）学校能定时定期组织教师进行新课程教学技能培训；

（4）有至少3位教师（教学水平方式相近）十分愿意协助我们进行

一系列研究项目；

(5) 教师的教学任务不重，在新课教学过程中有时间有精力运用“创设情境”。

五、实施人员的内部条件

如果研究者本身不具有一些必备的知识或技能，那么在研究的过程中将不能全面科学地寻找问题所在和更好地解决问题。所以实施人员本身也需要一些条件：

(1) 对“创设情境”的概念、方式等清楚了解；

(2) 作为师范生，有实习的计划，能够就近观察；

(3) 研究者本身学习过行动研究法，能很好地进行计划和行动。

六、具体实施计划（时间表）

时间	内容
2013.07.01～2013.07.31	文献资料搜寻
2013.08.01～2013.08.03	制订初步的实施计划（草案）
2013.08.04～2013.09.01	向教师发放问卷，重点观测教师对“创设情境”教学的了解与使用程度。确定3位能长期配合实验实施的教师（一位教师不作要求作为对照组，另外两位教师运用创设情境教学，但是同堂课的创设情境方法不同），并积极联系教师，根据教师的教学计划共同商榷完善具体的行动计划
2013.09.09	对学生进行一个小测试，确定所测试学生的语文水平
2013.09.10～2013.09.28	教师教学“品格＊胸怀”与“为政＊爱国”分类：《先秦诸子语录（一）》《先秦诸子语录（二）》《前赤壁赋》和《短歌行》。要求教师在教学的过程中发动学生，**运用讲故事、学生朗读、课件重现环境等方式进行教学。**实施人员随堂听课，做好听课记录
2013.09.29～2013.09.30	向学生发放问卷，重点在于搜寻学生比较喜爱哪些“创设情境”进行教学
2013.10.01～2013.10.07	学生国庆放假期间，实施人员统计问卷数据，得出成果反映给教师并与教师进行下一周学习的探讨

续表

时间	内容
2013.10.08～2013.10.29	教师教学“社会＊民生”“人生＊世态”和“爱情＊婚姻”这些具有丰富社会背景的分类：《采薇》《陌上桑》《将进酒》和《长恨歌》。要求教师在教学的过程中，**运用讲述故事背景、学生代入角色思考、课件（Flash）重现故事等方式进行教学。**实施人员随堂听课，做好听课记录
2013.10.30～2013.10.31	向学生发放问卷，并统计问卷数据
2013.11.01～2013.11.03	安排学生期中考试，考察前两个月所学的知识。统计学生的答卷情况与平行班的成绩做比较。得出成果反映给教师并与教师进行下一周学习的探讨
2013.11.04～2013.11.28	教师教学“写景＊记游”“怀古＊咏史”这些具有地理环境背景的分类：《登幽州台歌》《咏史（金粉东南十五洲）》《滕王阁序》《春江花月夜》和《秋兴八首（其一）》。要求教师在教学的过程中，**运用课件（Flash）重现地理环境、播放“乐曲”渲染情境等方式进行教学。**实施人员随堂听课，做好听课记录
2013.11.29～2013.12.01	向学生发放问卷，并统计问卷数据与教师交流
2013.12.02～2013.12.30	教师教学“中国小说”“外国小说”和一些现代诗歌散文：《宝玉挨打》《风波》《苦恼》《我与地坛（节选）》和《垓下之围》。要求教师在教学的过程中，**运用课件重现事件发生过程（视频）、学生扮演“角色”体会情境、复述故事发生情况等方式进行教学。**实施人员随堂听课，做好听课记录
2013.12.31	向学生发放问卷，并统计问卷数据
2014.01.01～2014.01.03	与教师交流
2014.01.06	学生进行期末测试，考察一学期知识的掌握情况
2014.01.07	改卷，统计数据。平行班之间进行比较
2014.01.08～2014.01.15	根据所得数据资料，进行论文的撰写

（注：黑体部分是要求教师运用的创设情境的方式）

第十二章 学术道德

所谓学术道德（research ethics），就是科研工作者从事研究工作时应遵循的道德规范。在社会科学领域，如教育学、心理学、人类学、社会学等，科研工作一般都是以人为研究对象的（human subjects）。在这些领域内开展科学研究工作时，研究者们从始至终都会跟各种各样的人发生复杂的联系。研究在精神上、利益上、心理上、实际的工作和生活中，会给研究对象和研究者两方面都造成或深或浅的影响。科学研究是一件威力强大的工具，可以给人们带来丰厚的收获，也可以造成严重的后果。一个精心设计的实验或许会证明某个教学方法的效果，然后惠及整个地区的学生；一个不顾研究对象感受的实验也会在收集数据的同时给很多孩子带来难以磨灭的童年阴影。

在近半个世纪以来，随着社会学科学研究的进步与发展，学术界越来越重视以人为研究对象的科研工作中的学术道德问题。以美国为例，作为全世界科研的强国和大国，也是在提高及规范研究人员学术道德水平方面走在世界前列的先进国家，非常重视学术道德问题。美国教育研究协会（the American Educational Research Association，AERA）在 1992 年就出版了针对教育学领域科学研究的学术道德纲领（Ethical Standards of the AERA）。纲领中对教育学研究者恪守诚信、保护研究对象等方面做出了具体而细致的规定。美国的教育学家及教育研究者尤其重视培养自身，以及硕士、博士研究生的学术道德水平。在美国各个高校里，教育学的研究人员和其他学科的科研人员一样，都必须参加学校的学术道德培训，只有完成一定课时的培训并且通过考试的人才有资格进行学术研究。另外，美国的大学里都设有机构评审委员会（Institutional Review Board，IRB），在任何以人为研究对象的项目、课题开始之前，必须向所属机构里的 IRB 办公室提出申请，并在申请中注明保护研究对象的具体措施和步骤等细节。研究者在申请得到批准之后，才可以开展相应的科研活动。

我国在现阶段还缺乏这样的机构和相关规定，科研人员的学术道德仅凭自我约束。但无论如何，重视学术道德、规范学术道德、保护研究对象的权益是我们进一步发展的必然趋势。接下来，让我们一起学习一些关于学术道德的知识。

第一节 有关于科学研究的社会关系

教育与心理科学研究是一种深层次的社会活动，主要涉及以下五类。

（1）研究者与以前的研究者的关系。研究者在查阅文献的时候一定要清楚，期刊上短短的几页的文章往往是由其他研究者花费几个月甚至几年的时间完成的研究成果，而很多专著则是教育学专家们的毕生心血。从各种文献中，研究者可以得到宝贵的研究灵感，为自己的论点找到有力的证据。我们受益于前人的工作就必须尊重他们的劳动成果。剽窃别人的研究成果是一种严重违反学术道德的行为。因此，我们必须严格地按照国家标准来引用各种文献。在自己的研究报告里清楚地引用前人的成果就是对他们劳动的最大尊重和无声的感谢。

（2）研究者与研究对象的关系。在研究中，研究者需要从研究对象身上收集各种数据资料。无论研究者采取量的研究、质的研究或其他研究手段，都需要占用研究对象的时间和精力，需要研究对象分享一定的个人信息，有的甚至是比较敏感的信息。在教育科研实践中，研究者很少给研究对象（如学生、教师、家长）的付出进行经济方面的补偿，研究对象往往都是像履行义务一样为研究做贡献。因此，作为研究者同时也是受益方，必须自觉保护研究对象的权益，在研究设计时充分考虑研究对象的心理感受，尽量减少对研究对象日常生活的打扰，至少对他们的付出做出口头上或者书面上的真诚感谢，对研究对象分享的信息进行严格保密等。

（3）研究者之间的关系。在进行科学研究的时候，研究者经常以团队的形式进行合作，尤其是在一些大型的项目、课题当中，团队合作显得格外重要。研究合作者之间要处理好分工和利益分配的关系。在进行研究之前就应该列出详细计划，哪些人负责哪些工作；在研究过程中互相支持、相互提供便利；在研究结果发表的时候根据各种完成的劳动合理安排署名顺序。

（4）研究者与资助者的关系。这里所指的资助者，是指科研资金的来源，如国家、政府、学校、学会、个人等。研究者必须合理使用科研资金，做到专款专用，不浪费、不奢侈。我国现阶段的科研资金大多来自政府和学校，实质上都是来自纳税人，因此，研究者更加有责任保证自己的研究数据资料真实可信，并且有义务使自己的研究成果服务于学术发展和社会进步。

（5）研究者与社会的关系。大多数的研究取得一定成果之后，都会以某种形式出现在公众的视野中，如发表在期刊上、出版专著，或者是形成硕士、博士毕业论文等。所以研究成果或多或少都会对社会造成一定的影响。在教育学领域，研究成果经常被教师运用到课堂上，或是推广的学生当中，或者被学校、政府机构的教育决策者作为参考。一般说来，公众对教育科研人员是比较尊重的，科研成果在社会上也能够产生一些影响力。然而，近年来出现的论文造假、学术腐败等科研丑闻在社会上产生了负面影响。当前的研究者更应该认真对待自己的科研，不弄虚作假、不粗制滥造，不损害科研人员在人民群众中的威信。如果研究者不能严格要求自己、尊重学术道德，那么科学研究最终就会变成一件没有意义的工作。

以上所揭示的五种关系把研究者置于一个能够产生巨大影响的地位。那么我们需要深刻地思考，自己在科研中如何行动才能保证自己产生的是正面的影响而不是负面的影响。接下来的部分将从研究开始前、进行中和结束后三个阶段，分析和讨论可能出现的道德问题。

第二节 研究过程与道德问题

一、研究开始前的道德问题

在学术道德中关于研究对象的最重要的一个原则就是“知情同意（informed consent）”原则，即研究者在研究开始之前，充分告知研究对象所要参与的研究的目的、手段、占用的时间等情况，取得研究对象同意之后才开始进行研究的原则。在实践中实施这条原则时，研究者往往会遇到一个问题：需要告知研究对象多少关于研究的情况，换句话说，多大程度地分享信息才算是“充分告知”。如果告知的信息太少，那么研究对象对于研究不会有清楚的理解，那么无论他们做出同意或不同意参加研究的决定，都是根据不完整的信息；然而如果告知的信息太多，一是研究对象可能感觉麻烦不愿意了解，或是容易被导向，做出影响研究结果的举动。例如，在一项实验研究中，某组学生得知自己所在的组使用了新的方法，而且研究者明显期望新方法能够成功，所以格外努力。但是这样一来，实验的可靠性就受到了严重干扰，本质上不太具有明显优势的新方法获得了巨大的成功。在这种情况下，一般的研究者则选择不会告知学生他们使用了新方法，只是笼统地说在进行一种关于某方法的实验，努力使所有的学生能够在正常的情况下对待自己使用的方法。

在教育学研究中，研究者的通常做法是写一封知情同意信（consent letter），在研究开始之前让研究对象读过信以后再做决定是否参加。知情同意信一般不会超过两页 A4 纸的长度，研究者在信中用简洁明了的语言陈述自己研究的目的，为什么需要研究者的参与，研究对象怎样参与研究，大约需要的时间，并保证对研究对象提供的信息保密，最后真诚感谢对方的支持，还要留下自己有效的联系方式。在知情同意信的最后留下签字的地方，请研究对象用签名的方式表达自己已经了解并同意参加研究。总而言之，研究者尽力要以书面的形式向研究对象告知相关信息，并且留下研究对象的签名作为获得书面许可的证据。无论研究者是需要做调查问卷还是个别访谈，都要为研究对象准备每人一份的知情同意信，并且给对方充分的时间加以考虑，以此表达对研究对象尊重和对其参与研究的真诚谢意。

研究者应该对研究对象可能产生的不利或损害有所预见，并且针对情况加以应对。比如说，研究者在某大学里发放了大量的学生调查问卷，意图研究他们对某一教学项目的感受。结果研究者得到了数量很多的问卷，需要请人帮忙处理数据。这时研究者必须警惕学生信息泄露的危险。尽管问卷是匿名的，但是通过问卷上的一些个人信息和笔迹，仍有推断出学生身份的可能，而且如果学生的一些强烈的个人意见恰巧被当事人得知的话会产生负面影响。那么为了保密，研究者就不能请任何可以推断学生身份的人来帮助处理问卷。又比如说，研究者要对某些学生进行个人访谈，但是访谈中会触及学生在班上学习成绩不好，或是有人际交往方面等敏感、尴尬的问题。这时研究者必须考虑清楚自己提问的方式、访谈进行的环境，以及对学生访谈的录音盒翻译稿进行严格保密的一些细节。

研究者也应该考虑一下，研究对象是否会以某种方式从参与研究中获利。学生、教师、家长等参加教育学研究往往不会获得直接的经济利益，但是很多人也承认，和研究者进行深入的谈话对自己的学习和工作也有一定的好处，因为人们在日常生活中很少像参加访谈那样深刻地剖析自己的思想、分析自己的感情，甚至是遇到一个专门的人认真倾听自己情绪的宣泄。然而这种好处并不是十分明显，大多数的研究对象都是纯义务性地参与研究，或者是因为老师、朋友的请求出于人情而参与的。所以，研究者向研究对象提供书面上、口头上真诚的感谢就显得格外重要。

在教育学研究中，研究者必须考虑到一些弱势人群的权益问题，如儿童、残疾人、社会边缘人群等不能完全理解知情同意信或是不能像普通人一样具有自我保护机制的人。弱势人群往往对研究人员提出的要求不能做出适当的反应，或是对在研究中泄露自己的信息感到格外的不安。在这种情况下，研究者必须做到严格的保密，并且采取其他的措施保障他们的权益，比如说请家长或监护人到研究现场进行监督等。

二、研究进行中的道德问题

在研究进行中，研究人员将与研究对象开展密切的互动，互动中也会产生相应的道德问题。一个非常明显的问题就是关于资料的记录问题。在 21 世纪的今天，使用电子设备对研究对象进行录音、录像已经是非常简单的事情，甚至用一部智能手机就可以完成从照相到录像的全部过程，但是研究者仍然要预先告知研究对象自己将如何记录研究过程，争取到对方同意之后再开始进行。研究者偶尔会遇到一些研究对象不愿意被录音或录像，那么就要进行相应的调整，采取别的手段来进行记录。另外，研究者也要格外留心研究资料的保管和保密，以及保持研究对象的匿名状态。没有人愿意一觉醒来忽然发现自己的视频、照片被公布在网上、自己变成了街头巷尾人们议论的对象。

在研究过程中，研究对象拥有随时可以自由退出研究的自由。因为即使研究者发放了知情同意信，也不能预期研究对象一定不会在研究过程中产生自己难以承受的负面影响。作为知情同意和自由参加研究的原则的一部分，研究对象退出研究时不必提供解释，也不应该承受任何压力或者惩罚。研究者要对这种情况有一定的心理预期。当然，如果研究对象在过程中感到困难，需要一定的解释或精神支持才能继续进行的话，研究者也应做出一个良好的姿态来帮助他们，不至于随随便便就失去一个研究对象。

三、研究结束后的道德问题

在研究结束后，一些学术道德问题并没有自然消除，如继续妥善保管收集到的数据资料、保持研究对象的匿名性等，而且，一些新的道德问题会浮现出来。研究者一定不能收集完资料以后就匆忙地切断了与研究对象的联系，给人“过河就拆桥”的感受。尤其是在教育学领域中，研究对象往往是学生、教师、家长等，他们对研究者无私的帮助很多都是出于信任和乐于助人的感情。这种感情并不能随着研究结束而自动消失。研究者可以做的是，向研究对象报告研究的结果。这种结果不一定是出版或发表的文字，一份研究结果的整理稿或是研究报告的某一个阶段就可以满足研究对象的好奇心了。关键在于研究者要让研究对象感受到自己为科研工作做了贡献的成就感。另外一个问题就是，研究者在一次研究中收集到的数据资料，往往被用于多个研究报告和论文之中，有时当研究结束了好多年后，研究者还在引用自己获得的数据。因此，研究者在知情同意信上就应该清楚地注明，本次研究收集的数据资料可能将被用于以后多个研究或论文中。如果有的研究对象对这一条感到不舒服，研究者就必须在研究结束后销毁与这个研究对象相关的所有资料。

第三节　以动物为研究对象的道德问题

尽管现代教育与心理科学研究方法中大多数以人为研究对象，但仍有部分心理学研究将动物作为研究对象，尤其是用动物来帮助解决那些不能用人作为研究对象的问题。近年来，许多动物保护主义者提出，动物和人应享有相同的权利，因为一方面研究会使动物的生活受到破坏；另一方面，对于研究者来说，伤害或破坏生命是不人道的。作为自然界的重要组成部分，动物作为研究对象时应当受到合理的对待。研究者不能只利用动物为人类服务，而罔顾其作为生命存在的意义不给予充分的尊重。

美国心理学会（American Psychological Association，APA）对使用动物作为研究对象的研究者们提出了以下七点要求。

（1）研究者必须遵守所有法律的规定。

（2）所有对于研究动物的使用需要在富有测试和养护动物经验的研究者指导下进行。

（3）所有使用动物的人都要经过足够的照顾、使用和保护动物方面的培训。

（4）研究者要尽自己的能力保持动物的舒适和健康并减少伤痛。

（5）只有当没有其他选择，处于良好的科学、教育目的或具有应用价值时，才能对动物施加痛苦和不适。

（6）如果需要实施外科手术，必须采取照顾措施来保持动物的健康并减少它们的痛苦。

（7）当必须要杀死动物时，研究者要快速操作，尽量减少其痛苦并采取一些被大众接受的手段。

当研究者必须要使用动物进行实验时，可以充分考虑上述七点要求，并且在自己能力范围内做出人道、具有学术伦理道德的行为选择。

总之，同学们应该在科研工作中自觉遵守学术道德，保护研究对象的权益，也努力维护研究者自身的威信。缺乏学术道德的研究就如同缺乏师德的教师一样，是不应该在教育这一领域内存在的。

思考、讨论、练习、提高

（1）从有关科研的各种社会关系的角度谈一谈，教育学研究者为什么要遵守学术道德？

（2）设想一个自己准备从事的研究，以此为基础，列出研究前需要遵守的学术道德事项。与小组同学分析自己列出的注意事项，进行讨论和修改。

（3）研究者应该如何记录研究的过程，用什么样的态度对待收集到的数据资料？

（4）请同学在网上搜索研究者没有遵守研究道德的负面例子，并讨论其维护。

（5）请同学们给自己设定一个研究对象的身份，设想一下如果参加一个教育学研究项目，会担心哪些问题。在小组内分享自己的问题，并要求其他同学站在研究者的角度上提供对策。

运用案例

例 12-1 以下关于学术道德的材料节选自杨新晓的博士毕业论文 *Capturing the*

Intangible: *Teaching Cultural Perspectives in Foreign Language Classrooms at the Univercity Level*。此研究为案例研究，研究对象为美国某大学外国语学院中的部分外语教师。按照所在学校的规定，在以人为研究对象的研究开始之前，必须撰写关于保护研究对象权益的资料提交 IRB 办公室审议，经过批准之后才能开始进行研究，并且在博士论文中必须明确地提到。下面是引自正文当中的一个相关段落及附件 A 知情同意信。“【】”内为译文。

……（前略）

In order to protect my participants from harm and to respect their privacy, I followed Patton's (2002) "Ethical Issues Checklist," which includes explaining the purpose of the inquiry, methods to be used, possible risk and confidentiality as explained in consent letters (Appendix A), considering participants' best interests, and being aware of data collection boundaries. I also consulted with experts (my committee members/IRB office) on ethical matters. In addition, I use pseudonyms for the university and the six language instructors and students whose responses I chose to report to protect anonymity.

【为了保护我的研究对象免受伤害、尊重他们的隐私，根据 Patton 的“学术道德清单”所要求的，我书写了保护参与者的知情同意书，以最大限度地保护他们的利益。该同意书涵盖并解释了研究的目的、方法、潜在的伤害，以及对研究对象身份及信息的保密事项（参见附件）。在书写该同意书之前，我向导师组的成员及学术道德委员会询问书写时应当注意的事项。同时，在研究的过程中，我采用匿名制来保护参与本研究的教师、学生以及他们所在的大学来保护他们的身份信息。】

Appendix A【附件 A】

A Letter of Consent【知情同意信】

September 21, 2011

××××

Foreign Teachers

Dear Sir or Madam:

【亲爱的先生或女士】

For the purpose of collecting data to complete a dissertation about teaching foreign/second language at post-secondary level, I invite you to participate in one or two interviews as foreign/second language teachers. You will be asked a series of questions regarding language teaching. Each interview will last about 20 to 30 minutes.

【我诚挚地邀请您作为我的关于大学阶段外语教学状况研究的博士论文的教师受访者。基于信息的饱和度原则，您可能会以教师的身份参加一到两次的访谈。访谈的内容是关于您在外语教学中的经历。每次访谈将会持续 20～30 分钟。】

You may experience feelings of unease in discussing your work situation. Although the risk is slight, you can stop anytime if you feel uncomfortable in answering questions. Participation is voluntary. There is no penalty for not participating. There is no direct benefit from participating in this study.

【在分享外语教学的工作环境的过程中，可能会勾起您一些不愉快的经历。因此在分享的过程中，如果您感觉到不快或不愿继续分享，请一定告知。您的参与是自主的，您可以在访谈的任何时候无条件地退出访谈。同时，您个人不会从本次研究中获得任何直接的利益。】

Your identity will remain confidential. Your information will be assigned a pseudonym. The interview(s) will be audio-taped. Only the researcher will have access to records of your responses. I will keep the data as long as needed to publish relevant articles/books.

【我对您分享的一切信息将采取保密措施。关于您的一切信息将以匿名的方式出现。我会对采访的内容进行录音。我是唯一一位有权接触该录音的人。采访所得到的信息将会以文章和书的形式进行发表。】

Please contact Xinxiao Yang, xyang4@uwyo.edu, 307-460-8081, if you have questions about the study. Please contact the UW Institutional Review Board: 307-766-5320, University of Wyoming, 1000 E University Ave, Laramie, WY 82071 if you have any questions about your rights as a research participant in this study.

【如果您有任何异议或需要提供进一步信息，请采用以下两种方式联系我：xyang4@uwyo.edu，307-460-8081；如果您想进一步了解自己在研究中的权益，请致信怀俄明大学学术道德委员会，他们的联系电话及通信地址如下：电话 307-766-5320，怀俄明大学，大学路东 1000 号，拉勒米，怀俄明州，邮编 82071。】

Agreement:

I consent to participate in the interview(s) for this study and to allow my interview data to be used in a dissertation, and articles/books.

I understand that my responses will remain confidential and anonymous. I also agree to allow my responses to be audio-recorded.

【我愿意参与这次研究并同意研究者将本次访谈的内容以博士论文、文章或书的形式发表出版。我已经获知我分享的信息将以匿名的方式出现并将受到保密原则的制约。我允许研究者对本次采访进行录音。】

____

Participant signature　　　　　　　　　　　　Date
【研究对象签名】

Sincerely

Xinxiao Yang【研究者署名及隶属单位、邮件、联系电话】
Ph. D. Candidate
College of Education
University of Wyoming
E-mail：xyang4@uwyo. edu
Phone：(307) 460-8081

例 12-2 以下是郑依依、徐楠、杜婧、张煜、朱晓荃、朱瑞伟同学撰写的“研究者誓言”，以及根据自己小组具体研究列出的“遵守学术道德的计划”。

一、研究者誓言

宣誓：

我们承诺坚持以团队的形式合作，处理好分工和利益分配的关系，合理使用科研资金，做到专款专用，不浪费、不奢侈，严格按照国家标准引用文献，自觉保护研究对象的权益，保证研究数据资料真实可信，认真对待自己的科研，不弄虚作假，不粗制滥造，不损害科研人员在人民群众中的诚信，不忘初心，尽可能使自己的研究成果服务于学术发展和社会进步。

宣誓人：小组全体成员
2014 年 4 月 29 日

二、遵守学术道德的计划

(1) 研究前期

在进行观察、访谈、实物分析等研究前期，小组将会写一封致研究对象的知情同意信。

知情同意信

尊敬的老师、同学：

您好！

我们是来自××师范大学人文学院的学生，我们的团队将针对“金华地区普通高中班主任如何积极有效地组织班级活动”进行研究调查，鉴于贵班班级活动效果极佳，学生反应良好，希望能对贵班具体活动进行录影观察、对教师及个别学生进行相关访谈、能获得教师活动计划等实物进行分析研究，希望能得到积极的配合，我们承诺对资料记录严格保密，自觉保护教师及学生的知识产权、隐私权等权益，如有外泄，则可追究相关责任。

小组全体成员

2014 年 4 月 29 日

(2) 研究期间

a. 资料的记录将上传到电脑文件夹，并且该文件夹以加密的形式进行储存，以保障资料的保密性。以防万一，此资料同时会上传一份备份到网盘，双重保证资料的完好性。

b. 研究过程中，所有研究对象（班主任、学生）均拥有随时可以退出研究的自由权，但是为了研究的正常进行，我们将适当地进行挽留。

(3) 研究后期

a. 研究结束后，继续妥善保管收集到的数据资料（包括观察的视频、录音，访谈的记录，活动方案等教师备课手册复印件），并保持研究对象的匿名。

b. 研究者一定不能收集完资料后匆忙切断与研究对象的联系，在适当的时间或节假日，礼貌性地加以问候，保持合理的联系。

c. 在一次研究结束后，收集到的数据资料往往会用于多个研究报告和论文写作中，要保障研究对象的知识产权、隐私权等，需要与研究对象加以联系，征求同意。

第十三章　开题报告

在通常情况下，教育及心理学研究者在两个阶段分别以两种书面形式组织自己的研究：一是在研究开始之前，以开题报告的形式；二是在研究结束之后，以研究报告的形式。这两种书面形式对研究者计划、组织、执行、总结自己的研究都有着非常重要的意义。因为对于研究者来说，无论是思想上、口头上，甚至是实际操作上的研究，归结到最后都必须凝结成文字，才能展示给读者。

第一节　什么是开题报告

开题报告（research proposal），又称为研究计划或研究提案，是研究者在研究开始之前撰写的关于研究的意义、如何组织研究等的一份书面文件。作为一份正式的文件，开题报告用来交给研究生的导师或是课题审批委员会等，供他们审核、评价一项研究是否有价值、是否能够反映研究者在某一阶段的学术水平、是否能够在实践中执行、是否值得投入科研资金等。因为开题报告是研究者能否获得学位或是能否获得资金的重要甚至是唯一的决定性文件，怎样能够写好一份开题报告成了很多研究者非常关注的问题。从研究者自身的角度上讲，撰写开题报告的阶段也是前期关于研究所有的思维碎片、灵感、思考结果转换为一步一步的计划的关键阶段。一份被合理架构、精心写作的开题报告将从最大程度上展示着研究者的学术水平。接下来的部分将从量的研究和质的研究两大类方法的角度上解释研究者应该如何撰写开题报告。

第二节　开题报告的结构

一、量性开题报告（quantitative research proposal）

研究者在为自己的量的研究写作提案的时候可以参考以下结构。

1. 介绍（introduction）
   - a. 问题陈述（statement of the problem）
   - b. 文献综述（review of literature）

c. 研究假设陈述（statement of the hypothesis）

d. 研究的意义（significance of the study）

2. 研究方法（methods）

a. 研究对象及抽样方法（participants and methods of selection）

b. 研究工具（instruments）

c. 研究程序（procedures）

3. 保护研究对象（protection of human participants）

4. 数据分析（analysis of data）

a. 组织数据（data organization）

b. 统计程序（statistical procedures）

5. 时间表及预算方案（time schedule and budget）

a. 时间表（time schedule）

b. 预算（budget）

6. 参考文献（references）

以上给大家提供一个大概的框架。在实际中，研究者一般是按照所在学校的学位委员会或是所申报课题的审批委员会的格式要求来进行具体写作的。无论具体格式如何变化，从本质上讲，研究者都必须考虑上面所列的所有因素。

1. 介绍

开题报告的读者们首先看到的就是介绍部分。研究者应该使用明确、清楚的语言去捕捉读者的注意力。研究者在“介绍”部分要完成的一个任务就是将自己的研究放在整个领域里的恰当位置，以此证明自己对计划中的研究相关的领域有一个清楚的理解。如果“介绍”部分写得很糟糕，读者立即就会失去继续看下去的兴趣。

a. 问题陈述：用明确的语言直截了当地陈述自己的研究问题。例如，本研究的目的是探索某事物与另一事物之间的关系。在这一部分，研究者经常犯两种错误：一是花大量篇幅介绍问题的背景，读者看了不明白作者到底想要说明什么；二是假设自己的读者对于这个问题的了解程度跟自己一样，不经过任何铺垫就直奔主题。因此，研究者需要掌握一条界线，达到领域内普通读者能够明白，又不啰唆的程度。

b. 文献综述：研究者在这一部分需要向读者展示的是，领域内关于自己的研究问题已经存在的知识都有哪些，理论背景都是什么。很多新手研究者总是感觉很难找到相关的文献，其实教育学研究发展到今天，绝大部分领域都被探索过，只要努力寻找还是可以找到有关的前人研究的。只是很多问题以前在别人的研究中以次要的地位出现，所以不那么显眼罢了。

一个好的文献综述会花费研究者大量的时间来完成，但这些时间绝对都是值得的。在最终的研究报告中，研究者只需要做很小的改动就可以直接使用开题报告重点文献综述。

c. 研究假设陈述：研究假设应该明确说清研究者所期待的变量之间的关系。研究者还应在此揭示理论和假设之间符合逻辑的联系。在某些量的研究中，如一个调查幼儿园家长意见的研究，研究者则不必陈述研究假设。

d. 研究的意义：因为所有的研究的目的都是增加人们对某种事物的知识，那么研究者必须在提案里写清自己的研究将如何达成这一目的，并且说明未来的研究结果将如何为下一步的研究提供土壤。另外，研究者可以自己的背景、经历、特长等将如何为研究提供特殊的贡献，力争使读者相信自己能够完成这一研究。研究者可以具体指出，自己的研究结果将如何帮助教师、学生或是学校里的其他人等，使自己潜在的资金提供者看到支持这一研究的重大意义。

2. 研究方法

在这一部分中，研究者必须详细地说明未来的研究将会被如何一步一步地执行。而且研究者要说服读者，自己所设计的研究步骤是解决这个研究问题的最佳途径。如果研究者完全实施了在开题报告中所列出的研究方法，那么这一部分也可以被直接搬到研究报告中去。

a. 研究对象及抽样方法：研究者需要描述研究的群体是哪些人，有什么特征，然后说明自己将如何进行抽样工作。如果不能进行随机抽样，则须说明所要采取抽样方法的理由，以及样本如何能够代表整个研究群体。研究者可以写上研究对象的大致数量，以及他们的年龄、性别、受教育的层次、能力水平等，使读者有一个直观的感受。

b. 研究工具：如果研究者采用已经成型的研究工具，必须注明工具的名称、可信度、有效性等。如果研究工具尚未成型，研究者需要提供详细的说明，解释工具将如何形成，其信度和效度将如何被保证等。

c. 研究程序：关于研究程序的详细解释是一个开题报告中必不可少的部分。研究者必须详尽描述研究将会怎样一步一步地进行。例如，在一个实验法的开题报告中，研究者将说明研究对象将被如何分到不同的实验组中、如何减少不相干的因素、如何控制变量等。研究者还要说明研究方法的局限性，即任何能够对研究结果产生不良影响的因素，以及自己将如何控制它们。需要注意的是，研究者不要写太多关于研究方法局限性的方面，否则会贬低自己的研究的意义。

3. 保护研究对象

这一部分应该是关于研究者采用什么样的方法来保护研究对象权益的。任何以人为对象的研究都应该在开题报告中包含这一部分。

4. 数据分析

研究者在这一部分应说明自己将如何处理、展示数据，大致叙述一下自己将使用的统计学的手段。

a. 组织数据：研究者应联系自己的研究问题和研究假设，说明自己需要什么样的数据，以及得到数据后怎样组织。很多研究者在这一阶段犯的错误就是沉迷于研究过程，而在不知不觉中越走越远，最后发现自己花费大量时间和精力收集到的数据跟研究假设无关。因此，研究者在提案阶段就必须严格联系研究假设，防止类似问题出现。

b. 统计程序：研究者需要注意的是，量的研究设计决定了需使用什么样的统计程序，而非统计程序决定研究设计。这一部分需要说明研究者将用 Pearson 系数表示变量之间的相关程度，还是用 t 检验测量两个组之间变量值是否有统计学上的意义等。选择一个正确的统计学方法是研究成败的关键。研究者需要牢记是统计学服务于研究而不是相反，所以如果一个简单的统计程序可以起作用就没有必要使用一个更为复杂的。

5. 时间表及预算方案

a. 时间表：研究者需要报告整个研究大约需要多长时间，还需要把一个研究分为几个阶段，注明每个阶段大约花费的时间是多少。因为实际的研究往往比预算要花费更久，所以研究者还需要考虑可能出现的延误等。

b. 预算：在这一部分，研究者需要详细列出研究所需的人力、物力、资金，如设备、差旅费、文献查询费、文印费、咨询费等。如果研究需要其他组织、机构的支持或服务，也需在此注明。

6. 参考文献

研究者需要按照要求列出所有在开题报告中出现的文献名称。

在研究过程中，一份完整、清楚、全面、深刻的开题报告是表示研究者准备好进行研究的最佳证据。它表明研究者已经明确如何做研究、怎样做研究，以及为什么这样做研究。为了不浪费科研资金和研究人员的时间和精力，每一个研究者都需要认真对待自己的开题报告。

二、质性开题报告（qualitative research proposal）

研究者在为自己的质的研究写作开题报告的时候可以参考以下结构。

1. 介绍（introduction）
   - a. 研究目的（purpose of the study）
   - b. 研究者自我陈述（situating the self）
   - c. 引导问题（initial guiding questions）
   - d. 文献综述（review of relevant literature）
2. 研究程序（research procedure）
   - a. 抽样（site and selection of the sample）

b. 研究现场描述（description of the setting）

c. 研究者的角色（role of the researcher）

d. 收集资料的方法（data collection methods）

e. 伦理道德问题（ethical issues）

3. 资料分析、资料展示（data analysis \ presentation）

a. 资料分析手段（data analysis strategies）

b. 信度与效度（validity and dependability issues）

4. 研究的重要性（importance of the study）

5. 时间规划及预算方案（time and budget）

6. 参考文献（references）

尽管质性开题报告与量性开题报告有很多相同的地方，两者之间仍然因为研究方法的根本区别而有很多不同之处。质性开题报告总的来说更加灵活。相比量性开题报告，质性开题报告注重描述研究背景和研究设定。在写作语言风格上，质性开题报告更加个性化，而不那么正式。比如说，“我”经常在质性开题报告中指代研究者本人，但是在量性研究中，这个字因为显得不正式而不能出现。无论两者有什么样的区别，一份好的开题报告对质的研究来说同样意义匪浅。

1. 介绍

a. 研究目的：研究者需要清楚地介绍研究的目的是什么，并且提供足够的背景信息使读者明白研究目的在某种场景下的确切含义。研究者需要使研究的重点集中在实际的事物上，不能太宽泛或太狭窄。

b. 研究者自我陈述：这一部分是关于研究者自身背景和研究问题的关系的。在质的研究中，研究者作为研究工具，必须正视自己对于所研究的问题的感情，避免因个人感情对研究结果产生偏差。研究者应该回答，我为什么对这个问题感兴趣，以及什么样的个人知识、经历、背景把我带到了这个问题上等。

c. 引导问题：研究者在此陈述研究问题及一些附属问题。这些问题就是研究的核心所在，导向着研究者的观察重点、访谈方向等，非常类似于量的研究中的研究假设。

d. 文献综述：对文献进行分析会帮助研究者知道，关于这个问题，什么是已知的知识、什么可以和自己的研究问题相联系、自己的研究问题如何为整个领域的发展做贡献等。与量性开题报告中的文献综述相比，这里的文献综述所涉及的范围更为广泛，不仅仅是关于前人的研究结果，还涉及一个主题跨越时代的发展、学术界关于这个问题的讨论、意识形态的变化、个人角度的转换等。质的研究的研究者对于文献的研究往往不止于此，而是贯穿了整个研究的过程。

2. 研究程序

研究者需要报告自己所选择的具体研究方法，是案例分析还是扎根理论，还是其他研究方法，以及选择这种研究方法的原因。

a. 抽样：描述样本的大小、特点、被选出时采用的手段。

b. 研究现场描述：质性研究报告需要一份对研究场所的详尽描述，以及为什么选择这个现场。

c. 研究者的角色：研究者怎样进入研究现场的、与研究对象的关系是怎样的、是如何形成这种关系的。

d. 收集资料的方法：说明研究者如何使用观察、访谈、文献研究法的几种或全部。具体说明研究者如何使用录音、录像或其他手段记录研究资料。

e. 伦理道德问题：说明研究者如何贯彻知情同意原则、如何保护研究对象的身份信息，以及对研究资料如何进行保密等研究相关的学术道德问题。

3. 资料分析、资料展示

a. 资料分析手段：研究者将使用什么样的分析手段处理从观察记录、访谈稿等获得的大量资料。

b. 信度与效度：研究者如何保证研究的信度和效度，提高研究的质量。

4. 研究的重要性

研究的结果将怎样增加人们对事物的认知，或对某理论有所贡献、对某项具体工作有帮助等。

5. 时间规划及预算方案

与量的研究相比，质的研究通常需要更长的研究时间。读者想要知道大概需要有多少时间和资金来支持这项研究。

6. 参考文献

按照提案写作的具体格式要求列出所有引用过的文献。

由于篇幅限制，以上仅介绍了量的研究和质的研究的开题报告，同学们可以根据所学到的知识，自行设计混合研究及行动研究的开题报告。

第三节　开题报告评价标准

研究者可以通过回答下面的问题来评价自己的开题报告是否合格。

(1) 研究问题是否得到清楚明确的陈述？

(2) 文献综述部分是否为研究提供了清楚的背景知识和定位？

(3) 这项研究重要吗？此研究如何从理论上或实践上体现出重要意义？

(4) 从回答研究问题的角度上看，研究程序的设计是否合理？

(5) 研究方法是否具有可操作性？

(6) 所描述样本是否能够提供足够的数据资料？

(7) 研究者提供的时间规划和预算方案是否合理？
(8) 研究者是否充分考虑到学术道德问题？
(9) 所描述的研究结果处理方法是否能够恰当？
(10) 参考文献的引用和列表是否符合要求？

思考、讨论、练习、提高

(1) 什么是开题报告？研究者为什么要写开题报告？开题报告的读者是哪些人？开题报告的重要作用都是什么？

(2) 找到一个自己感兴趣的量的研究的研究问题，根据文中所提供的结构，向小组同学口头陈述一份量性开题报告，并讨论每一部分的重要性。

(3) 找到一个自己感兴趣的质的研究的研究问题，根据文中所提供的结构，向小组同学口头陈述一份质性开题报告，讨论每一部分的重要性。比较、说明量性开题报告与质性开题报告的不同之处。

(4) 谈一谈一份优秀的开题报告应该是什么样子的？

(5) 开题报告中的哪些部分可以拿来放在最终的研究报告中？

运用案例

例 13-1　以下是李小石、俞可、陈芳莉、张如意、张丽静、郁志珍同学根据自己小组形成的研究问题撰写的简略版（由于课程内容及时间限制，任课教师要求不超过 A4 纸两页的篇幅）开题报告。

开题报告

1. 介绍（introduction）

a. 研究目的（purpose of the study）

(1) 探究初中科学教师应该具备怎样的口语艺术，得出理论性结论。

(2) 将其运用到教学当中，从而活跃课堂，提高教学效率；增强教师的威信，提高学生对教师的喜爱度；提高学生学习积极性。

b. 研究者自我陈述（situating the self）

(1) 具有突出的科研能力、软件运用能力、团队合作能力。

(2) 具有系统的教育研究知识、创新精神。

c. 引导问题（initial guiding questions）

初中科学教师应该具备怎样的口语艺术？

d. 文献综述（review of relevant literature）

教师的口语艺术自古以来都被教育工作者所重视，流派之间众说纷纭，但是他们都认为好的口语艺术对教学、管理效果是有促进作用的。经典流派中，科根（Cogan M. L.）、斯波尔丁（Spaulding R.）等都通过观察和研究认为，教师在从事教育教学时所采用的语言应当是具有清晰和条理的科学性的，清晰、准确、条理的教学语言与学生成绩呈正相关。现代研究也取得一定的成果，如蒋蓉的研究表明：教师口语教学具有三大特点——规范性、形象性、趣味性。魏琳则认为教师口语是构成教师教育手段的第一要素，以话语负载丰富的情感；以语调体现教师口语的音韵美；以幽默体现教师口语的谐趣美。

2. 研究程序（research procedure）

a. 抽样（site and selection of the sample）

关键案例抽样：抽取口语艺术特色鲜明的几位教师作为研究对象。

最大差异抽样：抽取某初中初二年级成绩上游和下游的学生作为研究对象。调查他们对科学教师的口语印象和看法。

b. 研究现场描述（description of the setting）

观察实际课堂时，记录课堂座位安排、教室布置等，以及课堂实录。

对教师进行访谈时，记录访谈实录，以及该教师当时的状态等。

对学生进行访谈时，记录访谈实录，以及该学生当时的状态，如神态等。

c. 研究者的角色（role of the researcher）

观察者：观察实际课堂，观察受访谈者。

倾听者：倾听研究对象的陈述，了解受访者的思想、价值观等。

记录者：真实的记录一切有用资料。

整理者：对各种资料进行整理，归纳，整合。

分析者：对各种资料进行分析，从中得出统一的可证的结论。

d. 收集资料的方法（data collection methods）

观察法、问卷法、访谈法。

e. 伦理道德问题

(1) 我们的研究一定要以不影响研究对象的正常生活为前提，需要事先经过学校领导同意，提前与访谈老师、学生说明相关情况，不能影响他们正常的教学工作。

(2) 在对初中学生进行访谈或问卷调查时，我们的问题可能会涉及学生对老师的态度，一定要对调查结果保密，避免影响学生的学习生活。

(3) 在对学校老师进行访谈或问卷时，我们访谈的态度一定要是真挚、诚恳的，并保护好他们的隐私，尊重研究对象。

3. 资料分析、资料展示（data analysis/presentation）

a. 资料分析手段（data analysis strategies）

调查法得到的资料：统计学方法（SPSS 等）。

观察法和访谈法得到的资料：命名、细化、编码、提炼、整合。

(1) 命名。可以将访谈、观察命名为“访谈（观察）n-x A 中 ×”，意思是访谈翻译稿（观察记录）n 份当中的第 x 份，在 A 中学采访×姓的老师(观察×班学生)。

(2) 细化。用不同颜色的笔，在原始资料上标注来不及记录的细节、对资料的思考、重新分析时发现访谈对象的言外之意等。

(3) 编码。将细化过的原始资料进行概括。设计编码，用编码的形式转化原始资料。

(4) 提炼。回顾研究问题——初中科学教师应具备怎样的口语艺术，进一步提炼自己的编码。进行第二次编码（可作为提纲）。

(5) 整合。在前期工作的基础上，回顾研究问题、文献综述的内容，开始根据提炼过的编码进行初步写作。

b. 信度与效度（validity and dependability issues）

信度：访谈过程中，可以判断被访谈者的真实态度。

效度：①描述效度。在对教师进行访谈时，进行录音，确保一字不漏。②解释效度。不同的人分析课堂观察现象，确保对课堂现象全面分析。③理论效度。查找关于教师口语艺术的书籍等。④评价效度。对研究初中科学教师应具备的口语艺术的价值进行判断。

4. 研究的重要性（importance of the study）

通过此研究获得的结论：①可帮助提高科学教师的口语艺术；②促使学生提高对老师的喜爱度，构建良好的师生关系；③提高学生的学习积极性，使教学内容更加有效的开展。这样的研究效果对改善当下课堂现状，以及对提高老师的教学效率、学生的学习效率都有着重要的意义。

5. 时间规划及预算方案（time and budget）

时间规划：（以 2014 年 10 月份开始计算）

时间进度	研究活动安排
2014.10～2014.11	确定研究方向，制订课题研究方案和活动计划，查阅文献，与指导老师沟通，进行文献综述的撰写
2014.12～2015.1	再次与指导老师沟通，设计并修改调查问卷
2015.2～2015.4	选择几所学校进行实地考察，对学生和科学教师发放问卷，比较分析差异，形成初步分析报告
2015.5～2015.6	进入学校，采访学生和科学教师，选择几位有代表性的科学教师进行课堂观察并记录
2015.7～2015.8	整理采访和课堂记录的数据，进行分析和比较，形成初步分析报告
2015.9～2015.10	数据整理及分析，综合比较研究分析报告，课题总结，完成最终调查报告

预算方案：（以 1000 元为例）

项目	金额	备注
问卷打印	300 元	
往返车费	200 元	
住宿及伙食费	200 元	
资料搜集	100 元	
其他费用	200 元	

6. 参考文献（references）——（注：下列文献为所有参考文献中最重要的几篇）

[1] 杨洋．用艺术的语言让课堂成为艺术殿堂——论教师口语的艺术性[J]．南阳师范学院学报（社会科学版），2004，02：114-116.

[2] 魏琳．论教师口语的艺术技巧[J]．和田师范专科学校学报，2009，05：235-236.

[3] 尹瑞．初中课堂教学语言存在的问题及对策研究[D]．渤海大学，2012.

[4] 蒋蓉．教师口语教学的特点及实施策略分析[J]．语文天地（高教．理论），2013，02：64-65.

例 13-2 以下是小学教育专业的郑林萝同学根据自己的研究问题撰写的毕业论文开题报告。开题报告的具体格式系根据所在学校的要求完成。

××师范大学本科毕业设计（论文）开题报告

学院	教师教育学院	专业	小学教育
学生姓名	郑林萝	学号	×××
指导教师	×××	职称	×××
合作导师	无	职称	无
论文题目	小学生餐桌礼仪的调查研究——以金华市浦江第一小学为例		

一、选题背景和意义

（一）选题背景

进入 21 世纪，我国逐步走入了国际化和全球化，国与国的差异开始反映在文化内涵、文明礼仪等层面。近年来，为培养高素质、全面的人才，我国开始着力加强基础教育和素质教育的改革并取得了一定的成效。随着改革开放的深入、市场经济的发展，我国的社会氛围和校园文化受到了功利主义、个人主义、享乐主义、工具主义等思想的影响，即使是小学校园也出现了浪费食物、自私自利等不良好的现象。随着现代生活节奏的加快，父母与孩子之间交流的时间越来越少，很多家庭忽视了对孩子的餐桌礼仪教育，学校也承担了一定的餐桌礼仪教育的条件和平台。

时代对学生成才成人的衡量标准已经将文明礼仪、素质气质等内容发展进来。更加开放性、更加复杂性的人际交往中，礼仪越发显得重要，对于小学生校园生活来说，餐桌上的交流也占据了很多的时间和空间资源，餐桌礼仪的培养情况将影响祖国的花朵中人际交往和礼仪生成，甚而影响此后的人生阶段。

教育部于 2011 年 1 月 22 日印发《中小学文明礼仪教育指导纲要》，对小学至高中不同阶段文明礼仪教育内容做出了具体规定，其中提到小学阶段要掌握相关的餐桌礼仪。

（二）意义

1. 理论意义

目前，对于礼仪教育的研究比较常见，却很少深入到餐桌礼仪的研究，而且研究对象的年龄阶段尚不全面，停留在餐桌礼仪内容介绍的以及国与国餐桌礼仪比较的层面上，本研究将指定小学阶段的餐桌礼仪，具有一定的理论意义，丰富餐桌礼仪教育的研究。

2. 实践意义

理清本研究中小学生餐桌礼仪概念的内涵和外延，通过观察研究，把小学生餐桌礼仪现状的真实情况反映出来并形成报告，借鉴其他国家餐桌礼仪教育的经验，结合我国的实际情况提出相应的策略，若被采纳，将对小学学校改变小学生餐桌礼仪教育现状有实践价值，而且对于其他领域的借鉴和学习有经验之谈。

二、国内外研究现状、发展动态

（一）国内关于小学生餐桌礼仪的已有研究

梳理小学生礼仪教育理论发展的脉络，不难发现，自有人类文明史以来，无论是我国还是国外，都有大量关于礼仪和礼仪教育的理论思想。从国内情况看，我国拥有丰富的礼仪文化和礼仪教育资源，从《周礼》《仪礼》《礼记》，到几千年来历朝历代学者对其进行的注、笺、疏，乃至近现代以来数以千计、万计的礼仪著作，其中蕴涵大量关于青少年礼仪教育的思想。

1. 历史上礼仪教育的已有研究

礼和礼仪教育思想是先秦儒家思想体系的重要组成部分。孔子开启了礼仪和礼仪教育研究的先河。孔子盛赞西周文化，崇尚传统礼制——“周礼”，阐述了“礼”与“礼仪”、“礼”与“仁”的关系，构建了“仁”“礼”统一的社会伦理模式。孔子以“存亡继绝”为己任，建立了以“德政”“礼治”为核心内容，以“导之以德，齐之以礼”为主要方法及途径，以“修己以安人”为宗旨的思想道德教育学说体系，对后世产生了极其深远的影响。先秦儒学以荀子的礼学思想最为完善。荀子把“礼”作为道德规范体系和政治伦理思想的核心，阐述了“礼”的起源和作用，提出了一个关于封建等级制度和等级道德的理论体系——“礼论”，《荀子·修身》提出“人无礼则不生”“事无礼则不成”“国无礼则不宁”的论断，成为世代流传的千古佳句。荀子主张人性恶，强调以礼矫性，认为圣王制定礼义法度的目的就是引导恶的人性转化为仁义道德。在以礼劝善的同时，他还引法入礼，提出以刑罚来补充、完善礼之不足。可见，礼和礼仪教育思想作为先秦儒家思想体系的重要组成部分，是一种多层面、全方位的思想教育体系。

在先秦儒家礼仪教育思想的基础上，以礼仪教育为主的道德教育成为我国古代教育的重要特征，与政权建设紧密结合成为礼学和礼仪教育研究与实践的重要特征。先秦儒家之后，我国历代学者从经学的角度把古代礼仪当作一种“金科玉律”，反复进行传、注、笺、疏，并将《四书》《五经》等研究成果直接转化为教育内容。汉朝政府通过学校推行礼制，太学是传授礼学的最主要途径。唐朝，伴随我国封建经济不断壮大和社会文化繁荣发展，我国礼仪文化日益发达，礼仪制度日趋完备。北宋时期的李觏把“礼”扩展到包括行政、法律、艺术、道德及生活方式等封建社会上层建筑的所有方面，发展了自“荀子”以来的儒家“礼论”，完成了《礼论》《周礼致太平论》和《庆历民言》等思想和学术代表作。元明时期，我国礼学研究一度跌入低谷，这一局面到清初的礼学复兴运动中才得以扭转。明朝嘉靖继位之初，朝廷上发生了一场有关礼仪问题争论，史称“大仪之争”。清王朝强化了封建专制统治，传统礼仪再度被奉为金科玉律。礼学复兴运动以万斯大为代表，他将治礼作为终生追求，目的是通过习礼以明其义，正本清源，通过心性道德的修养以实现修齐治平，拯危致治。

2. 国内重要小学生礼仪教育的已有研究

我国现代儿童教育家陈鹤琴在《家庭教育》一书中曾提到：“孩子的诚实、礼貌等方面的品德教育要从家庭教育开始。家长要以身作则，这样才能培养孩子良好的习惯。”河北省任丘市的贝新茝老师对校园文明礼仪教育的研究比较深入。她从 1995 年便开始从事中学生的文明礼仪教育实践研究，2006 年 7 月编写了《小学文明礼仪》和《中学文明礼仪》。贝新茝老师在《中学生文明礼仪教育研究》一文中从开展文明礼仪教育的构思、必要性、方式和效果四个方面进行论述，并列举了任丘一中的文明礼仪课的具体内容和实施细则，取得了很好的效果。张良才在《中国传统礼仪教育及其现代价值》一文中总结出中国古代礼仪教育的特点："重视养正于蒙"。胡凯在《礼仪教育：增强德育实效性的必要环节》中阐述了礼仪教育的德育功能，"以礼'引'德，以礼'行'德，以礼'养'德"。所谓以礼"引"德，就是"以教礼为基础，引导人们加强道德修养，提高道德素质"，以礼"行"德是指"选择适合道德原则的礼仪，就可以把道德原则的要求按照礼仪的方式组织起来，落实到人们的行动上。通过礼仪教育和训练，帮助人们增强内心的道德信念，掌握正确的行为准则，在社会交往中进行标准化的操作，从而保证道德原则的实施"，以礼"养"德是指"培养受教育者良好的行为习惯是德育过程的归宿，认识、情感、意志的培养最终都要落实到行为习惯上来"。孟引变在《学校礼仪教育的重要性及其开展途径》中指出，开展礼仪教育可以弘扬中华美德，构建和谐社会；可以帮助学生进行心理调适，促进学生身心发展；可以加速学生社会化进程。接着他在文中提出了几点措施：首先学校要充分利用显性课程，积极推进礼仪教育；其次通过潜课程，将礼仪文化融入学生生活之中；最后学生要积极提升自身礼仪修养。

3. 国内餐桌礼仪的已有研究

经期刊文献的搜索，以"餐桌礼仪"为题名关键词搜索出来的论文只有46篇，其中很多是单纯介绍餐桌礼仪习俗和各国的餐桌文化的，很少有和教育进行理论论述的，而且在学校餐桌礼仪教育领域，比较多的研究对象为幼儿园的学生。以"餐桌教育"为题名搜到16篇文章，现在将有关餐桌礼仪的有关研究内容进行综述。

第一，关于餐桌礼仪概念及餐桌礼仪教育的功能、目标定位问题的研究情况。

有研究者提出：餐桌礼仪就是指人们在就餐时应该遵守的基本的行为要求。幼儿进行餐桌礼仪教育，不是在吃饭时间对孩子进行知识灌输或训斥，而是家长通过自己的言行举止，让孩子在潜移默化中受到良好就餐习惯的熏陶。有教育专家也强调，家长在餐桌上的言行，对孩子身心所产生的影响甚至比学校的功课还要深刻。

有研究者提出餐桌德育价值表现为：鼓励孩子自己进餐，培养独立的品质；给孩子一双勤劳的手，培养热爱劳动的品质；从点滴做起，培养孩子节约的美德；持之以恒，培养孩子的文明礼仪；从身边事做起，培养孩子环境卫生意识。

傅媛蕾认为礼仪教育既是幼儿身心和谐发展的需要，也是社会不断进步的要求。幼儿就餐礼仪教育成为幼儿礼仪教育中一个不可缺少的重要部分，这也使得幼儿就餐礼仪教育成为幼儿园教学活动中的一个组成部分，并且随着社会的发展扮演着越来越重要的角色。礼仪乃为风度，它直接关系到人的前途和命运，完全能够充电人生，引导人生。我们应该知道社交礼仪关系到每一个人的形象塑造和人格展示，视而不见、置之不理都是最为轻率的人际交往态度；反之，善于发现和运用社交礼仪的每一个细节，才能顺应人与人交往的基本要求，才能给自己提供难能可贵的良机。

第二，关于餐桌礼仪教育的内容、问题的研究情况。

有研究者认为学生餐桌礼仪应包括以下内容：①饭前要洗手；②就餐姿势端正；③口内有食物，应避免说话；④吃饭时不乱跑，不直接用手抓食物；⑤咳嗽、打喷嚏朝向无人的一边；⑥自己不愿吃的菜不能放在别人的碗里，喜欢的食物和大家一起分享，不能占为己有；⑦ 不挑食，不剩饭；⑧饭后要用纸巾擦嘴、洗手漱口。刘楷主张餐桌教育的内容有进餐礼仪、进餐习惯和环保意识三个方面。

余英和王小琴总结小学生餐桌礼仪的表现有以下几个方面：表现一——孩子要吃什么，基本上都满足，更有甚者一顿饭因孩子要吃什么而改变，大人们也只好跟着吃了；表现二——孩子在家吃霸王餐，在外面坐霸王席。比如把自己喜欢吃的菜放在自己面前，或是霸道地不让别人吃，让大人们难堪不已；表现三——坐相不雅，脚手在板凳上桌子上不规矩，乱敲碗筷等；表现四——吃相不文明，好吃的菜夹一碗，包嘴大嚼，筷子、勺子一起拿着去舀汤等；表现五——对桌上的长辈没有礼貌等。

第三，关于加强餐桌礼仪教育的实施途径与策略问题的研究情况。

王燕、徐国芬主张在对近500名幼儿家庭做的用餐情况调查中发现，如今孩子用餐过程中较为普遍和典型的现象是：没有食欲、挑食、浪费粮食、进餐习惯差、不爱护餐具、不注意清洁卫生等。加强幼儿餐桌礼仪教育策略有：在情境创设中融合餐桌礼仪；在日常教学中渗透餐桌礼仪；在榜样示范下强化餐桌礼仪；在家园合作中巩固餐桌礼仪。

余英和王小琴提出学校应该对学生进行专门的餐桌礼仪教育：把餐桌礼仪教育纳入到《品德与生活》《品德与社会》中去，因餐桌礼仪既是整个礼仪中的一个重要方面，又是一个人言行举止表现的一面镜子；实际演示操作，按方桌、圆桌演示杯、碗、筷的摆放，西餐中的刀、叉也要涉及；讲授夹菜、舀汤的规矩，夹菜时，筷子要干净，要看好，不要在菜盘中乱翻或胡乱翻一阵后又到其他盘子去夹菜；舀汤时应用勺子，而且要把筷子放下再去舀；吃相要文明，做到细嚼慢咽，不要狼吞虎咽；席桌上，尽量少说话，说话时，嘴不要对着席桌；对席桌上的人要讲文明礼貌；为了扩大教育效果，引起共鸣，以学生在日常生活中餐桌上的种种表现为题材，编成小品、相声等文艺节目在班上、学校，最好是到社会上去演出宣传，以加深、加强对学生的教育，同时让社会、家长高度重视，使学校、家庭、社会三位一体对学生进行餐桌礼仪教育。

蒋建微认为餐桌德育的实施策略：贴近孩子的实际；用示范的方法引导孩子；以积极的态度激励孩子；营造良好的家庭文化氛围。

傅媛蕾提出对幼儿进行就餐礼仪教育的途径：优化教育环境，形成幼儿讲礼仪的良好氛围。观察、模仿、示范可以看作是儿童最初和最基本的学习行为方式，儿童主要是通过观察他人的行为学会新的行为反应，因此，幼儿园可通过如下措施来优化幼儿礼仪教育环境：美化幼儿园的环境，创设讲礼仪的氛围；以爱心教育为核心，与审美教育相结合，培养幼儿的礼仪行为；丰富幼儿的礼仪认知，提高幼儿的道德认知水平；积极评价，促进内化；家园共步，强化良好习惯；创造条件，提供幼儿实践机会加强就餐礼仪知识教育，如游戏活动、情景表演、任务活动、社会活动等。

（二）国外关于小学生餐桌礼仪的已有的研究

日本政府十分重视学生的文明礼仪教育。1872 年，日本文部省颁布了《小学生须知》，其内容包含了小学生必须遵守的文明礼仪规范。1883 年，又颁布了《小学礼节规矩》，具体阐述了小学生应达到的礼仪规范。日本几乎所有的学校都制定了本校学生和教师应遵守的规章制度，充分体现出日本政府对学生道德教育和礼仪教育的高度重视。日本实行的是“国家全方位德育”，学校设立特别活动课、垃圾课、友爱课、安全课等课程。特别活动课提供具有丰富人性的教育活动，促进学生集体意识的形成和社会意识的发展；促进个性的形成，培养自我教育能力和自我表现力；培养自我创造力。安全课旨在培养学生的良好心态和互助精神。友爱课使学生理解人格尊严，自觉尊重他人，消除偏见和歧视。日本的食育更是显示了日本对礼仪教育的重视，日本的礼仪教育不仅在人际交往方面，还有餐桌礼仪方面，可见日本的礼仪教育见之于各个生活细节，也不难理解日本人的高素质和文雅生活。

英国和美国热衷于“绅士教育”，从一个人出生就开始礼仪教育，而且他们都把餐桌当成课堂，从孩子上桌的第一天开始就进行餐桌礼仪的培养，在小学阶段就基本形成比较系统的礼仪体系，他们不仅关注进餐时的基本礼仪，而且注重调动孩子的劳动品质和珍惜食物、环保卫士的意识。

新加坡的礼仪教育重视社会实践在道德教育中的重大作用。他们重视知行统一，对学生的礼仪教育不仅仅停留在认知层面上，更要求身体力行，在实践中加以练习和运用。新加坡的学校主要通过“公民与道德教育”课进行礼仪教育。

德国不来梅市的弗雷芒中学是德国最早开设礼仪课的学校。学校一开始在小学五年级进行试点，在课程表上增设了“人际交往与行为礼仪”课程，由校长亲自授课，每周授课2学时。法国的德育教育主要以“公民道德教育课”为主，其他各科为辅的方式进行。公民道德教育课主要包括个人道德教育、国家和社会道德教育等。此外，公民道德教育课还培养学生的一些优秀品质，诸如爱、勇敢、正直、正义、荣誉、宽容、善良、仁慈等。

韩国非常重视对学生进行礼仪教育。从1973年开始，韩国就开始了道德课，正式以书本形式向小学三年级以上的学生授课，一、二年级则设有类似的“正直生活课”，内容涉及个人生活、家庭邻里、校园、社会和国家生活等各方面的基本礼节和道德规范。学校设有礼节室，供学生模拟生活场景，进行礼节演示教育。韩国的道德课，将教育学生了解生活中的基本礼节及行为规范的内容和重要意义作为课程标，“有的幼儿园专门开辟了礼仪室，里面都是韩式家具，教师和幼儿一起穿上鲜艳的民族服装学习茶道，教师教给儿童如何倒茶，如何双手捧着茶杯恭恭敬敬地向客人敬茶，由此教授待人接物的方法，进行传统的民族礼仪教育”。

三、研究的内容及可行性分析

（一）研究的内容

1. 确定餐桌礼仪的观察内容

本环节主要是根据对小学生餐桌礼仪的操作定义编制观察记录表与访谈问题，主要包括饭前是否洗手、就餐姿势是否端正、是否挑食、是否爱护餐具等就餐情况。

2. 对收集到的小学生餐桌礼仪的现状信息进行整理和分析，找出小学生餐桌礼仪表现得不好和好的方面，并进行相应的个案分析与教育价值分析。

本环节主要是数据的回收和整理。在具体调研之前，要了解到被调研的学校的基本情况，比如共有多少学生、学生的家庭背景（家长的学历、职业等都将影响日常生活与孩子在餐桌上的沟通文化）、多少学生留校进午餐等信息。

3. 了解所调查的学校和教师在小学生餐桌礼仪教育方面的工作开展情况，找出现状背后的积极和消极因素。

4. 对于改善小学生餐桌礼仪教育现状提出建议。探讨小学生餐桌礼仪教育途径和方法，比如说加强学校餐桌教育的意识、教师中午进餐轮班制、主题班会、小学生进餐礼仪培训等。

（二）可行性分析

作为小学教育专业的学生，教育见习和教育实习是很好的深入课堂、观察学生、选取研究对象的机会。这些课程为此次的研究提供了便利。在以后的研究中，我可以到实习的学校继续进行食堂观察、个别访谈等研究工作。同时，我的家教工作为我深入研究提供了很好的平台。当然，国内外研究现状是我本次研究的理论基础。

四、论文拟解决的关键问题及难点

在学校食堂中，许多学生在吃饭时挑挑拣拣，把许多菜拨出碗外，这种挑食现象屡见不鲜，那么造成这些包括挑食在内的不正确的餐桌礼仪的原因有哪些呢？有什么解决方法吗？这些都是本篇论文拟解决的关键问题。

在调查的过程中，我们可以通过观察与访谈，再结合文献资料的检索，了解一些学生表层上的餐桌礼仪情况，包括用餐习惯以及造成这些习惯的外在原因，但是对于不良餐桌礼仪产生的更深层次的内在原因的探究，可能会有些欠缺，这也是研究的一个难点。

五、研究方法

（一）文献研究法

在研究调查之前，通过数据库和网络查阅了一系列有关学生礼仪教育与餐桌礼仪的资料，了解了该领域的研究现状和成果，获得了大量有效、可靠的信息，为我们的调查和论文的顺利撰写提供了保证。

（二）观察法

本次调查研究，我观察的对象是浦江县浦阳第一小学学生。浦江第一小学创建于1905年，是一所百年名校。学校坐落于美丽的仙华山下，现有班级 30 个，学生 1675 名，教职工 69 名。学校按××省Ⅰ类学校标准建造，占地面积 40002 平方米（约 60 亩），总建筑面积 15850 平方米，总投资 2722 万元。校内有图书馆、电脑室、语音室、实验室、手工室、体育馆、塑胶运动场，每个教室都配备电脑多媒体系统等一流教学硬件设施。学校师资力量雄厚。学校以精细化管理为主线、以科研兴校为主导、以课程改革为主题、以师生发展为主体、以童话特色为主创的办学思路，以学校百年文化为底蕴，弘扬童话中“勤奋、善良、勇敢、智慧”的精神，追寻教育真谛，全面提升办学品位，努力把学校办成人民满意、社会放心、轻负高质、对外开放的窗口名校。由此我们可以推断，该校学生的就餐氛围比较好。之所以选择观察这所学校的小学生，首先，我们在那所学校见习，观察研究比较方便；其次，这所学校作为浦江第一小学，有一定的代表性。

在查找大量文献的基础上，结合以往去小学见习时所观察到的小学生餐桌礼仪的情况，我设计了观察表格（观察表格见附录 1）。我将选择该小学一到六年级各一个班的第二组的学生来进行观察，预计观察对象为 60 名学生。作为一名实习老师，一整天都与学生待在一起，包括吃饭时间，因此我可以直接进入食堂（如果在教室吃饭就进入教室）观察，而不会显得突兀，引起学生的好奇或者反感，实习老师这个身份可以使观察结果更具真实性。为了使观察结果更具真实性，我会对每个组观察三次。

（三）访谈法

虽然本研究是以观察法为主，但许多事情不能只看表面，许多原因也是观察不到的。为了弥补观察法的不足，我将针对观察时有疑惑的问题采取进一步的访谈（学生访谈提纲见附录 2）。我将在所观察的班级每班随机抽取 2～3 名学生，访谈学生共计 15 人，询问有关餐桌礼仪的问题，深入了解小学生餐桌礼仪的现状与影响因素。

另外，为了使访谈结果更具全面性，我也将对教师采取个案访谈（教师访谈提纲见附录 3）。访谈对象是我所观察的班级的班主任或者午饭期间进行管理的教师，结合他们班的就餐情况，向其请教有关学生餐桌礼仪的问题，从教师的角度研究小学生餐桌礼仪的现状与影响因素。

（四）案例分析法

在观察与访谈过程中，肯定会遇到具有代表性的学生餐桌礼仪情况，对于这种情况，我们无法直接分析出原因，这就需要对其进行追踪调查与案例分析，深入研究其现象发生的原因，并提出改正建议。

六、论文的进度安排

2013 年 7 月～8 月 15 日：收集文献资料，讨论确定研究思路。

2013 年 8 月 16 日～9 月 10 日：分析资料，设计并完成观察表和访谈题目。

2013 年 9 月 11 日～11 月 10 日：利用观察表格观察学生；根据访谈题目，访谈学生和教师。

2013 年 11 月 11 日～12 月 15 日：整合观察访谈结果，获取有用信息。

2013 年 12 月 16 日～2014 年 1 月 15 日：对观察和访谈到的具有代表性的就餐现象进行案例分析。

2014 年 1 月 16 日～2 月 15 日：结合文献和资料，初步撰写论文。

2014 年 2 月 16 日～3 月 15 日：接受教师指导，修改论文初稿。

2014 年 3 月 16 日～4 月 15 日：接受教师指导，再次修改论文。

2014 年 4 月 16 日～2014 年 6 月，确定最终论文。

七、主要参考文献

[1] 陈时见．教育研究方法［M］．北京：高等教育出版社，2009：65-246.

[2] 秦俊峰，谢晓南．国外的礼仪教育［J］．中国民族报，2005，(04)．

[3] 叶建朋．小学生礼仪教育初探［D］．湖北：华中师范大学硕士学位论文．2005.

[4] 周红豆，吴迪．商务礼仪及其课程设计研究文献综述［J］．现代商贸工业，2011，(06)．

[5] 贾冬琴，朱成梅．幼儿餐桌礼仪案例解析［J］．现代教育科学（小学教师），2009，(03)．

[6] 杨兴国．日本幼儿礼仪教育及启示［J］．教育导刊（幼儿教育），2009，(10)．

[7] 王燕，徐国芬．幼儿餐桌礼仪教育的实施策略［J］．现代教育科学（小学教师），2009，(03)．

[8] 徐顺英．浅谈日本的餐桌礼仪［J］．中国校外教育，2009，(S5)．

[9] 张文娟．浅析中西方餐桌礼仪存在差异的原因［J］．现代商业，2009，(04)．

[10] 马琴．浅谈对小学生礼仪教育的途径［J］．新课程（小学

版），2009，（05）.

［11］向雪梅．运用评价体系，抓好养成教育［J］．学校党建与思想教育（下半月），2008，（04）.

［12］徐顺英．浅谈日本的餐桌礼仪［J］．中国校外教育，2009，（S5）.

［13］蒋建微．餐桌上的“德育”教育［J］．健康生活，2010，（11）：60-61.

［14］傅媛蕾．幼儿园对幼儿进行就餐礼仪教育的意义及方法［J］．价值工程，2010，（35）.

八、指导教师意见

选题能够结合教育实际问题，观点新颖，文献内容充实，方法得当。该研究的重点在于观察法的运用，望在研究实践中做好客观、充实的观察记录，以便下一步进行有理有据的资料分析。

签名：　　　　　　　　　　　　　　　　201　年　月　日

九、开题审查小组意见

开题审查小组组长签名：　　　　　　201　年　月　日

附录一　小学生餐桌礼仪的调查研究之观察表

观察学校：　　　　　　　　　　　　　　　　　　　　观察班级：

观察总人数：　　　　　　　　　　　　　　　　　　　观察人：

观察地点分析：		
时间	观察到的事件	观察者的解释和疑问

附录二　小学生餐桌礼仪的调查研究之访谈提纲（学生）

同学，你好！我们是实习老师，正在做一项研究，是有关小学生餐桌礼仪方面的，希望你能给我们提供一些有用的信息。回答问题时请不要有什么顾虑，我们对此次访谈的内容会绝对保密，请你放心！希望你能与我们合作，谢谢！

1. 你觉得在吃饭时怎么做才算表现好呢？

2. 你觉得在吃饭时怎么做就算表现不好呢？

3. 你身边同学有挑食现象吗？如果有，是挑什么食物呢？

4. 你想要通过自己的努力让自己吃饭时表现好一些吗？

5. 你的爸爸妈妈在吃饭时做得好吗？好/不好在哪里？

6. 在吃饭的过程中，你会帮助你父母做些什么？(例如，整理饭桌、洗碗?)

7. 在吃饭时，听到老师表扬表现好的学生，你会怎么做？（会不会也跟着做好?)

8. 你吃饭时表现得好坏跟你离老师的远近有没有关系呢？

9. 你会学习你同学、家长或老师吃饭时的表现吗？

10. 你觉得哪些因素会影响你吃饭时的表现呢？

11. 你觉得自己在吃饭时的表现方面还有哪些需要改进？

12. 如果你身边有同学在你吃饭的时候大声讲话，你会有什么感受？

附录三　小学生餐桌礼仪的调查研究之访谈提纲（老师）

老师，您好！我是××师范大学的学生，也是我们学校的实习老师，我正在做一项研究，是有关小学生餐桌礼仪方面的，希望您能给我提供一些有用的信息。收集资料纯粹是为了科学研究，您的真实想法会对这一领域的研究有很大帮助。回答问题时请不要有什么顾虑，我对此次访谈的内容会绝对保密，请您放心！希望您能与我合作，谢谢！

1. 您觉得关注小学生的餐桌礼仪有实际意义吗？能分析一下具体原因吗？

2. 您之前有没有主动观察过你们班或者其他班学生的餐桌礼仪呢？

3. 小学生有哪些好的进餐行为表现？

4. 小学生有哪些不好的进餐行为表现？

5. 小学生自身是否有注意餐桌礼仪的思想和行为？

6. 学校是否开展了学生餐桌礼仪教育活动？如果有，是以怎样的形式开展的？

7. 您或者其他老师对学校开展的餐桌礼仪教育活动持什么样的态度？

8. 您对加强小学生餐桌礼仪教育有何建议？(实施环境分析)

第十四章 研究报告

在研究结束的时候，研究者需要以研究报告的形式向读者展示自己的成果。研究者所有的心血、汗水、智慧和辛勤工作都将凝结成研究报告中的文字。

第一节 研究报告的格式

研究报告的形式因读者的要求而异，如果是硕士、博士毕业论文，导师会提供一份所在学术机构的论文格式；如果是为了报告项目和课题，审查委员会之类的机构处会出具格式；如果是为了在某期刊上发表，研究者需要事先咨询杂志的编辑或查询杂志的网页。无论具体的格式如何变化，一些基本的要素是普遍存在的。下面让我们以一份典型的学术期刊格式为例，一起学习一下研究报告中的几个基本组成部分。

1. 概要（abstract）
2. 介绍（introduction）
   a. 背景（background）
   b. 目的陈述（statement of purpose）
   c. 研究问题、研究假设（research question \ hypotheses）
3. 方法（method）
   a. 研究对象（participants）
   b. 研究工具（instrument）
   c. 研究程序（procedure）
   d. 数据、资料分析方法（data analysis procedures）
4. 结果（results）
5. 讨论（discussion）
6. 参考文献（references）

接下来将会逐一解释以上所示的六个部分所应包含的内容。研究报告的格式往往随着研究方法的不同而有所调整，下面的部分将尽量指出量的研究与质的研究的最终报告的不同之处。同学们还可以自己推断混合研究与行动研究等的研究报告的格式。

1. 概要

概要的任务是在文章的一开头对整个研究进行概括。一般来说，概要都会在150字之内包含以下信息：①研究的目标是什么；②研究对象是哪些人；③研究对象在研究中做了什么；④研究的一些重要发现是什么。

研究报告的概要就在于用非常简短的问题向读者提供研究的相关信息。一段合格的概要必须指出研究者为什么要进行研究，研究者是怎样回答研究问题的，以及研究者最终发现了什么。概要之中尽量不要包含任何专业词汇，这样对此领域比较陌生的读者也可以通过概要对研究有一定的了解。研究者在做文献收集的时候，首先会通过一篇文章的概要决定是否继续读下去。需要注意的一点是，很多文章的实质跟它的概要之间有很大的差距，所以我们不能仅仅依靠概要来判断一篇文章。

2. 介绍

一篇文章的介绍部分应该包含有关研究背景、研究目的、研究问题等关键信息，因此我们在阅读研究的介绍部分时应该慢慢地、仔细地来读，研究者在写作这一部分时也需要反复推敲。

a. 背景：很多研究者喜欢以解释什么原因推动自己进行此项研究为开头，研究的灵感可能来自一次与同事的讨论，或自己前面的一项研究没有达到预期的效果，或来自自己教学工作中的一个现实问题，等等。接下来研究者会描述研究的背景，通常的做法是强调自己的研究与以前发表过的研究之间的联系。无论研究者对于前人的文献做了长的或短的回顾，目的都在于使读者明白自己研究的源与流，即研究如何与前人的研究相关联，又将向哪些方向继续发展。

b. 目的陈述：讨论完研究的背景之后，研究者需要陈述研究的目的。目的陈述说明了研究者自己设定的“目的地”，对于一项研究来说非常关键，因为没有目的的设计，读者将无法断定研究者是否取得了预期的研究成果。目的陈述可以是一句话，也可以以一个小段落的形式出现。

c. 研究问题、研究假设：研究者需要在这里清楚明确地阐述研究的问题都是什么。如果是量的研究，还要说明研究的假设是什么。

在大部分的研究报告中，背景、目的陈述、研究问题、研究假设都不用小标题标注，而是一起出现在“介绍”之下。

3. 方法

在“方法”部分，研究者必须用细节来说明研究是如何被实施的。一个理想的状态是，其他研究者可以单凭“方法”部分的描述，就可以成功复制这个研究（常见于量的研究）。为了达到这个目的，研究者需要展示：①谁参加了研究；②怎样用研究工具来收集数据、资料；③研究的具体操作程序是怎样的。这些信息都可以在相关的小标题之下找到。

a. 研究对象：教育学研究都是以人为对象的，研究者需要指出有多少人参加了研究，这些人的特点是什么，他们是被如何抽选出来的。尤其是在质的研究中，研究对象的背景信息对结果的影响非常大，因此研究者需要全面地向读者介绍研究对象是什么样子的，包括他们的身份、个人经历、受教育程度、所处的组织的特点等。关于抽样方法的描述也非常重要，一个研究中的研究对象是从随机抽样中得到的，还是自愿参加的，还是研究者有目的地选中的，会对研究结果产生重大影响。

b. 研究工具：量的研究的研究工具可能是实验手段、具体的器材或是调查问卷等，研究者必须进行完整的、详细的描述，还应该包含对其信度和效度的讨论。在质的研究中，研究工具是研究者本人，因此这一部分应该是关于研究者自身背景、经历、经验、特征的描写。关于质的研究，研究者还应该具体描述研究所在的场所、组织的基本情况及特点等。

c. 研究程序：这里，研究者叙述研究对象在研究中是如何一步一步行动的，或者是研究的执行者对研究对象都做了什么。如果有研究对象中途退出，也需在此注明。

d. 数据、资料分析方法：如果是量的研究报告，研究者需要说明用了哪些统计学方法来分析数据。如果是质的研究报告，研究者则须展示自己编码、整合等一系列的资料处理手段。

4. 结果

这一部分往往是一篇报告里最长的一部分，研究者会将自己从研究中得到的与研究问题相关的结果做分门别类的展示。如果是量的研究，表格、图表等方式比单纯的文字更加直观。如果是质的研究，直接引用访谈中研究对象所说的话的精华，或是附上一两幅图片也会增加对读者的吸引力。

5. 讨论

相比结果部分，讨论部分是对于研究结果就事论事般的解释。讨论部分的任务在于回答研究问题、研究假设。研究者在这一部分需要说明，从研究中得到的数据、资料说明了什么。讨论部分还应该包含研究者对于此次研究的局限性和不足之处的简略讨论，以及对未来研究的建议。

6. 参考文献

这一部分需要包含所有研究报告中引用过的文献。很多有经验的研究者在阅读一篇论文时，首先看的部分就是参考文献，以此明确这篇论文是在什么样的理论影响下出现的。

最后，一篇合格的研究报告之中的各个部分间都应该是相互呼应，有强烈的内在联系的。研究报告的每一个部分对于整体来说都是不可缺失的。而不合格的研究报告往往呈碎片状，使读者如堕入五里云雾中般摸不着头脑。另外，当我们阅读别人的研究报告时，切不可只凭其中的某一部分就下结论，最好能够迅速地通读全文再集中看某一部分。

第二节 研究报告的核心——立论

如果抛开研究报告的外在格式，专注其内在逻辑时，我们会发现研究报告的核心其实就是立论，换句话说，就是作者如何向读者说明自己的观点、如何用论据支撑自己的观点，以及如何用证据证明自己的论据。新手研究者们经常犯的一个错误就是，急于向读者证明自己对这个领域有很多了解，于是就会将所有在文献收集过程中、研究资料收集过程中获得的信息都一股脑地放在研究报告中。当导师或编辑对这一堆文字说不的时候，会听到来自作者的一连串的委屈和抱怨。问题在于，研究报告不应该按照研究者所收集的资料的种类来组织，否则我们就会称各类百科全书为非常好的研究报告了。新手研究者要绝对避免把自己的报告写成如字典、词典里的词条一样的文字。研究报告不是说明文，更不能变成如百度百科一样的大量信息的集结体。同学们必须永远牢记，研究报告永远是围绕着研究问题来展开的。无论大家发现的文献或收集的研究结果多么有趣，如果与研究问题无关，那么就没有理由放到研究报告中去。

一篇研究报告的内在逻辑应该是：作者提出研究问题（research question（s））、作者用论点（claim（s））回答研究问题、作者用论据（reason（s））支持论点、作者用找到的证据（evidence（s））证明论点。拨开一切外在的格式、要求、文字的修饰等，我们所应该看到的就是如图 14-1 所示的一个关系。

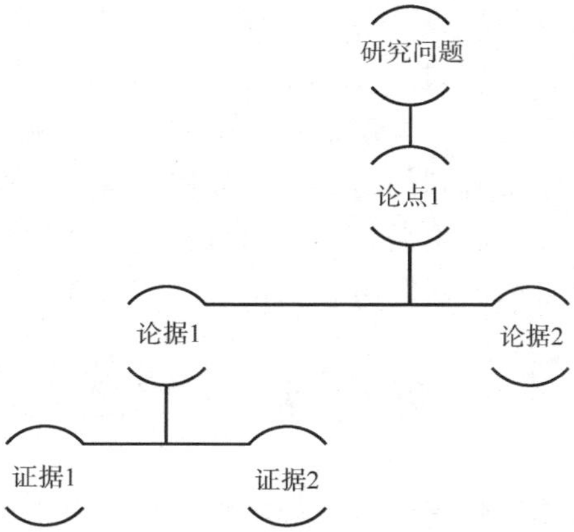

图 14-1 论点、论据、证据的关系

研究问题下面的论点可以多于一个，同样，论据与论据之下的证据也往往是复数。接下来让我们通过一个例子来继续理解这种关系。

例 14-1 [1]电视上的暴力对于儿童来说到底有什么影响呢?[2]本研究发现电视上的暴力对儿童有害。[3]首先，儿童暴露于大量的电视暴力之下会使他们接受这种扭曲的价值观。[4]专家 Golden 在 2004 年的研究中表明了这一观点。[5]其次，大量的电视暴力会使儿童难于区别幻想与事实。[6]本研究的研究者通过一系列实验证明了这一点。[7]学者 Smith（2008）的研究也证明了这一点。

例 14-1 是一个非常简略的研究报告的概要，一共包含 7 句话。第 1 句是研究问题（research questions），“电视上的暴力对于儿童来说到底有什么影响呢?”研究问题以疑问句的形式存在，作为整个研究报告的核心，研究者所做的一切努力，包括查阅文献和实际研究都是为了回答研究问题。第 2 句话，“本研究发现电视上的暴力对儿童有害。”是作者的论点（claim）。我们可以将论点理解成用来回答研究问题的一个句子、一个陈述句、一种断言等。某事物是什么或不是什么，是真是假，是这种或那种情况，等等。接下来第 3 句“首先，儿童暴露于大量的电视暴力之下会使他们接受这种扭曲的价值观。”和第 5 句“其次，大量的电视暴力会使儿童难于区别幻想与事实。”属于论据（reasons）。论据是作者用来支持论点的句子，通常需要多条论据来支持一个论点。论据实际上就是作者用自己的话说出的一种解释、一种说明。没有论据支持的论点是无稽之谈，而没有证据的论据只能算是纸上谈兵。从上面的例子中我们可以看出，第 4 句是第 3 句的证据，而第 6 句和第 7 句则是第 5 句的证据。研究报告中所谓的证据（evidence），就是用来证明论据的实际事物。如果说论据是就事论事、阐释说理，只能存在于纸面上，那么证据必须是可以用感官看到、听到、触到、尝到的。比如说第 4 句“专家 golden 在 2004 年的研究中表明了这一观点。”和第 7 句“学者 smith（2008）的研究也证明了这一点。”就是存在于文献之中可以被人看到的。而第 6 句“本研究的研究者通过一系列实验证明了这一点。”所指的实验，也是在现实中发生过，可以有文字、音像记录的事物。这个例子充分说明了一批研究报告的内在逻辑。读者需要看到的是研究者如何回答自己的研究问题，而研究者需要用自己的语言说出论点和论据，还要用来自文献和实际研究中获得的信息来支撑。总而言之，一篇合格的研究报告会留下研究者深刻的、清晰的思维痕迹。

第三节　研究者如何进行写作

现在当我们谈起写作，很少有人会想到用笔在稿纸上爬格子，我们直接联想到的自己的写作过程就是在电脑上打开一个文档，然后开始敲击键盘。感谢 21 世纪的先进科学技术，我们大部分人都可以拥有一台属于自己的笔记本电脑，至少可以使用学校机房里的电脑，不必再苦苦纠结于自己难看的字体和杂乱的稿纸之间，也不必再挣扎于增删修改和浪费时间在反复誊抄之中。然而，无论多么先进的科学技术也不能代替人脑的思考，所以，一些关于写作的知识是永远不变的。

第一，写作的过程永远不可能一蹴而就，思考与敲打键盘都需要大量的时间。在面对眼前大量的数据资料的时候，研究者要从一个简单的纲要开始，给自己的研究报告搭一个骨架，然后根据已有的信息和自己的思考所得不断添加血肉。在第一稿成型之后，研究者可以休息一段时间，完全不去想关于研究报告的事情，然后再以全新的眼光开始进行第二稿，以此类推，一直到自己满意为止。研究者还需要跟自己同行业的人搞好关系，至少在最终定稿之前能有人帮助看看稿件、挑挑毛病。

第二，研究者需要保持一个良好的写作习惯，那就是——每天都写。不必要每天都写研究报告，可以写写读书笔记或随意的心得体会等。俗话说“拳不离手、曲不离口”，一个写作的人也需要坚持自己每天思考、形成文字的这一基本过程，甚至以写作为乐趣，每天都来上那么一段。如此天长日久地坚持下去，相信有朝一日自己成熟干练的语言能够配得上我们辛苦的研究工作，最终给读者们带来一篇篇可读性强的研究报告。

第四节　发表研究报告

除了学位论文，大多数的研究报告的理想目的地都是学术期刊。研究者想要在某学术期刊上发表文章的话，最好尽早熟悉该期刊的倾向、风格、要求等。甚至在研究开始前就应该了解自己想要了解的领域内近期的发展情况是怎样的，尽量不要重复别人的研究或是选择一个大多数人都不感兴趣的话题。在研究报告定稿之后，研究者需要根据期刊的格式要求，用电子或邮寄的形式向编辑部投稿。当前教育学界通行的做法是，编辑接到稿件大体看过，然后发给学术界的几个专家进行匿名评审，一段时间之后根据专家的意见进行拒稿或提出修改意见。研究者在投稿之后的一定时间内是不能另外投稿的，只有超过与编辑的约定时间才能将稿件投向其他期刊。如果接到编辑的修改意见，研究者也必须一一做出回应。

另一条向学术界共享自己研究的成果的途径是参加各种学术会议，并在会议上发表讲话。研究者经常会接到各种大大小小研究会议的通知，有的会议的主题非常明确，而有的会议的主题则非常宽泛，这些会议都为科研工作者聚集讨论正在进行的最新研究，特别是还没有被发表的成果，提供了宝贵的机会。研究者可以根据自己的研究内容选择适合的会议进行投稿，一旦被会议接受，就有向学术界共享自己研究成果的机会。

此外，在其他很多场合，如课堂展示、研究小组、工作坊等，研究者也可以抓住机会向自己身边的其他研究者、同学和教师分享自己的研究成果，同时也可以得到他们的点评与帮助。需要注意的是，无论是会议发言还是在课堂上的口头陈述，时间通常不会超过15分钟。研究者需要报告研究的精华部分、能够引起读者兴趣的部分，而不应纠缠于细节。一般需要报告的内容包括研究问题是什么，研究者为什么对研究问题进行关注，解决研究问题的方法以及得到的研究结果。同时，研究者最好借助幻灯片来帮助听众迅速理解研究的内容。

思考、讨论、练习、提高

（1）请同学们在数据库中找一两篇最近发表的研究报告，然后分析其结构有什么特点。

（2）思考研究报告与开题报告之间有什么区别与联系。

（3）举例说明研究中的研究问题、论点、论据和证据都是什么意思。用自己的话解释研究报告的内在逻辑。

（4）小组同学之间开展一个关于如何更好地写作的小小的讨论，彼此交换写作的心得体会。

（5）在自己身边找到一个发表过研究报告的老师或师兄师姐等，询问他们的论文发表程序，以及需要注意的相关问题。

运用案例

例14-2 以下是心理学专业本科大三的韩思竹、刘启贤、迟晓娜、曹苗冉四位同学经过一个学期的学习与研究实践所写出的研究报告。

师范生拖延行为的质性研究——以××师范大学教师教育学院为例

韩思竹　刘启贤　迟晓娜　曹苗冉

【摘要】 目前大学生的拖延现象已很普遍，师范生的拖延行为亦不容小觑。研究以师范生为对象，采用基本质的研究方法来探讨拖延现状、成因、危害，以及他们对拖延行为的看法，并提炼出四点有针对性的建议。该研究有助于师范生意识到转变自身拖延行为的迫切性与必要性，有助于提高其作业效率和心理健康水平，同时也为良好师德的培育指明了一个新方向。

【关键词】 拖延　师范生　成因　影响

The Qualitative Study of Procrastination on Students Majoring in Education at A Teacher College

HAN Si-zhu LIU Qi-xian CHI Xiao-na CAO Miao-ran
(College of Teacher Education, Applied Psychology,
Zhejiang Normal University)

Abstract: How to overcome normal students' procrastination at a teacher college has been a critical challenge for many students. The authors of this manuscript explored the issue of how to develop students' procrastination through the analysis of the status, cause, influence and attitude factors and summarized 4 targeted strategies for them. This study may be beneficial to the improvement of both working efficiency and mental health on normal students and provide a new direction for the cultivation of teacher's ethics as well.

Keywords: Procrastination; Normal students; Cause; Influence

一、介绍

拖延（procrastination）是一种复杂的心理行为问题，既有拖延的客观行为，也有明知会有消极后果而难以遵循最初意愿的非理性认知，同时还往往伴有焦虑、抑郁等消极的情绪体验。

拖延行为的产生既有外部因素也有内部因素。外部因素主要与任务性质有关。个体对目标任务的厌恶程度、任务的难度、具体程度，以及完成任务的奖惩时限都是影响拖延行为的主要外部因素（吴进华，2010）；内部因素主要与个人品质有关。具有较高完美主义倾向和缺乏动机的人会表现出更多的拖延行为（李晓东、关雪菁、薛玲玲，2007）。此外，那些自我监控能力较差的人，往往不能很好地设置目标，同时也会低估完成任务所需要的时间，这些因素都会导致拖延行为的产生（庞维国，2010）。

以往研究表明，拖延带来的影响既有积极的也有消极的，但拖延行为大多数时候被视为是一种消极的、适应不良的行为，它不仅会造成不良的后果，还会带来负面的情绪体验。

对大学生而言，拖延行为不仅会导致个体不能按时完成作业和取得成功的作业成绩，从而影响其学业和工作的进展，甚至失去一些重要机会、使人际关系变得紧张（吴进华，2010），还可能会导致自我效能感降低，引发个体的焦虑、压抑、内疚自责、懊悔等消极情绪体验（彭芳、张静平、杨冰香等，2010）。此外，有研究表明消极拖延还与身体健康存在着负相关（倪士光、张平、赵国亮等，2012）。拖延者往往没有良好的作息习惯，较少锻炼，睡眠质量差，与他人相比起来更易患免疫系统的疾病。

尽管目前已有许多关于拖延的研究，但它们都存在以下几点不足。在研究对象上，当前有关拖延的研究主要针对大学生，较少关注其中的特殊群体，如即将步入教师行业的师范生；在研究范围上，目前国内外的研究主要集中于学业拖延领域，忽略了一般拖延行为；在研究方法上，现有研究大多采用自陈式量表或进行实验研究，其研究结果无法回答特定情境、任务特征、时间，以及个体对任务的态度等变量对拖延行为的影响等问题。

因此，为弥补以上不足，本研究以师范生为研究对象，采用基本质的研究方法来探讨拖延现状、成因、危害，以及他们对拖延行为的看法等问题，并为他们提出一些改善拖延现状的针对性建议。这有助于师范生意识到转变自身拖延行为的迫切性与必要性，提高其作业效率和心理健康水平。更重要的是，这也为良好师德的培育指明了一个新的方向，有助于这些未来教师更好地体现榜样与带头作用。

二、方法

（一）研究对象

共9名女生，均为××师范大学教师教育学院的师范生。现选取3例典型个案，具体描述如下。

小虹的桌上摆满龙猫、瓷器等其他可爱的小物品，看起来是个很萌而且热心的人，朋友很多，因此她常花费大量时间与朋友打电话，或者关注朋友空间。她对外界诱惑难以抗拒，常沉迷游戏或者被电视剧迷住，不分昼夜“献身”电脑。

小雯不喜欢整理物品，桌面时常处于混乱状态。她痴迷于某个明星，时常去关注该明星的动态，甚至该明星粉丝贴吧等，喜欢玩小游戏，还时常去其他寝室“串门”。小雯认为有压力才有动力，时常将事情拖到最后才完成，经常熬夜。

小林是班级中的核心人物，工作能力强，对自己要求很高，时常处于压力状态。在心情好时会放声高歌，心情低落时就会发呆或者浇花，只有心情平静时才能静下心来工作。她在做事的时候总是几件事情一起做，却把最重要的拖到最后完成，经常熬夜甚至半夜起床写作业，作息十分不规律。

（二）研究工具

研究工具是研究者本身，即4名来自××师范大学教师教育学院的应用心理学专业本科生。研究者分别来自不同省份，受地域文化及家庭环境等因素的影响，有着不同的价值观和思考角度。四人各有所长（刘启贤有敏锐的观察力，以及很强的写作能力；韩思竹有丰富的研究经验且是负责任的全局掌控者；曹苗冉是擅长提创造性建议的智多星；迟晓娜则善于倾听并鼓励他人），善于合作，能取长补短，营造民主和谐的讨论氛围。

本研究的地点主要是访谈和观察对象所住的寝室，因为研究对象的工作和娱乐活动大多在寝室进行。寝室为四人间，活动空间相对较大，有四套标准学生用桌椅、衣柜和床铺，寝室有阳台和卫生间，可供洗衣、洗漱和晾晒衣物。

（三）研究程序

我们首先提出了研究问题，进而通过查阅文献资料和小组讨论，整理出本研究的理论框架。接着，撰写文献综述初稿，结合经验法和文献法提出了访谈问题。这些问题经由专家小组的审核，我们结合他们的意见对问题进行了修改并最终确定访谈问题。然后，采用方便抽样法和滚雪球抽样法选取研究对象，并和研究对象进行正式的面对面访谈。收集初始资料后，我们还对研究对象进行了多次观察与回访，同时进行了实物分析。我们将得到的多方资料进行整理与分析，最后得出结果，撰写论文。

（四）数据、资料分析方法

1. 访谈法

本研究以访谈法为主，我们根据已制定的访谈问题（见附录二），对8名研究对象进行了访谈。询问其有关拖延的问题，了解他们的拖延现状与影响因素等内容。接着，我们对访谈结果和访谈过程中遇到的问题进行了分析与讨论，整理出仍有待明确的问题与观点。为了使访谈资料更为详尽，每位研究者根据自己研究对象的具体情况进行了不同程度的回访。

2. 观察法

为了丰富我们的研究资料，使其更加真实可靠，我们还采用了观察法，对其中的6名研究对象进行了观察。在观察时我们采用了“自然观察”，即在自然条件下对研究对象的言谈举止、情绪以及周围环境进行有目的、有计划的观察。用这种方法所搜集到的资料比较真实，同时也能得到一些难以表述的资料，为我们的研究提供更多的依据。

3. 实物分析法

为了使收集到的研究资料更具说服力，我们还采用了实物分析法。通过对研究对象的计划表进行记录与分析，我们将实物分析与其他渠道获得的信息进行对比，增加研究资料的可靠性。

三、结果

（一）拖延成因

拖延与追求完美的性格有着密不可分的关系。小美谈到：**“我有一点做事情喜欢去追求完美的性格。”**小虹也说道：**“我需要前段准备投入，进入的时间有一点长，然后进去之后就是有点完美主义的那种。”**

主观夸大任务难度，为拖延找借口。小丽说：**“可能就是本身觉得它很困难，比较麻烦……其实做的话也还好，我也不知道当时为什么没有做……”**

受情绪与意志力的影响。观察中发现，小林在情绪低落的时候工作效率不高，情绪高涨的时候也不会工作，只有当压力适当又比较冷静、理智的时候，工作才会有效率。部分受访者自我监控能力较差，在面对有吸引力的其他事物时往往会管不住自己、放下正在做的任务而去干其他事情。小琦说：**“小说很有吸引力，所以必须看完才能静下心来学习。”**小兰说：**“收不住啊，一方面是意志力不够坚定。”**另一位受访者小玉说道：**“就是感觉一进去就收不回来的状态，心里想着，哎，稍微看一会儿就好了，但是看完这个就还想看那个，还想看那个……”**小兰还提到：**“在听歌的时候就会把我带过去，虽然之前老是会考虑要去干那事儿，但是一打开电脑吧，就被各种各样的诱惑带过去了。”**

计划表没有时间限制，只是带先后顺序的粗略计划。小林谈到：**“我制订计划都是列点，我最近可能有哪些事情要做，但是我不会给它一个时间期限，比如说要我在什么什么之前把它做完，这个是没有的。”**小羽说：**“就是很具体的没有，就是大概粗略的，比如先做这个，再做这个，后做这个，就是没有规定这个在什么时间做完。”**小羽还谈到：**“计划表没有规定什么时候完成，只是提醒用的。”**

不良行为习惯。小虹说：**“我容易拖，从小到大已经形成了习惯。”**小兰说：**“我一般都是快要上场了那个时候才会去准备一下。”**此外，小林、小琦、小雯与小玉都存在熬夜做作业的不良习惯。

受周围环境的影响，如他人干扰和外在诱惑。当受到他人干扰时，原本的任务时间被占用，无法继续进行正在执行的任务。例如，小琦在进行任务时就经常出现诸如电话、短信及同学请求帮忙等干扰；小羽也说道："有的老师布置的作业就可能会在其他作业里面插进来，还有如果遇到放假的话，有可能同学约出去玩呀，会把时间给占掉。"当受到外在诱惑时，她们往往无法拒绝诱惑。小玉说："外面的诱惑太大了。"被观察者小琦看小说、浏览网页，而将任务搁置；另有被观察者小雯一直打游戏、浏览网页，最后只好熬夜做作业。

任务性质影响拖延，如任务难度、对任务的喜好程度、任务形式、任务时限等。当任务对她们难度大时，就会出现拖延现象。小美说："不擅长的事情容易拖后。文笔不好，写数学我是无所谓，写东西时候就会很烦躁很烦躁。对于老师让交那些写论文的作业，人家一个小时写完，我可能要花半天。"小羽也说道："上个学期大部分都是论文，但我不怎么擅长写一些东西，就会拖。"其次，碰到自己不感兴趣的任务也会拖延，小兰说："有些时候就是你比较感兴趣的东西，然后你就会不会说要拖到那么后去做嘛。"小玉也说："主要我不喜欢人力（资源管理）；如果是心理咨询的话，我肯定会提前好多好多时间来看。"此外，任务数量过多、任务时限较紧急也会使受访者产生拖延行为。小羽说："我在期末的时候，就是事情特别多的时候，我就会拖到最后。"小玉则说："考研的话，我觉得可能还没逼自己到那种非常急的程度吧。"

拖延未直接带来不良后果。小丽说道："没有给我造成特别……恶劣或者是什么特别恶劣……其实已经有一些自己能够看到有些不好的、不良影响了，但是还没有就是说能够严重到让我决心马上去改变。"

（二）拖延表现

往往不会制订计划或者不能很好地实施已经制订了的计划。小丽提到："自己最大的缺点就是安排不太好，就是没有提前的计划。"小虹说："但是这项表格（计划表），在第二个星期的时候，我就……我就已经让它胎死腹中了。"同样的，另一位观察者小玉在接受后续访谈时也说道："平时可能给自己安排一些工作，但是一逛贴吧就老是把工作往后推往后推……"

注意力比较容易分散，她们会同时干好几件事情。小丽承认，自己在做事情时会分散注意力，想其他事情。小虹则说："我经常一边鼓捣手机一边看文献。"在对小林的观察中，我们也发现了类似的现象，她会一边聊 QQ，一边整理邮箱，一边还在整理 Word 稿。

不到“紧要关头”，不会真正动起来。这个“紧要关头”可能是“熄灯”，也可能是“第二天就要上交作业”或者其他的情况。不管是从观察还是从访谈中，我们都可以感觉到，如果到了这些拖延者心里划定的某个界限，而且超过这一界限她们仍未作出改变，那么她们就会非常焦虑，然后会迫使自己开始认真做事情，而在此之前，她们的时间利用率一直会很低。小林说：**“断网后工作效率要高些，要专注一些。”**同时，研究者观察到小林在熄灯前只有十几分钟是用来做作业的。小玉说：**“在熄灯后，才开始认真做作业。”**小兰也坦言：**“反正还有时间嘛，然后还有几天，到那天再说，就这样。”**通常，当让她们自己评价自己在平时的时间利用率时，她们也会表示出不满意。例如，受访者小丽反复提到：**“时间利用得不是很好啦……我觉得我的效率很低……”**

很享受娱乐所带来的愉悦感，以至于不愿停止。例如，一位受访者（小玉）说：**“我觉得逛贴吧的时候好像会给自己带来一种愉悦感，就是有一种很开心的感觉。”**另一位受访者（小兰）说：**“觉得自己作业很多，总会想着要去完成它，但是又把时间花在娱乐上。”**

还有一些拖延者只是惦记着事情，却迟迟不开始做事情。有位受访者（小丽）自己反思：**“我觉得自己真的是那种……事情一直挂在嘴上，但又不好好去做……”**小美也说道：**“比如说一件事情，我不想做，但是我会天天想，只要有空闲的时间就去想，然后还是不去做。”**

（三）拖延行为的影响

拖延也有积极的一面：拖到最后压力转化为动力，时间利用率高。小羽说：**“有压力的时候，也就变成动力了，所以时间利用率的情况在后期就感觉比较有动力，之前实际时间比较多的时候，动力就比较少，就导致完成的情况也不是很好。”**小雯也认为：**“及时做没有效率，有压力才有效率。”**

拖延会带来负面情绪或行为。在访谈中我们发现，部分受访者的负面情绪比较浓厚。小美说道：**“肯定也会有点懊悔，自己看电影耽误时间（自责），然后可能心情很烦躁。”**小羽也谈到了自己的感受：**“你把事情放到最后一天，很有紧迫感。”**她还谈到了由于拖延而导致的不合理作息给自己带来的痛苦：**“就是熬夜做作业嘛，三四点才睡觉，第二天早上还有课，就睡那么一会儿，所以说拖延很痛苦。”**拖延不仅会带来消极的情绪体验，有时还会产生消极的行为。例如，我们发现个体会因拖延而出现砸床等不良行为，受访者小丽说道：**“当意识到完成事情**

的时间有些紧张时，会觉得焦虑：就是焦虑，真的是焦虑。然后就是……额，我有时候会……额……就是砸床，那种。”

（四）对拖延的看法与行为转变

主观认为拖延不好。小林、小虹和小兰说了同样的话：“拖延不是一种好东西。”小丽说道：“我不觉得拖拉会给人造成好的结果，它不是一个好的习惯。”小羽也表明了自己的观点：“我还是对拖延持反对意见的。”深受拖延困扰的小玉也在访谈中谈到：“其实我知道这样不好，有时候一天会……”在被问到任务应该提前完成还是拖一会儿也没关系的时候，受访者小丽很快地回答道：“我觉得那肯定是提前完成好一点。”

尝试改变。在访谈的过程中我们发现大家都有尝试过不同的改变方法。小羽说：“计划也是有的，就是说如果真的有哪些事情比较多了，然后就会找个本子，把要做的事情都写下来；或者就是强制自己到图书馆之类的，大概就是这样。”经常被手机诱惑的受访者小丽在谈自己尝试改变的过程中说道：“以前平常就是一有时间就刷嘛，可能现在就是……手头上可能有一些事情，就一定要把这个事情做完了再去碰手机。”

尝试改变的效果并不佳。受访者小丽有点力不从心：“其实我发现哦，当时想改变的决心挺大的，但是还是没有什么改变。”她接受了前期访谈时访谈者所提的建议，但实际效果并不令人满意：“你之前不是说做完就给自己一点奖励嘛，但我发现我把奖励都用了，还没什么结果。不是做完一件事情，然后就干嘛干嘛。但是我回来哦，因为比较贪吃，一边做一边吃，还没做完就把奖励吃完了，吃完了就睡一觉（笑），也没有学习……”

四、讨论与建议

（一）讨论与分析

通过对9名研究对象的访谈、观察和实物分析，我们发现师范生的拖延现状不容乐观。那些认为自己并不拖延的学生其实或多或少也存在一些拖延行为，还有少部分学生存在比较严重的拖延问题。以下是我们认为比较典型的拖延表现：①不会制订计划或不能很好地实施计划。②注意力容易分散。③不到最后期限就不行动。④沉溺于娱乐活动无法自拔。⑤只惦记不行动。

本研究发现，影响师范生拖延的一方面因素来自个体内部，包括追求完美的性格、情绪稳定性低和自控力差。Walsh等（2002）的研究曾发现，完美主义倾向与拖延之间存在正相关，具有高完美主义倾向的人会表现出更多的拖延行为。为了追求完美，他们往往投入更多的时间，在没有确信自己能够成功完成任务之前不会轻易行动，这在很大程度上导致了他们拖延行为的产生，本研究也证实了这一点。我们研究结果还表明，在不同情绪状态下，学生的工作效率也不同，这一结果与熊俊梅等（2012）的研究中情绪影响拖延的结论相一致。研究还发现那些有拖延行为的师范生通常自控能力较差，常被其他事情吸引。自我控制理论对此的解释是，拖延者可能在控制机制方面存在缺陷，他们可能不能很好地设置目标，自我监控能力比较低。

影响师范生拖延的另一方面来自外在因素，即外在诱惑、他人干扰以及任务性质。已有研究表明拖延者的拖延行为与来自外界的诱惑有关，那些无法抵御外界环境诱惑的学生也常将注意力转移到与任务无关的活动上，尤其是娱乐方面（米豆豆、郑莉君，2012），本研究也体现了这一点。研究还发现，在面对他人干扰（如临时请求等）时，师范生往往不能很好地处理这些事情，最终导致了拖延。另外，以往研究表明影响拖延的最大因素是任务性质（Ferrari，1991），本研究的研究对象也多次谈到了这一因素。学生对那些难度大、自己不感兴趣、时限宽裕的事情往往会选择拖延，甚至还会因任务形式改变拖延程度；与之相反，他们对容易的事情、自己感兴趣的事情以及紧急的事情都不会选择拖延。也许趋乐避苦是人的本性，人们更多地延迟完成那些令人厌恶的、困难的、带来不愉快感觉的任务，而更喜欢做那些简单、没有挑战性的任务。时间动机理论则认为完成任务的时间越充裕，个体越容易拖延，这也能很好地解释时间宽裕情境下的拖延行为。

与以往研究的不同之处在于本研究还发现：主观夸大任务难度、计划表没有时间限制以及拖延未直接带来不良后果都会造成拖延。

Wendelien（2003）认为，对个体来说太有挑战性的任务会导致没有必要的拖延，即当个体认为任务超出自己的能力时，由于缺乏对成功的控制感通常会采用拖延的方式推迟或逃避执行任务。而我们的研究结果表明，即使事情并没有她们想象的那么难，有拖延行为的师范生还是会夸大任务难度，从而为逃避任务找借口。

已有研究表明拖延者的拖延行为与完成任务时的时间压力有关（米豆豆等，2012）。这在本研究中体现地更为具体：有拖延行为的师范生制订的计划表往往没有时间限制，只是用于提醒。根据上述观点，这些学生完成任务时所面临的时间压力通常较小，因而更易导致拖延。

强化理论认为，一种行为之所以出现并长期保持，一定是受到了强化。Ferrari 等（2000）的研究曾发现，拖延者相对于非拖延者具有因拖延而获得某种好处的经验。而我们的研究结果却表明，拖延者的拖延是由于拖延行为没有直接带来不良的后果，而并非得到了某种好处。学生在完成任务期间的拖延行为由于没有受到惩罚，这反而强化了他们的拖延行为，这种拖延行为在以后的学习生活中也得以保持。

至于拖延所带来的影响，本研究同以往研究一样，也发现其具有两面性。具体来说，拖延有助于将压力转化为动力，使时间利用率提高，但其更多地表现出负面影响。这与 Rothblum 等（1986）的研究所发现的拖延会导致个体不能按时完成任务、引发焦虑等消极情绪体验相一致。此外，我们的研究结果还显示，拖延会使学生熬夜进行任务，形成不合理的作息习惯，从而影响其心理健康水平。有趣的是，尽管师范生都认为拖延不好、不应该拖延、更愿意提前完成任务，但他们还是会选择拖延，而且改变的决心并不强烈，尝试改变的效果也不佳。

（二）建议

已有研究对拖延的干预多采用认知行为疗法，方法相对单一，寻求多元化的干预手段必将成为一种趋势。结合以往对拖延者的干预方法以及我们的研究结果，我们对师范生的“战拖”提出了以下几点建议。

1. 改变认知

本研究发现，拖延者自身存在一些不合理认知观念，其中包括过分自责、内疚、完美主义和自我设阻（如主观夸大任务难度，为拖延找借口）等。对拖延的个体的认知干预目前主要采用认知-行为技术，如使用心理咨询中的认知疗法转变不合理信念，通过增加成功体验和放大优点等方法获取自信；学会接受现实和失败，客观地评价自己的能力，并给予自己积极的暗示，减少自责与内疚感；改变完美主义，学会原谅自己；拖延者也可提前分析完成任务的难度以及完成任务所需要的成本，对娱乐时间和工作时间做出合理安排（邹增丽、张志杰、王余娟，2008）。

2. 调节情绪

为缓解拖延所带来的负面情绪和减少不良行为的发生，拖延者可以通过适当的休息、放松与娱乐等方法来转换心情，如借助逛街、亲近大自然、吃甜食和做运动，以减少拖延给自己带来的负面影响（徐金凤、张玮娜，2012），但是不能逃避现实（经常沉溺于小说、贴吧、QQ 聊天、影视作品等幻想中）。当然，如果负面情绪已经累积较多，可以进行适当的宣泄，如哭泣、倾诉、写日记等，同时也应注意方法和方式，不能做出对自己和他人有害的行为。

3. 增强意志

本研究中的拖延者易受周围环境的影响，往往很难抵制诱惑。我们建议其在完成任务时，最好选在一个较为安静的环境中，摒除手机、电脑、小说等诱惑，为自己规定好时间专注完成一项任务而不是同一时间完成多项任务，从而提高工作效率，减少拖延行为。

4. 干预行为

我们的研究发现，拖延者的计划表没有时间限制，并由此形成不良的行为习惯。针对以上问题，我们认为拖延者可以通过强化一些时间管理、策略制定、拖延日记分析、记录拖延事件等方法，以减少拖延行为(徐金凤等，2012)。学校还可以发挥其群体组织的作用，让拖延者在小组中进行学习，借助群体成员的相互监督和支持，让他们在相互影响中减少拖延。

（三）展望未来

未来的研究还可进一步关注以下几个方面：一是从积极心理学的视角出发，更加注重非拖延群体的研究，了解他们对拖延的看法及其行为模式，并为“战拖”提供借鉴方法；二是促进比较拖延群体与非拖延群体的异同，明确拖延群体转变为非拖延群体的可能性与转折点；三是用不同方法对拖延者的拖延行为进行干预并进行跟踪调查，从而比较各种干预方法的治疗效果。

参考文献*

李晓东，关雪菁，薛玲玲．2007. 拖延行为的心理学分析．高校教育管理，1 (3)：67-70.

米豆豆，郑莉君．2012. 学业拖延研究述评．社会心理科学，27 (4)：3-8.

倪士光，张平，赵国亮，等．2012. 压力在大学生消极拖延与生理健康中的中介作用．中国学校卫生，33 (006)：682-683.

庞维国．2010. 大学生学习拖延研究综述．心理科学，(1)：147-150.

彭芳，张静平，杨冰香，等．2010. 医学研究生拖延行为与焦虑抑郁情绪的相关分析．中华行为医学与脑科学杂志，19 (2)：171-173.

吴进华．2010. 师范大学生学习拖延特点及其团体干预研究．硕士学位论文．漳州师范学院．

徐金凤，张玮娜．2012. 拖延干预方法的研究综述．吉林省教育学院学报（学术版)，28 (3)：121-123.

熊俊梅，张晓翔，李精华．2012. 大学生学业情绪与学业拖延关系研究．长江大学学报（社会科学版），35（6）：133-135.

邹增丽，张志杰，王余娟．2008. 事件时间估计偏差理论述评．心理科学进展，16（2）：207-212.

Ferrari，J. R. 1991. Self-handicapping by rasti-nators：protecting self-esteem，social-esteem，or both. *Journal of Research in Personality*，25：245-246.

Ferrari，J. R. & Dianne. M. 2000. Procrastination as a self-handicap for men and women：a task avoidance strategy in a laboratory setting. *Journal of Research in Personality*，34：73-83.

Ferrari，J. R.，Johnson，J. L.，& McCown，W. G. 1995. Procrastination and task avoidance：Theory，research，and treatment. NY：Plenum Press.

Rothblum，E. D.，Solomon L. J.，& Murakami J. 1986. Affective，cognitive，and behavioral differences between high and low procrastintors. *Journal of Counseling Psychology*，33（4）：387-394.

Wendelien V. E. 2003. A meta-analytically derived nomologiacal network of procrastination. *Personality and Individual Differences*，35：1401-1418.

Wlash，J. J. & Ugumba-Agwunbi，G. 2002. Individual differences in statistics anxiety：the roles of perfectionism，procrastination and trait anxiety. *Personality and Individual Differences*，33（2）：239-251.

*作者们在本文引用参考文献时使用了 APA 格式。

附 录 一

师范生拖延行为的质性研究之观察表

一、时间：

二、地点：

三、观察者：

四、观察目的：

五、观察兴趣点

1. 桌子上摆放物体的整齐程度：

2. 手机、电脑的使用情况：

3. 什么时间在做什么？一件事情做多久？

4. 行为表情变化：

5. 与周围人的对话：

六、观察简图与描述：

七、观察记录表（示例）

时间	观察到的事件	观察者的解释和疑问

附 录 二

访谈提纲

> 同学，你好！我正在做一个有关时间安排的研究，想和你做个访谈，希望你能给我提供一些有用的信息。访谈过程需要录音，但我们对访谈所涉及的内容会绝对保密，请你放心！真诚地希望你能提供这次帮助，谢谢！

1. 最近在忙什么？

2. 你的一天一般是怎么安排的？

3. 你觉得时间利用得怎么样呢？

4. 有没有出现过类似的情况：将今天本该完成的事情拖到最后再做，之前的时间都花在了玩手机、看网页上？（若有，那当你后来意识到完成事情的时间有些紧张时，你的想法与感受是什么？）

5.（接上问）这样的情况经常出现吗？通常是在什么样的情况下发生呢？（逐个提问）

6.（接上问）有没有尝试着做出一些改变，比如给自己制订计划，完成了就奖赏一下自己；或者当做事拖拉的时候就惩罚一下自己；又或者将一切有诱惑的东西通通收起来，眼不见为净，等等？（若有，具体的方法是什么，效果怎么样呢？为什么？）

7. 有没有提前完成作业的经历？当时的情况是怎样的？提前完成的时候自己的感觉是什么？（逐个提问）

8. 如果你身边的一位朋友做事拖拉，有时候大家约好 5 点出去，到点了，其他人都准备好了，就他一个还在收拾东西，你们都等着他，你当时会有什么感觉呢？

9. 有些人认为要做的事情应该提前完成，有些人认为拖到最后完成也没关系，你是怎么看待这两种想法的呢？

10. 想象一下，你现在就读这样一个大学：没有硬性规定你要读几年，也没有什么考试压力，无论你想什么时候上课、写作业、睡觉，都行，但需要你修满规定的学分200分，这样，你会怎样安排你的学习与生活呢？

非常感谢你的配合，祝你学习进步，生活愉快！

第十五章　今天之后

经过上面这些内容的学习，相信大家可能已经对教育与心理科学研究方法有了一定的了解。如果说现在的心情是“学术研究真的很有意思”，或者是“老师，我们还想再知道多一点”，那么恭喜大家，在现阶段已经取得了初步的成功。学术研究的介绍性课程到这里已经结束了，但是走向学术研究的路才刚刚开始。今天之后，仍然有四个阶段需要我们继续。

一、学生阶段

结束了教育与心理学科学研究介绍性课程的学习，同学们可以进入下一阶段。我们称之为“学生阶段”是因为此阶段的主要任务还是在学校里学习各种相关的课程。大致说来，同学们需要学习的课程有：量的研究方法系列之下的（1）描述统计、（2）变量比较、（3）推论统计；质的研究方法系列之下的（4）质的研究方法、（5）案例研究、（6）叙事研究、（7）扎根理论；其他研究方法系列之下的（8）混合研究、（9）行动研究；以及（10）研究写作等。如果同学们想要掌握所有的研究方法，那么学习全部课程是非常必要的。如果同学们只想达到一般研究者的水平，那么只要学习（1）、（4）、（9）和（10）就足够了。需要注意的是，以上课程之间有一定的内在逻辑。我们的建议是先学（1）、（4）再继续学（2）、（3），以及（5）、（6）、（7），因为（1）是一切量的研究的基础，而（4）则提供了观察法、访谈法、实物分析法作为具体研究方法的基本操作手段。另外，（8）、（9）、（10）的学习必须放在（1）和（4）之后，否则毫无意义。

这些课程的学习需要贯穿同学们的整个本科、硕士生、博士生阶段。每一门课至少需要一整个学期的思考、积淀和模拟操作才能到达理想的状态。如果有的同学对教育与心理科学研究方法特别有热情，可以按照以上顺序自主进行深度探索。需要指出的是，在学生阶段，教师的指导是非常必要的，可以帮助大家克服困难、解答疑难及减少弯路。

二、学徒阶段

当同学们至少学习完（1）、（4）、（9）和（10）之后，就可以进入学徒阶段。这一阶段的主要任务是在导师的指导下将理论知识运用于实践。我们通常所说的硕士论文与博士论文的写作过程，本质上就是这样一个过程。

三、独立阶段

当同学们顺利完成学徒阶段，就可以进行到独立阶段。在独立阶段，同学们可以作为独立、可靠的研究者来完成自己感兴趣的研究，也可以与其他研究者进行平等互助的研究合作。在教育学和心理学领域，一般独立阶段的研究者同时也是有着全职工作的教师，因此自己获得的第一手教育经验也应成为教育与心理科学研究工作的催化剂。

四、创造阶段

事实上很少有人可以达到这个阶段，但是如果一旦进入这个阶段，研究者所取得的成就最终会影响到无数人。在创造阶段，教育与心理科学研究方法不单是获取知识的工具，其本身也成了研究者研究的对象。科学的进步也是人类劳动工具的进步，从手工到机械、到电子、到机器人，人类一代代进行的不仅仅是数量的积累，更是对工具本质的革命。在教育与心理科学研究领域也是如此，我们现在所使用的研究方法都是经过前人不懈努力和反复修改得到的。教育学与心理科学两个学科继续发展，教育与心理科学研究方法本身更需要发展。我们衷心希望同学们能够有朝一日达到创造阶段，为教育和心理科学研究做出更大的贡献。

参考文献

车文博．1998. 西方心理学史．杭州：浙江教育出版社．

陈向明．2001. 教师如何作质的研究．北京：教育科学出版社．

冯忠良．1981. 学习心理学．北京：教育科学出版社．

冯忠良，伍新春，姚梅林，等．2000. 教育心理学．北京：人民教育出版社．

甘怡群，铁文．2005. 心理与行为科学统计．北京：北京大学出版社．

高觉敷．1982. 西方近代心理学史．北京：人民教育出版社．

龚浩然．2000. 心理学通史：第五卷．外国心理学流派．济南：山东教育出版社．

郭本禹．2000. 心理学通史：第四卷．外国心理学流派．济南：山东教育出版社．

胡竹菁．2010. 平均数差异显著性检验统计检验力和效果大小的估计原理与方法．心理学探新，30（1）：68-73.

胡竹菁，戴海琦．2011. 方差分析的统计检验力和效果大小的常用方法比较．心理学探新，31（3）:254-259.

龙柏林．1985. 皮亚杰的建构学习理论．贵州教育学院学报，（1）：48-51.

马欣川．2003. 现代心理学理论流派．上海：华东师范大学出版社．

皮亚杰．1981. 发生认识论原理．王宪钿译．北京：商务印书馆．

皮亚杰．1990. 皮亚杰教育论著选．卢濬译．北京：人民教育出版社．

权朝鲁．2003. 效果量的意义及测定方法．心理学探新，23（2）：39-44.

施良方．1994. 学习论——学习心理学的方法与原理．北京：人民教育出版社．

舒华，张亚旭．2008. 心理学研究方法：人民教育出版社．

汪明，孟勇，杨震，等．2007. 中外心理学简史．合肥：中国科学技术大学出版社．

王克先．1986. 学习心理学．福州：福建少儿出版社．

温忠麟，张雷，侯杰泰，等．2004. 中介效应检验程序及其应用．心理学报，36（5）：614-620.

徐世京．1986. 心理学家传略．上海：上海人民出版社．

徐学俊．2013. 心理与教育研究方法及操作．北京：人民出版社．

姚梅林．2006. 学习心理学——学习与行为的基本规律．北京：北京师范大学出版社．

叶浩生．2005. 心理学史．北京：高等教育出版社．

叶浩生．2006. 心理学通史．北京：北京师范大学出版社．

袁振国．2000. 教育研究方法．北京：高等教育出版社．

张朝，李天思，孙宏伟．2008. 心理学导论．北京：清华大学出版社．

张厚粲．1997. 行为主义心理学．杭州：浙江教育出版社．

张奇，林崇德．1992. 学习理论．武汉：湖北教育出版社．

周谦．1992. 学习心理学．北京：科学出版社．

左任侠，李其维．1991. 皮亚杰发生认识论文选．上海：华东师范大学出版社．

Achen C H. 1982. Interpreting and Using Regression. Vol. 29. Los Augeles：SAGE Publications.